AMRA

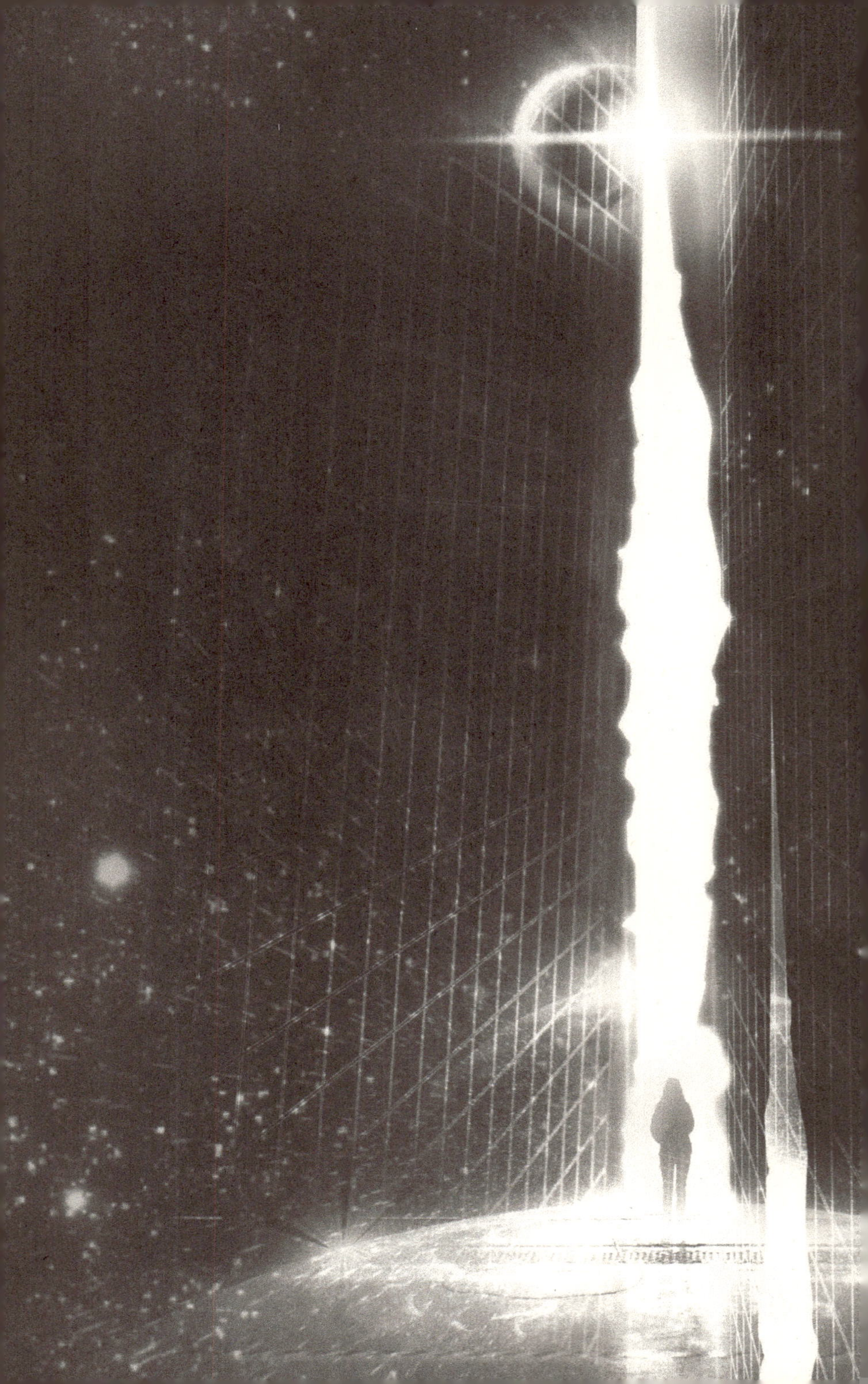

PAUL WALLIS

DIE NARBEN VON EDEN

Sind Erinnerungen an Alien-Begegnungen der wahre Grund für den Gottesglauben?

Empfohlen von Erich von Däniken

Aus dem Englischen von Thomas Görden

AMRA

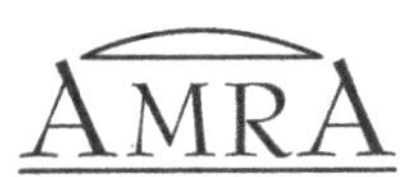

Besuchen Sie unseren Shop:
www.AmraVerlag.de

Ihre 80-Minuten-Gratis-CD erwartet Sie.
Unser Geschenk an Sie … einfach anfordern!

Deutscher Erstdruck im AMRA Verlag
Auf der Reitbahn 8, D-63452 Hanau
Hotline: + 49 (0) 61 81 – 18 93 92
Service: Info@AmraVerlag.de

Herausgeber & Lektor	Michael Nagula
Einbandgestaltung	Guter Punkt
Layout & Satz	Birgit Letsch
Druck	CPI books GmbH

ISBN Hörbuch-CD 978-3-95447-633-6
ISBN Hardcover 978-3-95447-589-6
ISBN eBook 978-3-95447-590-2

Inhalt

»Daran, dass unser Planet in ferner Vergangenheit von Außerirdischen besucht wurde, besteht kein Zweifel. Paul Wallis bringt uns die vielen Facetten des Phänomens außerirdischer Besucher nahe. Eine fesselnde Lektüre! Ich empfehle ›Die Narben von Eden‹ uneingeschränkt.«

Erich von Däniken, Autor von
Erinnerungen an die Zukunft

Einleitung: Was geschah mit Paul?

Bath, England – 1985

Ich weiß, wie es ist, zu schlafen, und ich weiß, wie es ist, wach zu sein. In diesem Moment bin ich hellwach. Ich weiß genau, wo ich mich befinde, und ich kann deutlich sehen, wie spät es ist. Es ist zwei Uhr morgens. Der Schein der Straßenlaterne draußen und ein offenes Giebelfenster mit zurückgezogenen Vorhängen sorgen dafür, dass alles in meinem Zimmer hell erleuchtet ist. Ich kann mir einfach nicht erklären, was ich da sehe.

Ich lebe allein in einer Dachgeschosswohnung in einem idyllischen Dörfchen in der Nähe von Bath. In meiner Wohnung allein zu sein hat mich nie beunruhigt oder verunsichert. Ich bin kein ängstlicher Mensch. Ich liebe meine Unabhängigkeit. In der Tat bin ich um diese Zeit meist allein unterwegs, erkunde die dunklen Hügel und die wunderschönen Freiflächen des Bath Golf Club und atme tief die feuchte Mitternachtsluft ein. Normalerweise kehre ich gegen 1:30 Uhr nach Hause zurück, um einen wärmenden Schlummertrunk zu mir zu nehmen, und gehe dann gegen zwei Uhr ins Bett. Das ist meine Routine. Mitten in der Nacht allein unterwegs zu sein, beunruhigt mich nicht im Geringsten. Warum sollte es auch? Ich bin zwanzig Jahre alt. Ich bin unzerstörbar.

Damit ich gut schlafen kann, lasse ich meine Vorhänge offen und das Fenster einen Spalt breit geöffnet, damit ein belebender Luftzug entsteht. Dank der bestens platzierten Straßenlaterne taucht das offene Fenster mein Schlafzimmer immer in ein sanftes Licht. Aber heute Abend bewegt sich in dem warmen, orangefarbenen Schein etwas, und ich verstehe nicht, was ich da sehe.

Gleich hinter dem Ende meines Doppelbetts erblicke ich fünf Gestalten. Sie stehen Seite an Seite zwischen dem Fußende meines Bettes und dem Giebelfenster. Sie sind klein, grau, fast durchsichtig und bewegen sich gerade so viel, dass ich erkennen kann, dass sie lebendig sind. Aber es sind keine menschlichen Wesen.

Da ich weiß, dass mir die Stimme versagen wird, zische ich sie leise an. »Im Namen Jesu, *verschwindet*!«

Ich bin zwanzig Jahre alt, aber ich habe die Bettdecke über mich gezogen wie ein Zweijähriger und zittere wie Espenlaub. Plötzlich fühle ich mich nicht mehr unzerstörbar.

Ich bin verängstigt.

Canberra, Australien – 2020

Ich habe gerade geduscht, und während ich mich abtrockne, schrecken mich die hüpfenden Anruftöne von Skype auf. Ich eile, das Badetuch um mich geschlungen, die Treppe hoch. Bald gehe ich auf Sendung und muss vorbereitet sein. Warum kommt der Anruf ausgerechnet jetzt, wo das Interview doch erst in einer halben Stunde ansteht? Noch tropfend und außer Atem hebe ich ab.

»Live aus Canberra, Australien, zugeschaltet, begrüßen wir Paul Anthony Wallis, Forscher auf dem Gebiet der großen Mythen der Menschheit und Autor des umstrittenen neuen Buches *Flucht aus Eden*. Paul, willkommen in *Zone 51*. Wie geht es Ihnen?«

Ich tue mein Bestes, um meine Atmung zu verlangsamen und versuche, ruhig und gefasst zu klingen: »Danke, Tim und Jay. Es ist toll, heute bei euch zu sein. Ich dachte, wir würden uns erst in einer halben Stunde unterhalten!«

»Ja«, lachen sie, »die Zeitumstellung hat alle aus dem Konzept gebracht! Also, Paul, Sie haben mit Ihrem Buch in ein ziemliches Hornissennest gestochen. Dabei waren Sie noch vor ein paar Jahren ein ganz normaler Pfarrer, der seiner Arbeit für die Kirche nachging. Sie bekleideten sogar einen ziemlich hohen Posten – Erzdiakon! Was hat Sie dazu gebracht, sich mit Weltmythologien und Präastronautik – also möglichen Besuchen Außerirdischer in früheren geschichtlichen Epochen – zu befassen?«

Ich sitze, in mein Handtuch gewickelt, auf meiner Bettkante und danke meinem Glücksstern, dass es ein Audio-Interview ist und mich niemand so sieht. Es ist ein Interview von zwei Stunden Dauer geplant, so dass wir viel Zeit haben werden, das Thema ausführlich zu beleuchten, aber alle meine Notizen liegen in einem anderen Zimmer! Kann ich ein so langes Gespräch ohne meine Notizen bewältigen? Ist mein Geist mittleren Alters dieser Herausforderung gewachsen? Ich habe das Gefühl, dass ich in letzter Zeit mehr nach Worten ringe, einen Satz beginne und dann hart arbeiten muss, um ihn zusammenhängend zu Ende zu bringen. (Ich schätze, drei Kinder und zu wenig Schlaf sind dafür verantwortlich.) Ich möchte wirklich nicht, dass mein mitunter leicht vernebeltes Gedächtnis mich ausgerechnet bei diesem Thema im Stich lässt, und ich fühle mich verletzlich – nur in ein Handtuch gehüllt und ohne meine Notizen. Aber das ist nicht mein erstes Interview zum Thema, und es geht um meinen eigenen Weg. Es geht um eine Reihe von Entdeckungen, durch die meine Karriere auf den Kopf gestellt, mein Ruf aufs Spiel gesetzt und meinem Leben eine völlig neue Richtung gegeben wurde. Es ist meine eigene Geschichte. Ich kann einfach von mir erzählen. Also legen wir los.

Wir lachen darüber, wie eine Frisbee-Verletzung mich wochenlang außer Gefecht setzte, wodurch ich Zeit hatte, in dem hölzernen Schiffscontainer in unserem Garten zu forschen und zu lernen. Wir sprechen darüber, dass ich seit Jahren auf eine Gelegenheit gewartet hatte, endlich einmal in Ruhe einigen logischen und moralischen Problemen auf den Grund zu gehen, und zwar Problemen mit der Schöpfungsgeschichte im Buch Genesis. Jeder, der diese Geschichte gelesen hat, weiß, was ich meine. Ich gehe also die Hinweise in der Genesis-Geschichte durch. Sie deuten auf eine noch ältere Erzählung hin, die in dem Text versteckt ist.

Als Nächstes schildere ich Tim und Jay die Übersetzungsprobleme bei verschiedenen Schlüsselwörtern und zeige, dass jenes Wort, das in der Bibel oft mit »Gott« übersetzt wird, in Wirklichkeit viel besser mit »die Mächtigen« übersetzt werden sollte. Ich erkläre: »Wenn man so übersetzt, entpuppen sich die bekannten Geschichten der Genesis schnell als das, was sie tatsächlich sind. Sie sind die Zusammenfassung einer noch älteren Sammlung von Geschichten – nämlich mesopotamischen Erzählungen der alten Sumerer, Babylonier, Akkadier und Assyrer. Und in diesen Geschichten geht es nicht um Gott. Sie handeln von unseren entfernten Vorfahren, die es mit Wesen vom Himmel zu tun bekamen – Besuchern von einem anderen Planeten. Diese Außerirdischen kolonialisierten unseren Planeten und griffen in unsere Evolution ein, um aus uns nützliche Arbeitskräfte zu machen.«

Ich zittere im Luftzug der Klimaanlage, die direkt über mir eisige Kälte verströmt. Ich versuche, meine Stimme zu beruhigen, indem ich lauter spreche. Ich will nicht ängstlich und nervös wirken, während ich in Wahrheit nur unter einem Temperaturschock leide.

»Paul, nach zweitausend Jahren Christentum und mehr als dreitausend Jahren Judentum, wie wahrscheinlich ist es da, dass aus heiterem Himmel irgendein australischer Forscher, also Sie, daherkommt und sagt: ›Hey, Leute! Ihr habt das alles falsch verstanden! Ich hab's aufgedeckt! In der Bibel geht es gar nicht wirklich um Gott. Es geht nur um Außerirdische.‹ Wie glaubwürdig ist das?«

Auf diese Frage bin ich vorbereitet, und während ich mir die ersten Worte zurechtlege, spüre ich, wie meine Energie steigt.

»Tim, wenn ich tatsächlich der Erste wäre, der diese Behauptungen aufstellt, dann täten Sie gut daran, eine oder sogar beide Augenbrauen hochzuziehen. Ich bin aber nicht der Erste. Wenn Sie bis zu den Anfängen des Christentums zurückgehen, werden Sie einige sehr bedeutende Kirchenväter finden, die mit der Erklärung der menschlichen Ursprünge, die ich in *Flucht aus Eden* vorbringe, völlig übereinstimmten.

Ich spreche von Leuten wie Justin der Märtyrer, Clemens von Alexandria, Origenes und Marcion. Und sie bezogen diese Ideen nicht aus den mesopotamischen Geschichten. Bei ihnen kamen sie von Platon.

Sehen Sie, vierhundert Jahre vor Jesus erzählte Platon der antiken Welt bereits von außerirdischen Wesen, die kamen und unsere Vorfahren veränderten. Er nannte sie ›Kinder Gottes‹. Er sagte nicht, was für Wesen das waren oder woher sie kamen, sondern nur, *dass* sie kamen und unsere Vorfahren veränderten, um unsere geistigen Fähigkeiten zu steigern und uns intelligenter zu machen. Platon schrieb auch darüber, dass im Universum noch andere Zivilisationen existierten. Er sprach von anderen, die höher entwickelt seien als wir. Er sagte, dass sie länger leben und intelligenter sind als wir und dass sie viel mehr als wir über den Weltraum wissen. Und, wie er sagte, leben sie auf ›Inseln im Himmel‹.

Außerdem erklärte Platon, dass die Erde eine im Weltraum schwebende Kugel ist, die von Zeit zu Zeit von anderen Himmelskörpern getroffen wird, was auf der Erde Naturkatastrophen auslöst, die ein Massenaussterben zur Folge haben. Deshalb, sagte er, sind wir auch nicht die erste Zivilisation auf diesem Planeten. Ungefähr alle paar tausend Jahre passiert etwas, das uns auf einen virtuellen Nullpunkt zurückwirft, von dem aus wir neu beginnen müssen.

Die erwähnten Kirchenväter, die sich sehr für Platon interessierten, wussten alles, was er über außerirdische Interventionen und vergangene Zivilisationen lehrte, und sie hatten kein Problem damit, Platon nachdrücklich zu unterstützen.

So kamen alle diese Themen auf den Tisch und wurden zu einem festen Bestandteil der Mainstream-Diskussionen im frühen Christentum.

Ich bin also keineswegs der Erste auf diesem Gebiet. Ich bringe Dinge zurück auf den Tisch, die anfangs Teil des christlichen Mainstreams waren – und es heute wieder werden sollten.«

Ich spüre, wie sich mein Puls normalisiert, und obwohl ich ein wenig mehr fröstele, als mir lieb ist, komme ich langsam in Schwung. Ich hoffe nur, ich klinge nicht zu optimistisch. Es genügt eigentlich schon, dass ich das Thema Außerirdische anspreche. Viele Leuten weichen dann gleich einen Schritt zurück oder gehen in die Defensive. Ich bin mir sehr wohl bewusst, dass ein Zuhörer automatisch die Vernunft eines Sprechers in Frage stellt, der sich auf ET-Territorium begibt. Ich kann das keinem übel nehmen, denn es war auch für mich in den letzten Jahren eine ziemliche Herausforderung, meine Meinung zu ändern. Es wäre eine Überforderung, von den Leuten zu erwarten, dass sie diese Wende vollziehen, nur weil sie sich ein zweistündiges Interview mit mir angehört haben.

Bevor bei mir die Kehrtwende geschah, lebte und arbeitete ich dreiunddreißig Jahre lang in der Welt der christlichen Seelsorge. Während eines Großteils der Zeit war ich eine Art »Kirchendoktor«. Wie viele in diesem Bereich erlebte auch ich meinen Anteil an paranormalen Erfahrungen. Irgendwie war ich jedoch immer in der Lage, alle anomalen Begegnungen als göttlich, menschlich, dämonisch oder psychiatrisch zu interpretieren. Das waren meine Schubladen, und alles, was mir je begegnete, passte auf die eine oder andere Weise in eine dieser Schubladen. Irgendwie war in meiner Theologie nie wirklich Platz für andere Arten von Wesen oder anderes intelligentes Leben im Universum. Es war daher für mich eine echte Offenbarung, als ich erkannte, dass unsere Vorfahren diesen Fragen weitaus aufgeschlossener gegenübergestanden hatten, als ich es je für möglich gehalten hätte.

»Aber Paul, wenn unsere Vorfahren in ferner Vergangenheit tatsächlich Kontakt zu Außerirdischen hatten, wie konnte dann dieses Wissen völlig in Vergessenheit geraten?«

Das ist eine gute Frage, denn dieses Vergessen erscheint tatsächlich ein wenig seltsam. Also beeile ich mich, Punkt für Punkt zu antworten:

- In den Zehn Geboten wurde angeordnet, das Wissen über die Außerirdischen aus dem Judentum zu tilgen.

- Im sechsten Jahrhundert vor Christus wurde es komplett aus den Heiligen Schriften der Juden entfernt.
- Im ersten und zweiten Jahrhundert nach Christus wurde es aus dem frühen Christentum verbannt.
- Im Römischen Reich wurde es im Jahr 381 durch Kaiser Theodosius für illegal erklärt. Daraufhin wurde es in Höhlen in der Wüste Nag Hammadi vergraben, um es vor der Auslöschung zu bewahren.
- Im fünfzehnten Jahrhundert wurde es von den spanischen und portugiesischen Konquistadoren aus den Bibliotheken Mittel- und Südamerikas beschlagnahmt und verbrannt.
- Im sechzehnten Jahrhundert wurden seine Befürworter von der römisch-katholischen Kirche auf dem Scheiterhaufen verbrannt.
- In jüngerer Zeit unterdrückte Präsident Truman es, als er den National Security Act von 1947 unterzeichnete, und diese Politik der Unterdrückung wurde bis zum letzten Jahr unvermindert fortgesetzt, bis dann endlich das US-Verteidigungsministerium eine Reihe von Katzen aus dem Sack ließ.

»Nun, Jay, um Ihre Frage zu beantworten: Sie haben recht, es wurde sehr viel vergessen, und nichts davon war Zufall!«

Mir ist absolut bewusst, dass ich das Thema ziemlich schnell abgehandelt haben werde, wenn mein Gegenüber mit dieser Geschichte des offiziellen »Vergessens« nicht weiter vertraut sind. Aber keine Sorge, in den nächsten Kapiteln werde ich sehr genau zeigen, wie sich das Ganze im Einzelnen abgespielt hat.

Ich werde zeigen, wie eine lebendige Erinnerung an außerirdische Interventionen diese Geschichtsunterdrückung überlebt hat. Das geschah in dem von Generation zu Generation weitergegebenen kulturellen Gedächtnis – in dem also, was wir Volksmärchen und Sagen nennen. Wenn wir uns auf die Suche nach dem Wissen unserer Vorfahren begeben, nach dem, was in den heutigen Mainstream-Medien nicht stattfindet, dann sind die Mythen der Welt und die Geschichten unserer Ahnen die wichtigsten Quellen. In diesen grundlegenden, mündlich überlieferten Geschichten leben unsere uralten Erinnerungen weiter. Im Folgenden werde ich Ihnen einige verblüffende Beispiele für das Wiederauftauchen »prähistorischer Erinnerungen« schildern, das sich gegenwärtig überall auf der Welt ereignet.

»Paul, nach dreiunddreißig Jahren im Kirchendienst haben Sie mutig ein Gebiet erkundet, auf das sich vor Ihnen nur wenige Pastoren wagten! Ich nehme an, Sie haben sich damit bereits einigen Ärger eingehandelt. Wie viele Kollegen und Freunde haben sich wegen der Veröffentlichung dieses Buches von Ihnen abgewandt?«

Das ist eine weitere gute Frage! Tatsache ist, dass ich eine kleine Anzahl Freunde verloren habe. Aber seit ich in George Noorys *Coast to Coast*, Sean Stones *Buzzsaw 2020* und unzähligen anderen Interview-Sendungen und Podcasts auftrete, hat mich, ehrlich gesagt, etwas ganz anderes erheblich mehr überrascht und erstaunt: der konstante Strom von Briefen, eMails und Nachrichten, die mich von allen möglichen Leuten erreichen. Sie alle sind zutiefst erleichtert, eine ruhige Stimme zu hören, die über den Äther zum Thema »Kontakte mit Außerirdischen« spricht, Kontakte in ferner Vergangenheit und Kontakte in der heutigen Zeit. Jede Woche schreiben mir Menschen jeglichen Alters und aus sämtlichen Lebensbereichen – Wissenschaftler, Ingenieure, Pflegepersonal, Lehrer, Polizisten, Soldaten, Therapeuten und Pastoren. Oft haben diejenigen, die sich an mich wenden, Phänomene erlebt, die sie nicht verstehen und die sich in keine konventionelle Kategorie einordnen lassen. Diese Menschen berichten mir von Nahbegegnungen, Sichtungen von Raumschiffen, Interaktionen mit nichtmenschlichen Wesen und sogar Entführungen.

Besonders betroffen macht es mich, wenn ich von gestandenen, über sechzigjährigen Männern Sätze wie diese höre: »Ich habe es meiner Frau erzählt und mit der Person gesprochen, die bei mir war, als die Begegnung stattfand. Doch in den fünfzig Jahren seitdem habe ich keiner anderen Menschenseele davon erzählt.«

Das zeigt, wie mächtig die Angst vor Beschämung und Spott sein kann. Noch Jahrzehnte nach ihren Erlebnissen suchen diese Menschen jemanden, dem sie sich anvertrauen können. Sie haben nach wie vor das Bedürfnis, das zu verarbeiten, was vor so vielen Jahren mit ihnen geschah.

Je länger ich Menschen mit ET-Kontakterfahrungen zuhöre, desto leidenschaftlicher bin ich überzeugt, dass wir endlich das Tabu brechen müssen, das dieses Thema umgibt. Was für eine Verarmung bedeutet es doch für unser Wissen über das Universum, wenn wir Menschen, die von anomalen Erfahrungen berichten, so mit Häme überschütten, dass niemand mehr darüber zu sprechen wagt! Dabei zeigt uns die Geschichte der wissenschaftlichen Entdeckungen, dass Anomalien unsere Freunde sind – weil sie uns helfen, die Realität besser zu verstehen. Wir müssen nur bereit sein, unsere vorgefertigten Annahmen und Überzeugungen für einen Moment beiseite zu schieben und mit offenem Ohr Berichten und Erfahrungen zuzuhören, auch wenn sie uns rätselhaft, schwer verständlich oder verstörend erscheinen.

»Aber, Paul, warum ist das für Sie so wichtig? Wäre es nicht besser für Sie, sich nicht so weit aus dem Fenster zu lehnen und Ihre Spekulationen für sich zu behalten? Und hatten Sie eigentlich selbst auch schon einmal eine Nahbegegnung mit Außerirdischen?«

Noch vor wenigen Monaten hätte ich diese Frage einfach verneint. Jetzt, nachdem ich mich mit so vielen Menschen mit Kontakterfahrungen ausgetauscht habe, spüre ich, wie etwas in meinem Hinterkopf rumort. Da ist eine unstete Erinnerung, die unbedingt wieder zum Vorschein kommen will. Aber ich kann sie einfach nicht greifen, und so werde ich von Tims Frage überrumpelt. Während ich um einen klaren Gedanken ringe, stottere ich mir eine Antwort zurecht. Unabhängig von meinen eigenen Erfahrungen kann ich sagen, dass ich mich, aus welchen Gründen auch immer, mit allen, die ihre Geschichten mit mir teilen, tief verbunden fühle.

Wie Tim richtig vermutete, stieß es nicht überall auf Zustimmung, dass ich mich an dieses kontroverse Thema heranwagte. Und ja, ich habe ein paar Freunde verloren. Nach dem Erscheinen von *Flucht aus Eden* sagten mir erst kürzlich zwei befreundete Pfarrerkollegen: »Paul, lass uns Freunde bleiben. Aber dein Buch werde ich nicht lesen.«

Auch andere Freundschaften, die früher frei und unbeschwert waren, sind heute vielleicht nicht mehr ganz so frei und unbeschwert. Die Angst, »Was geschah mit Paul?«, oder: »Was ist, wenn Paul meinen Glauben untergräbt?«, hat einige Freunde etwas auf Distanz gehen lassen. Zweifellos kann die Beschäftigung mit der UFO-Thematik zu einer gewissen sozialen Isolierung führen. Mit einigen Leuten, die am fundamentalistischen Ende des Spektrums stehen, gibt es absolut keine Möglichkeit für ein ruhiges Gespräch. Für dieses Milieu bin ich ein Wolf im Schafspelz. Ich sei »erfüllt vom Stolz Luzifers«, heißt es dort über mich. Ein anderer behauptet, ich würde »die Menschen in den Abgrund der Hölle« locken. »Du brauchst Jesus, Mann!«, wird mir dringend angeraten, oder jemand sagt: »Schlag deine Bibel auf und lies sie, du Idiot!«

Natürlich möchte ich mich verteidigen. Ich möchte meinen Kritikern sagen: »Nein, ihr tut mir unrecht! Ich fand mit siebzehn Jahren zum Glauben und bin seitdem gläubiger Christ. Ich habe die Bibel nicht nur unzählige Male gelesen, sondern war auch fünfzehn Jahre lang als theologischer Dozent tätig. Ich habe Pastoren in den Grundsätzen der Hermeneutik geschult [der Auslegung alter Texte – insbesondere der Bibel].«

Ich möchte ihnen antworten, dass ich Ausbildungsprogramme für Pastoren entworfen habe, als Troubleshooter für Kirchengemeinden tätig war und in der anglikanischen Kirche Australiens als Erzdiakon gearbeitet habe. Ich bin wirklich ein gläubiger Mensch! Aber einige Leute sind einfach nicht in der Lage, einen Menschen zu akzeptieren, der die Möglichkeit akzeptiert, dass es ETs geben könnte. Tony, mein Mitstreiter bei *The 5th Kind TV*, scherzt, dass ich ein T-Shirt auf den Markt bringen sollte, auf dem steht: *Exkommunizierter ET-Fan!*

»Ja, es stimmt, Tim, ich muss zugeben, dass man einen Preis dafür zahlt, wenn man sich darauf einlässt, solche Territorien zu erforschen. Aber das ist einfach meine Reise, und darum tue ich es. Ich will die Wahrheit wissen. Und als leidenschaftlicher Autor kann ich gar nicht anders, als über meine Reise zu schreiben. Ich möchte meine Mitmenschen daran teilhaben lassen.«

Ich melde mich von der Sendung mit Tim und Jay ab und sitze immer noch im Badetuch am Fußende des Bettes. Ich denke, ich habe mich ganz gut geschlagen – auch ohne meine Notizen, die nach wie vor ungestört im anderen Zimmer auf mich warten. Meine Gastgeber hatten Recht damit, wie haarsträubend meine Behauptungen beim ersten Anhören klingen, und im Allgemeinen bin ich schon froh, wenn ich jedem, der sich dafür interessiert, die Schritte erklären kann, die mich aus der sicheren, berechenbaren Welt des Pfarrerberufs auf die Weltbühne und zu einem so kontroversen Thema geführt haben.

Als ich ein Buch mit dem provozierenden Untertitel *Lehrt die Bibel, dass die Menschen von Außerirdischen erschaffen wurden?* veröffentlichte, war mir bewusst, dass ich damit ein klares Signal setzte. Ich hatte sozusagen an meinem Schiff die Flagge gehisst und stach in See. Im Folgenden möchte ich Ihnen etwas von dieser erstaunlichen Reise erzählen, die hinter mir liegt.

Gemeinsam werden wir um die Welt reisen – nach Griechenland, Argentinien, England, Wales, Schottland und Irland, nach Italien, Amerika, Peru, Kenia, Ghana, Südamerika, auf die Philippinen, nach Indien und Australien. Wir werden zu Füßen von Wissenschaftlern und Weisen, Gelehrten und Heiligen sitzen, die uns bei unseren Erkundungen anspornen. Wir werden das Astrophysikalische Institut Fessenkow und die Al-Farabi-Universität in Kasachstan besuchen und von dem Weltklasseforscher Maxim Makukov erfahren, welche unglaublichen Entdeckungen er in der Welt der DNA machte. Wir werden uns an der Ost- und Westküste Amerikas Zeit nehmen, uns über die Entdeckungen der Psychologen John Mack und Barbara Lamb zu informieren. Zu Besuch bei dem Aborigine-Ältesten Shane Mortimer werden wir uns eingehender mit den Entführungserzählungen der alten indigenen Überlieferungen beschäftigen. Der Hebräisch-Experte und Übersetzer für den Vatikan, Mauro Biglino, wird uns auf historische Schlüsselwörter hinweisen, die durch jahrhundertelange fragwürdige Übersetzungen verborgen und unterdrückt wurden.

In Argentinien werden wir den Filmemacher Alan Stivelman treffen und in Amerika den bedeutenden UFO-Forscher Richard Dolan. Mit Anthony Barrett von *The 5th Kind TV* werden wir bemerkenswerte neue Forschungsergebnisse analysieren. Und die Anthropologin Maria Scholten wird uns Beweise dafür präsentieren, dass die Geschichte der Zivilisation länger und interessanter als die Version ist, die Ihnen und mir in der Schule beigebracht wurde. Auf dem Weg dorthin werden wir Menschen aus Argentinien, Ghana, Amerika und Australien begegnen, die von ihren persönlichen ET-Kontakterfahrungen berichten. Damit möchten sie uns auf unserer gemeinsamen Reise ermutigen und uns zu weiterer Forschungsarbeit anspornen.

Und schließlich hoffe ich, dass mein Wunsch in Erfüllung geht, ein persönliches Gespräch mit dem Schriftsteller zu führen, der mich als elfjähriger Junge zum ersten Mal dazu herausforderte, mein Denken zu erweitern und andere Fragen zu stellen. Ich frage mich, was er in den Jahrzehnten, seit sich seine und meine Geschichte zum ersten Mal kreuzten, wohl noch herausgefunden und gelernt hat. Ich spreche von dem Autor des Welterfolges *Erinnerungen an die Zukunft*, Erich von Däniken.

Die weißen Kaninchen, die uns im nächsten Kapitel begegnen und uns in diesen unglaublichen Kaninchenbau führen werden, gehören zu meiner eigenen Familie. Ich werde sie Ihnen im nächsten Kapitel präsentieren, wenn wir die erste Talfahrt dieser Achterbahn hinuntersausen, und ich warne Sie! Halten Sie Ihren Hut gut fest ...

Bevor wir den ersten Sprung ins kühle Nass wagen, möchte ich Ihnen persönlich dafür danken, dass Sie bereit sind, mich auf dieser Reise zu begleiten. Es ist mir ein Vergnügen, meine Erfahrungen mit Ihnen zu teilen und Ihnen dieses Buch an die Hand geben zu können, von dem ich mir wünschte, es hätte mir selbst vor vielen Jahren auch schon zur Verfügung gestanden! Als ich mit den ersten handschriftlichen Notizen für dieses Buch begann, ahnte ich nicht, auf welche vergessenen Schätze ich im weiteren Verlauf stoßen würde – und am allerwenigsten, dass eine Menge davon in den Tiefen meines eigenen Gedächtnisses vergraben war.

Ihr Paul Wallis

1

Das verborgene Reich

Canberra, Australien – 2020

In Gesellschaft welcher Wesen verbringen wir unser Leben auf dem Planeten Erde, dass sich so unglaubliche Geschichten ereignen können wie jene, auf die ich bei meinen Recherchen stieß? Welche Traumata müssen unsere Vorfahren erlitten haben, dass unser kollektives Gedächtnis mit solch verstörenden Mythologien vernarbt ist? Und wie viel von dem, was unsere Vorfahren berichteten, steht in Beziehung zur realen Welt des einundzwanzigsten Jahrhunderts?

Meine brennenden Fragen haben mich dazu gebracht, zwei Bücher zu veröffentlichen, von denen ich weiß, dass ich damit meinen Ruf aufs Spiel setze und mich möglicherweise der Lächerlichkeit preisgebe. Wenn ich *Flucht aus Eden* und jetzt *Die Narben von Eden* ins Licht der Öffentlichkeit bringe, muss ich bereit sein, mich dem Urteil der Leute auszusetzen – sowohl vor als auch nach dem Lesen. Für mich, der ich dreiunddreißig Jahre lang als anglikanischer Geistlicher tätig war, gibt es jedoch noch eine andere Ebene der Herausforderung.

Ein Pastor sollte ein Mensch sein, der Zuversicht und Beständigkeit vermittelt. Und manche betrachten schon allein die Erwähnung prähistorischer ET-Kontakte als einen Angriff auf ihre Theologie – ganz zu schweigen von der Möglichkeit, dass es auch heutzutage noch eine außerirdische Präsenz auf der Erde geben könnte, und erst recht von der Möglichkeit, es könnten Begegnungen mit diesen ETs stattfinden und gar Menschen von ihnen entführt werden. Einige Gläubige reagieren, als wäre ich ein Agent des Teufels, wenn ich Fragen zur Sprache bringe, die auf den ersten Blick außerhalb des Bereichs der Mainstream-Religion zu liegen scheinen. Sie können sich also wohl vorstellen, dass ich mit einer gewissen Nervosität einem Besuch bei meinen Schwiegereltern entgegensah, bei dem ich mit ihnen über das Thema meines nächsten Buches sprechen wollte.

Die Eltern meiner Frau Ruth sind gläubige Christen und gehören einer baptistischen Pfingstgemeinde an. Ich hatte keine Ahnung, wie sie auf das reagieren würden, was manche als Angriff auf das orthodoxe Christentum empfinden. Als sie uns an einem Sonntag in unserem Haus in Canberra besuchten, genossen wir zunächst ein Festmahl mit ghanaischer Küche. Anschließend legte ich ihnen so entwaffnend wie möglich meine These dar, dass in der Bibel von außerirdischen Eingriffen in unsere Evolution berichtet wird und dass die Bibel mit den Schöpfungsmythologien anderer alter Kulturen ein Muster von Entführungen und ET-Hybridwesen gemeinsam hat. Zu meiner Überraschung beugten die beiden sich lebhaft vor und sagten: »Paul, diese Geschichten sind uns überhaupt nicht fremd! Die Menschen in Ghana kennen sie seit Generationen. Und nicht nur das: Wir selbst kennen Leute, bei denen das, wovon du sprichst, in ihrer eigenen Familie passiert ist …«

So kam es, dass ich aus meiner eigenen Familie eine persönliche Geschichte hörte, von der ich nichts geahnt hatte. Es handelt sich um Ereignisse, die fast vierzig Jahre zurück liegen. Ich werde die Geschichte nun an Sie weitergeben, aber haben Sie bitte Verständnis, dass ich einige Details auslasse, um die Privatsphäre unserer Freunde zu schützen.

Anloga, Bezirk Keta, Volta-Region, Ghana, Westafrika – Oktober 1984

Verstört und ängstlich irrt eine junge Frau am Strand von Anloga umher. Akua ist sechsundzwanzig. Kaum dass sie ihre Orientierung wiederfindet, macht sie sich auf den Weg zum Haus ihrer Familie, das nur wenige Straßen entfernt liegt. Als Akua durch die Tür tritt, ist ihre Familie fassungslos. Sie versammeln sich mit Tränen der Freude und Verwirrung um sie. Sie war drei Jahre lang verschwunden!

Während die ganze Familie sich eifrig um sie bemüht und ihr erst einmal einen bequemen Sitzplatz anbietet, können sie gar nicht anders, als Akua mit Fragen zu bestürmen. Wo war sie? Was ist mit ihr geschehen? Warum hat sie sich in all der Zeit nicht gemeldet?

Nach und nach enthüllt Akua traurig ihre Geschichte. Sie wurde 1981 vom Strand entführt. Der Ort, an den sie gebracht wurde, war ein Ort, den sie nicht kannte – ein Ort, der versteckt und abgeschottet war und an dem es keine Geräte gab, mit denen sie Nachrichten an die Außenwelt übermitteln konnte. Ihre Entführer hielten sie gegen ihren Willen fest und zwangen sie, Kinder zu gebären. Wie genau sie an den Strand von Anloga zurückgebracht wurde, ist ihr selbst ein Rätsel.

Ihre Erinnerungen an diese Reise sind wie hinter dichtem Nebel verborgen.

Akuas Schilderung ist für ihre liebende Mutter und ihren Vater zutiefst beunruhigend, und ihre unmittelbare Sorge besteht darin, ihrer Tochter zu helfen, sich in ihrem Elternhaus wieder sicher und geborgen zu fühlen. Sie versichern Akua, dass jetzt alles in Ordnung ist und dass sie alles in ihrer Macht Stehende tun wollen, um ihr dabei zu helfen, das Geschehene zu vergessen und wieder nach vorn zu schauen.

Doch in den folgenden Wochen zeigt sich immer mehr, dass Akua bezüglich ihrer Entführung etwas verschwiegen hat. Es ist ein Geheimnis, das eine Wolke der Angst hinterlassen hat, die ihr junges Gesicht ständig verdunkelt. Nach langem Bitten ihrer Mutter willigt Akua schließlich ein, ihnen zu erzählen, was sie an der Zeit ihrer Gefangenschaft immer noch als besonders schrecklich empfindet. Was sie zu sagen hat, ist etwas, womit Akuas Mutter nie gerechnet hätte. Unter Tränen flüstert Akua ihr Geheimnis.

»Meine Entführer«, sagt sie zögernd, »waren *Mami Wata.* Sie waren keine Menschen.«

Canberra, Australien – 2019

Als Akua drei Jahre nach ihrem Verschwinden in ihre Heimat Ghana zurückkehrte, stellten sich ihre Eltern innerlich darauf ein, eine schreckliche Geschichte von ihr zu erfahren – vielleicht über eine Zwangsheirat, eine heimliche Flucht, über Kidnapping oder Sklaverei. Solche Dinge kommen dort durchaus vor. Das, was ihnen ihre Tochter erzählte, war jedoch weit von allem entfernt, was sie erwartet hatten. Dennoch verstanden Akuas Eltern sie sofort – sie wussten, was *Mami Wata* bedeutet.

Seit Jahrhunderten erzählen sich die Ghanaer Geschichten von Entführungen durch die Mami Wata. Es gibt diese Geschichten dort schon so lange, dass ihre Wurzeln sich im Nebel der Zeit verlieren. Ich selbst hatte vor diesem Sonntagsessen mit meinen Schwiegereltern nichts von der Mami-Wata-Überlieferung gewusst. Als ich nun den Weisheiten meiner eigenen Familie lauschte, erfuhr ich, dass Geschichten über die Mami Wata nicht unbedingt etwas mit ET-Kontakten zu tun haben. Das Volk der Mami Wata wird im Allgemeinen als hochintelligent, außerordentlich schön und von humanoider Gestalt beschrieben. Sie können sehr anziehend und unwiderstehlich erscheinen und versprechen, die Intelligenz, die Gesundheit und den Wohlstand derer zu fördern, die sie entführen. Und sie operieren, so die Überlieferung, von Unterwasserbasen aus.

Eine solche Geschichte hatte ich noch nie gehört. In meiner ghanaischen Familie gibt es Pfingstkirchler, Katholiken und Methodisten. Dass es da noch diese andere, eher einheimische Tradition gab, war mir nicht bewusst.

Mancherorts hat sich Mami Wata zu einer religiösen oder spirituellen Praxis entwickelt, nicht unähnlich den lokalen Ritualen zur Besänftigung von Territorialgeistern, die sich in vielen Kulturen finden. Die religiöse Version der Geschichte sieht Mami Wata als weibliche Wesen, die Macht über den Ozean haben. Sie sind nicht unbedingt bösartig, aber so übermächtig, dass man ihnen besser nicht in die Quere kommt.

Mami Wata ist eine Tradition von Entführungserzählungen, die Hunderte, vielleicht Tausende von Jahren zurückreicht. In den Mami-Wata-Berichten geht es häufiger um Männer, die in Strandnähe entführt werden, obwohl, wie in Akuas Fall, auch Entführungen von Frauen vorkommen. Der Zweck dieser Entführungen, so die Überlieferung, ist ein Hybridisierungsprogramm. Aus irgendeinem Grund, heißt es in der Mythologie, wollten die Mami Wata eine neue Abstammungslinie von Mami Wata schaffen, die mit menschlicher DNA modifiziert wurde.

Ich weiß, dass ich uns schnell ins kalte Wasser geworfen habe. Zweifellos sind Entführung und Hybridisierung der am schwersten zu schluckende Aspekt der ET-Geschichten. Aber in den Mythen und mündlichen Überlieferungen begegnen uns weltweit gerade diese beiden Motive besonders häufig.

In der Bibel fielen mir uralte Hybridisierungs-Narrative zum ersten Mal auf. So heißt es in Genesis 6, dass die *benej elohim* (»Solche, die wie die Mächtigen sind«, in den deutschen Bibelübersetzungen: »Gottessöhne«) auf den Planeten Erde kamen, um sich Menschenfrauen zu nehmen. Aus dieser Kreuzung ging ein Geschlecht hervor, das Nephilim genannt wurde, die »Riesen« und »Helden der Vorzeit«. Sowohl der Verfasser von Genesis 6 im hebräischen Kanon als auch der Verfasser des Judasbriefs im Neuen Testament gehen davon aus, dass ihre Leser mit dieser Geschichte vertraut sind, die im Buch Henoch erzählt wird, einem anderen berühmten Text. Er ist heute im äthiopisch-orthodoxen Bibelkanon zu finden.

Das Buch Henoch beschreibt die in Genesis 6 erwähnten Entführungen sogar noch ausführlicher. Es nennt die Entführer »Beobachter« und beschreibt, wie sie gegen die grundlegenden ethischen Regeln für die Beziehungen zur menschlichen Rasse verstießen. Sie seien von irgendwo zwischen den Sternen gekommen, heißt es darin, um ihr Programm zur Erzeugung von Hybridwesen zu beginnen.

Josephus, der jüdische Historiker des ersten nachchristlichen Jahrhunderts, beruft sich auf diese biblische Episode, um die

Anwesenheit riesenhafter menschlicher Wesen in den Annalen der Geschichte und zur Zeit seiner Niederschrift zu erklären. Josephus verstand die jüdische Überlieferung nur als spätere Fassung einer älteren Legende, in der von einer Hybridspezies die Rede ist, die durch eine Kreuzung zwischen Menschen und höher entwickelten Wesen erschaffen wurde. Zudem identifizierte er die antiken griechischen Legenden als Träger der gleichen Erinnerung. Der griechische Name für diese Hybridwesen lautete *Titanen.*

Die griechischen Legenden und die hebräischen Mythologien sind nicht dasselbe, aber beide berichten von äußeren Eingriffen in unsere Evolution als Spezies. Beide skizzieren ein Programm der Hybridisierung, das nicht nur für unsere Vorfahren traumatisch war, sondern auch zu einer tiefen Spaltung in der Gemeinschaft höherer Wesen führte, die damals an dem »Projekt Erde« beteiligt waren. Diese seltsamen Töne erklingen auch in alten indischen, nordeuropäischen und keltischen Erzählungen. Und die alten ägyptischen Überlieferungen und jene der nordamerikanischen Ureinwohner deuten auf etwas Ähnliches hin.

Der Name »Mami Wata« für die alte ghanaische Version der Geschichte ist relativ jung. Er stammt aus der Zeit der britischen Besatzung der Goldküste, die kurz nach ihrer Befreiung im Jahr 1950 den afrikanischen Namen Ghana annahm. Unter anderen Namen ist die Mami-Wata-Tradition jedoch viel älter und weiter verbreitet. Von Kenia an der Ostküste Afrikas bis hinunter zur Südspitze Südafrikas, entlang der gesamten afrikanischen Westküste und in der Karibik bis nach Haiti, Brasilien und Kuba wird von Mami-Wata-Entführungen berichtet. Merkwürdige Parallelen finden sich in Geschichten aus Alaska und von den Philippinen.

Das Volk der Luo in Kenia erzählt zum Beispiel die Geschichte von Nyamgodho Wuod Ombare. Darin wird Erstaunliches über Nyamgodho berichtet: Der Bantu gehörte dem Stamm der Waturi an und lebte im vierzehnten und fünfzehnten Jahrhundert im Dorf Nyandiwa im heutigen Kenia an den Ufern des Nam Lolwe, uns als Viktoriasee bekannt.

Eines Morgens, so heißt es, fand er eine seltsam aussehende Frau, die sich in einem seiner Fischernetze verfangen hatte. Der Fischer willigte ein, die Frau zu heiraten und mit ihr zu leben, weil sie ihn davon überzeugte, ihm ungeahnte Weisheit und Wohlstand bringen zu können. Und das tat sie auch. Aber sie stellte Nyamgodhu die Bedingung, dass er niemals über ihren wahren Herkunftsort im Wasser sprechen dürfe.

In Kenia werden die Mami Wata mit den *Jini* identifiziert – dem Suaheli-Äquivalent zu den *Dschinn* der arabischen Völker. Muslime und Suahelis an der kenianischen Küste assoziieren diese Entführungsgeschichten auch mit Wesen, die Mahurani genannt werden. Wie die Mami-Wata-Tradition ist auch die Mahurani-Tradition für die einen ein geisterhaftes, spirituelles Phänomen, während für andere eine konkretere Geschichte erzählt wird – eine Geschichte, in der ein kenianischer Mann oder eine kenianische Frau einer seltsamen Person begegnet, die groß, weiß und unglaublich schön ist.

Diese großen weißen Besucher, die Mahurani, erscheinen den Menschen durch Teleportation. Ihre Besuche beginnen in der Kindheit der kontaktierten Person und dauern bis ins Erwachsenenalter an. Bei späteren Besuchen bringen die Mahurani ihre Kontaktpersonen zu Stützpunkten unter den Gewässern des Indischen Ozeans. Hier werden die Kontaktpersonen dazu benutzt, Hybridkinder zu zeugen, die sie von Zeit zu Zeit sehen dürfen. Die Kinder leben jedoch bei den Mahurani und werden von ihnen aufgezogen. Die Kontaktpersonen werden nach jeder Entführung unverletzt und oft gesünder als vorher wieder in ihre Heimatorte zurückgebracht.

Die kenianischen Familien und Religionsgemeinschaften, die von diesen Erfahrungen berichten, sind oft verwirrt und bestürzt, wenn ihre Angehörigen zurückkehren und liebevoll von ihren schönen, großen, weißen Entführern sprechen. In Kenia werden solche Zeugnisse oft als Beweis für Geisteskrankheit oder dämonische Besessenheit angesehen. Diese Art von Dissonanz erinnert uns daran, dass solche Entführungserzählungen Teil einer Tradition sind, die sich von den offiziellen Hauptreligionen unterscheidet und diesen vorausgeht. Die Entführungstraditionen in Kenia haben ihren Ursprung weder im Christentum noch im Islam. Sie sind Teil des inoffiziellen, einheimischen Wissens der Menschen, das mündlich von einer Generation zur nächsten weitergegeben wird und in jeder Generation erneut für Verwirrung und Verwunderung sorgt.

Elemente der Mami-Wata- oder Mahurani-Geschichten finden sich auch auf den Philippinen, und zwar in den Geschichten über die *Engkantos*. Die *Engkantos* sind gestaltwandelnde Wesen, die mit dem Wasser verbunden sind. Sie sehen Menschen zum Verwechseln ähnlich und könnten fast als normale Filipinos durchgehen, wären da nicht ihre ungewöhnliche Hautfarbe und das Fehlen eines Oberlippengrübchens. Die *Engkantos* sind dafür bekannt, Menschen zu entführen, die ihnen zu nahe kommen.

Auf den Philippinen werden außerdem Geschichten über die *Diwatas* erzählt. Auch bei ihnen handelt es sich um nichtmenschliche Wesen, die Menschen entführen. Die *Diwatas* halten sich – so die Überlieferung – gerne im Verborgenen auf und mögen es nicht, wenn ihre Tarnung auffliegt. Aus diesem Grund reden die Menschen nur leise flüsternd über sie, und statt ihren wahren Namen auszusprechen, bezeichnen sie diese Wesen als »dili ingon nato«, was so viel bedeutet wie »die, die anders sind als wir«, oder als »lamangdagat« – »die, die unter dem Meer wohnen«. Diese sonderbaren *Diwatas* sind körperliche Wesen, die den Menschen so ähnlich sind, dass sie sich mit denen, die sie zu sich holen, fortpflanzen können, um Mischwesen zu schaffen. Kommt Ihnen etwas davon bekannt vor?

Allein die Tatsache, dass eine spezielle Sprache entwickelt wurde, um diese Geschichte zu überliefern, zeigt, wie wichtig es war, diese Informationen sowohl in der philippinischen Kultur als auch darüber hinaus festzuhalten. Das Wort *Diwatas* deutet darauf hin, dass die philippinische Version der Geschichte ihren Ursprung in Indien haben könnte. Denn *Diwatas* ist von dem alten Sanskrit-Wort *Devata* abgeleitet, das »Gott« oder »höheres Wesen« bedeutet. In ähnlicher Weise wird in der Voodoo-Tradition auf Haiti von *Simbi Nan Dlo* gesprochen, dem Geist des Wassers. Afrikanische Sklaven brachten diese Tradition unter dem Namen *Yemoja* in die Karibik.

Einige der Wörter, die zu diesen Traditionen gehören, sind unglaublich faszinierend. Sie werden mit Geistern und Schlangen assoziiert, und wie bei dem Wort *Elohim* in den hebräischen Überlieferungen können damit göttliche Wesen oder Dämonen gemeint sein. Diese 180-Grad-Mehrdeutigkeit ist ein weiterer Hinweis darauf, dass wir es mit uralten Geschichten zu tun haben. Diese Geschichten entstanden lange vor der vertrauten Zweiheit und Unvereinbarkeit von Gut und Böse, Licht und Dunkelheit, die erst mit der später importierten organisierten Religion Einzug hielten. Die alten Entführungsgeschichten sind wirklich ein Sprung ins kalte Wasser.

Manch einer mag nun einwenden, ich würde diese Geschichten zu wörtlich nehmen. Könnte es nicht vielleicht sein, dass es sich bei diesen Ahnenerzählungen gar nicht um Erinnerungen an eine fremde, möglicherweise außerirdische Spezies handelt, sondern um Erinnerungen an fremde, aus anderen Ländern kommende Menschen? Könnten diese Entführungsmythologien nicht Metaphern für die traumatische Erfahrung des Sklavenhandels sein? Erzählt werden diese mythischen Geschichten ja überwiegend in Gebieten, die am Meer liegen, wo Menschenraub durch Sklavenhändler eine sehr reale Bedrohung war.

Ich finde diese Erklärung allerdings wenig überzeugend. In den Geschichten über die Mami Wata, Mahurani, Yemoja, Jini, Jinn, Engkantos, Diwatas, Dili Ingon Nato und Lamangdagat wiederholt sich immer wieder ein ganz bestimmtes Muster. Es besteht darin, dass junge Menschen, die sich am Wasser aufhalten, entführt und nur für kurze Zeit in einer Art Unterwasserbasis festgehalten werden. Dann kehren sie unversehrt zurück, sind jedoch für eine Hybridisierung benutzt worden. Das entspricht wohl kaum dem Muster des menschlichen Sklavenhandels! Es ist ein anderes Muster.

Als ich die indigenen Mythologien auf verschiedenen Kontinenten erforschte, stieß ich in immer mehr Kulturen auf vergleichbare Entführungsgeschichten. Zu meiner Überraschung stellte ich bald fest, dass es in den europäischen Erzähltraditionen dieselben Phänomene von Entführung und Hybridisierung sowie spezielle Bezeichnungen dafür gibt. Im neunzehnten Jahrhundert gelangte der Volkskundler Edwin Hartland (1848-1927) zu dem Schluss, dass sich hinter den *Fay*- und *Faerie*-Traditionen der keltischen Völker Europas ein reales Phänomen verbirgt. Mit großem Mut vertrat er die Auffassung, in der keltischen Mythologie werde ein Programm der Hybridisierung zwischen Menschen und einer anderen menschenähnlichen Präsenz geschildert, das hier auf der Erde im Gange sei, und zwar schon seit Jahrhunderten, vielleicht sogar Jahrtausenden.

Zwei Jahrhunderte zuvor hatte der schottische Geistliche Robert Kirk (1644-1692) seine Forschungen über die Volksmärchen des schottischen Hochlands veröffentlicht. Sein Buch wird bis heute immer wieder aufgelegt. In den Geschichten, die er sammelte, entsteht das Bild einer verdeckten Ebene nichtmenschlicher Einmischung in oder sogar Kontrolle über die menschlichen Angelegenheiten. Diese Macht nannte Kirk *The Secret Commonwealth* (»Das verborgene Reich«). Was den Menschen da von einem presbyterianischen Pfarrer berichtet wurde, war ziemlich verstörend.

In der irischen Version zeigt sich noch deutlicher, dass diese andere Präsenz sich vor den Menschen verbergen möchte. Hier begegnet uns ein auffälliges Element der philippinischen Tradition wieder, nämlich diese anderen Wesen nicht direkt zu benennen, sondern sie stattdessen mit Beinamen wie »die, die unter dem Wasser wohnen« oder »die, die anders sind als wir« zu bezeichnen. Die geflüsterten irischen Umschreibungen lauten »das gute Volk«, »das edle Volk« oder »die andere Sippschaft«.

In Wales erzählt man sich von den *Tylwith Teg*, der »schönen Familie«. Obwohl diese Berichte oft als rein fiktive Märchen betrachtet werden, klingen darin vertraute Töne an. Der bedeutende amerikanische Anthropologe Walter Yeeling Evans-Wentz (1878-1965) veröffentlichte von ihm gesammelte Geschichten über diese offensichtlich mit den irischen Feen verwandten Wesen. Darin heißt es, sie seien menschenähnlich und würden in Ufernähe jungen Männern erscheinen. Sie verführten diese jungen Waliser dazu, ihnen in ihr Reich unter Wasser zu folgen und dort als ihre »Ehemänner« zu leben. Wenn so ein Mann in seine Welt zurückkehren wollte, musste er allein gehen. Seine Feen-Frau blieb in dem Unterwasserreich zurück.

Im irischen Kanon finden wir Geschichten über Entführungen zum Zweck der Hybridisierung. Sie unterscheiden sich nicht von den Aussagen von Menschen im einundzwanzigsten Jahrhundert, die von Entführungen oder Nahkontakten mit außerirdischen Wesen berichten – bis hin zum Aussehen des Raumschiffs, der Gesichtsform der außerirdischen Wesen und ihrer telepathischen Kommunikationsweise. Der einzige Unterschied ist das verwendete Vokabular. Statt von Außerirdischen, Aliens, kleinen Greys und dergleichen ist in den irischen Geschichten von »Feen« und »kleinen Leuten« die Rede. Darauf weist auch die englische Redensart »away with the pixies« (»unterwegs mit den Feen«) hin. Sie bedeutet: tagträumen, mit seinen Gedanken woanders sein.

Während ich über die weite geografische Verbreitung dieser Geschichten nachdenke, kommt mir in den Sinn, wo ich zum ersten Mal eine Geschichte über Entführung und Hybridisierung hörte. Das war weit weg von Schottland, Irland und Wales, weit weg von Afrika und der Karibik an einem Ort, dessen Sagen und Legenden die Menschen seit Jahrtausenden inspirieren und faszinieren.

Knossos auf der Insel Kreta – Juli 1985

Es ist das Zeitalter des Terrorismus. Überall auf der Welt werden Bombenanschläge verübt und Flugzeuge entführt, was mit den internationalen Konflikten jener Zeit in Zusammenhang steht. Mein Vater hat beruflich damit zu tun, die Auswirkungen des Terrorismus auf den freien internationalen Reiseverkehr zu bekämpfen. Als Dank für seine Arbeit ist unsere Familie in diesem Sommer in Griechenland und erkundet die einzigartigen Kulturschätze, die dieses Land zu bieten hat. Als Gäste des griechischen Schiffsmagnaten Andreas Potomianos (1933-2021) bereisen wir die griechischen Inseln, und die erstaunliche Welt des Altertums ist eine Offenbarung für mich.

Kreta ist eine wunderschöne Insel, und Knossos, das in der Bronzezeit entstand, ist Kretas bedeutendste megalithische Stätte. Es fühlt sich sehr inspirierend an, inmitten der Zeugnisse einer uralten Zivilisation zu stehen. In seiner Blütezeit war Knossos Zentrum der minoischen Kultur, die zwischen 3000 und 1000 vor Christus auf Kreta gedieh. Dieses fortschrittliche Seefahrervolk verfügte über großes architektonisches Geschick. Es errichtete Städte mit beeindruckenden mehrstöckigen Gebäuden, die mit Sanitäranlagen und einem ausgeklügeltes Belüftungssystem ausgestattet waren. Ich bin von den technologischen Fähigkeiten der Minoer fasziniert.

Also stelle ich unserem Reiseführer eine Frage: »Wie erklärt es sich, dass die Minoer so fortschrittlich waren? Woher genau kamen sie eigentlich?«

Er antwortet mir mit einer Geschichte.

»Die minoische Kultur entstand vor fünftausend Jahren«, berichtet er. »Sie waren das Volk des großen Herrschers Minos. Minos war ein mächtiger Mann – obwohl er nicht wirklich ein Mensch war. Er war ein Mischwesen. Minos' wunderschöne Mutter war die Tochter des phönizischen Königs Agenor. Eines Tages ging sie mit ihren jungen Freunden am Strand spazieren. Ihre Schönheit erregte die Aufmerksamkeit des Herrschers der Götter, Zeus. Sofort beschloss er, sie zu erobern.

Wie aus dem Nichts tauchte also ein schöner, sanftmütig wirkender Stier am Strand neben ihr auf. Der Stier bezauberte die junge Frau mit seiner animalischen Schönheit und seinem sanften Wesen. Sie streichelte und kraulte das Tier. Irgendetwas zwang sie, auf seinen Rücken zu klettern, woraufhin der Stier in die Wellen galoppierte und sie weit von ihrer Heimat und ihrer Familie in Phönizien forttrug, bis hierher auf die Insel Kreta. Auf unserer Insel entdeckte die junge Schöne, dass ihr Entführer kein Stier, sondern der Herrscher der Götter war. Und Sie wissen doch, was man sich über die griechischen Götter erzählt? Sie sehen sehr, sehr gut aus! Zeus verführte die junge Frau, und sie brachte drei Söhne zur Welt – Rhadamanthys, Sarpedon und Minos. Minos wurde dann später König der Minoer. Und seine Mutter hieß Europa. Der gesamte Kontinent ist nach ihr benannt.«

Diese Geschichte hatte ich tatsächlich noch nie gehört. »Sie wurde entführt?«

»So ist es! Europa wurde von einem sehr, sehr attraktiven griechischen Gott entführt!«

»Und wie ging die Geschichte weiter?«

»Europa war eine unverheiratete Mutter mit drei Kindern – das hätte schwierig werden können. Aber zu ihrem Glück war sie sehr schön. Sie kannte den König von Kreta, und der liebte sie so sehr, dass er sie heiratete und bereit war, ihre drei Söhne als seine eigenen zu adoptieren. Und so führten sie alle ein glückliches Leben. Alle bis auf Europas ersten Liebhaber Zeus, der in einer Schlacht getötet wurde.«

Mir stand der Mund offen. Das war etwas, was ich in der Schule nie gelernt hatte. Ganz Europa ist nach einer jungen Frau benannt, die eine Entführungserfahrung durchlebte! Auch sie wurde am Meeresufer entführt. Ich hatte immer gedacht, Zeus wäre ein allmächtiger Gott. Diese Legende dagegen zeichnete ein anderes Bild: Zeus ist aus Fleisch und Blut.

Er ist so menschenähnlich, dass er mit einer Menschenfrau Nachkommen zeugen kann. Ja, er ist mächtig. Er ist in der Lage, das Bewusstsein von Europa zu manipulieren, um sein wahres Aussehen zu verbergen. Aber er ist nicht allmächtig. Er ist nicht einmal unsterblich. Am Ende fällt er in einer Schlacht. Dieser berühmteste aller »Götter« war nach dieser Version der Ereignisse ein hochentwickeltes Wesen, das seine überlegene Macht dazu nutzte, Menschen zu entführen und zu hybridisieren. Schon der Name Europa verkörpert also die Geschichte einer prähistorischen Hybridisierung. Mein Besuch in Griechenland damals säte einen Samen der Neugierde, der noch viele Jahre lang wachsen sollte.

An unserem letzten Abend in Athen bezogen wir unsere Kabinen auf der *World Renaissance*, dem damaligen Kreuzfahrt-Flaggschiff der Reederei Epirotiki. Als wir für das Abendessen formellere Kleidung anlegten, fiel mir etwas Seltsames auf. Ich stand mit nacktem Oberkörper vor dem Badezimmerspiegel und sah etwas, das ... nun ja, irgendwie nicht passte. Drei Linien auf meinem Bauch, direkt unterhalb und etwas seitlich des Nabels, etwa acht Zentimeter lang. Es waren keine Furchen, sie saßen erhaben auf der Haut. Die Linien wirkten wie mit einer Nadel gezogen, sie sahen unheimlich aus. Was hatte es damit auf sich? Da ich erst zwanzig Jahre alt war, ging ich in die nächste Kabine, damit meine Mutter, die sich mit gesundheitlichen Dingen besser auskannte als ich, eine fachkundigere Diagnose stellen konnte.

»Es ist wahrscheinlich nur eine Art Ausschlag«, sagte sie eher beiläufig.

Aber es sah für mich nicht wie ein Ausschlag aus. Ich weiß nicht, was es war. Und wie lange war es schon da gewesen? Was auch immer es damit auf sich hatte, ich konzentrierte mich auf andere Dinge und vergaß es. Es sollte viele Jahre dauern, bis ich mich wieder an dieses Erlebnis aus dem Jahr 1985 erinnerte.

Heute frage ich mich mehr denn je, wie ein so weit verbreitetes Zeugnis, das von so vielen verschiedenen Kulturen und Traditionen getragen wird, dermaßen unbekannt bleiben konnte. Wenn im Westen des einundzwanzigsten Jahrhunderts Menschen wie unsere Freundin Akua in Ghana behaupten, sie hätten eine Entführung durch nichtmenschliche Wesen erlebt, erschrecken wir, als hätten wir so etwas noch nie gehört. Auf meinen Reisen durch Griechenland, Südafrika, Ghana, Kenia, Kuba, Brasilien, die Karibik, die Philippinen, Indien, Schottland, Irland und Wales wurde mir jedoch immer klarer, dass uns »Ähnliches« schon seit Menschengedenken erzählt wird. Wir haben es nur nicht ernst genommen.

Die westliche Kultur scheint heute nicht in der Lage zu sein, diese Art von Berichten ernst zu nehmen. Was wir als »Nahbegegnungen der vierten Art« bezeichnen, muss somit als Märchen oder Fiktion, Metapher oder Wahnsinn kategorisiert werden. Wenn heute jemand behauptet, ganz real und physisch eine Entführungserfahrung durchgemacht zu haben, gibt es etwas, das die meisten von uns ganz sicher nicht tun werden: ihm respektvoll und mit offenem Geist zuzuhören. Zumindest glaubte ich das. Dann, eines Tages im Jahr 2018, sagte die angesehene Journalistin und National-Ikone Ita Buttrose, Vorsitzende des australischen Fernsehsenders ABC, im öffentlich-rechtlichen Fernsehen einige Worte, bei denen mir die Kinnlade herunterfiel.

2

Schaut euch den Himmel an!

Canberra, Australien – 2018

»Ihre ersten Erfahrungen mit Außerirdischen – Greys – machte Jane als Kleinkind.«

Ich lebe jetzt seit mehr als zwanzig Jahren in Australien, und Ita Buttrose war mir die ganze Zeit ein Begriff. Sie ist eine nationale Institution. Als gefeierte Journalistin, als bahnbrechende Herausgeberin des Magazins *Cleo* und als populäre Figur in den australischen Medien ist sie vielen Australiern so vertraut, als würde sie zur Familie gehören. Im Jahr 2018 wurde sie zur neuen Vorsitzenden der australischen Rundfunkanstalt ABC ernannt, einem öffentlich-rechtlichen Sender, zu einer Zeit, in der die Unabhängigkeit des australischen Journalismus starke Fürsprecher benötigte.

All das sage ich, um Ihnen zu zeigen, dass Ita Buttrose, falls Sie sie noch nicht kennen, für die australische Gesellschaft sozusagen ein Fels in der Brandung ist. Deshalb konnte ich es gar nicht fassen, als ich hörte, wie sie ruhig, respektvoll und ohne Wertung mit einer Dame namens Jane Pooley über ein Thema sprach, das fernab der australischen Mainstream-Kultur liegt – Entführungen durch Außerirdische.

Jane Pooley ist Krankenschwester im Ruhestand und Mutter von drei Kindern. Sie lebt im Südosten des Landes, in New South Wales. Um Ita Buttrose zu zitieren: Sie ist eine »sanftmütige und bescheidene Frau«. Jane behauptet, schon ihr ganzes Leben lang Kontakte zu Außerirdischen zu haben. Sie behauptet auch, von ihren Besuchern im Rahmen eines Programms zur Hybridisierung von Mensch und Tier benutzt worden zu sein und zwei Hybridkinder geboren zu haben, die ihr in der Zwischenzeit weggenommen wurden.

Vor dem Interview im australischen Fernsehen in *Studio 10* legte Jane dem Team der Sendung medizinische Unterlagen vor, die ihre Schwangerschaften bestätigten, sowie andere objektive Beweise für ihre Geschichte. Das Team lud sie dann ein, sich einem Lügendetektortest zu unterziehen, bei dem sie zu den Schlüsselelementen ihrer Geschichte befragt wurde. Dem stimmte Jane bereitwillig zu.

»Sind Sie schon Außerirdischen begegnet?«

»Haben Sie Kinder, die zur Hälfte außerirdisch sind?«

»Waren Sie Teil eines außerirdischen Zuchtprogramms?«

Jane unterzog sich drei Mal dem Lügendetektortest, und das Ergebnis, so Ita, »deutete auf keine Täuschung hin«.

Der Beitrag in *Studio 10* gibt nur die nackten Fakten von Jane Pooleys Bericht wieder. Er nimmt keinen Bezug auf die bestätigenden Beweise, die Jane in Form von medizinischen Unterlagen vorlegte. Auch auf die Unterstützung durch andere Augenzeugen wird nicht eingegangen. Zweifellos war es einfacher, die Produzenten der Sendung dazu zu bringen, einem Beitrag der Art »Liebe Zuschauer, entscheiden Sie selbst, was Sie davon halten …« zuzustimmen, als einem Beitrag, in dem es heißt: »Die Beweise deuten eindeutig auf eine erstaunliche Schlussfolgerung hin!«

Das kann ich verstehen. Was mir jedoch auffällt, ist, dass ich zum ersten Mal in den australischen Mainstream-Medien einen Hinweis auf die Dinge sehe, die ich inzwischen von meiner ghanaischen Familie und aus Mythologien auf der ganzen Welt kenne: die weit verbreiteten und bis in ferne Vergangenheit zurückreichenden Berichte über Entführungen durch Außerirdische, die Menschen zu Hybridisierungen zwingen. Es ist erstaunlich, dass eine Persönlichkeit vom Rang und der Glaubwürdigkeit Ita Buttroses diese Geschichte aufgreift, zwar nicht engagiert, aber ruhig und respektvoll. Irgendetwas in unserer Kultur ist in Bewegung geraten. In der Tat hat sich etwas sehr stark verändert.

Vor fünfzig Jahren war es noch anders.

Westall, Clayton, Melbourne, Australien: 11:00 Uhr – 6. April 1966

Ein Junge stößt die Tür des Naturwissenschaftsraums auf und läuft auf den Schulhof hinaus. »Mr. Greenwood! Mr. Greenwood! Da sind Fliegende Untertassen am Himmel!«

Bis jetzt war es ein ganz normaler Tag für die Schüler der Westall Primary School und der Western High School. Jetzt sind die Flure voll von Kindern und Lehrern, die auf den Schulhof rennen. Als Herr Greenwood, der Lehrer für Naturwissenschaften, aus dem Gebäude läuft, ruft ein anderer Schüler laut: »Schaut euch den Himmel an! Schaut hinauf!«

Die Kinder rennen nach draußen, schreien, rufen und weinen. Ein Mädchen fällt sogar in Ohnmacht beim Anblick der drei silbernen, untertassenförmigen Raumschiffe, die über den beiden nebeneinander liegenden Schulen schweben. Die Chemielehrerin, Frau Sandleby, schnappt sich ihre Kamera und beginnt zu fotografieren.

Nach zehn Minuten landet eines der Flugobjekte offenbar auf der Grange – einem dünn mit Kiefern bewachsenen Gebiet, das unmittelbar an das Schulgelände angrenzt. Die Jungen und Mädchen stürmen zum Zaun, um sich die Fliegende Untertasse aus der Nähe anzuschauen. Zwei der Mädchen, Jacquie und Tanya, springen über den Zaun, und Tanya rennt zwischen den Kiefern auf das Flugobjekt zu, in der Hoffnung, es berühren zu können. Innerhalb weniger Augenblick taucht Tanya wieder auf und rennt schreiend und hysterisch zum Zaun zurück. Wenige Minuten später wird sie ins Krankenhaus gebracht.

Am Himmel tauchen nun fünf kleinere Flugzeuge auf, die etwa zwanzig Minuten lang um die beiden anderen Fliegenden Untertassen herummanövrieren und versuchen, einen näheren Blick auf diese außergewöhnlichen Fluggeräte zu werfen. Als sich weitere Kinder der Grange nähern, steigt das gelandete Fluggerät auf eine Höhe von etwa vier Meter und hinterlässt an der Landestelle Spuren und einen kreisförmigen Abdruck. Dann dreht es sich auf die Seite und schießt mit unglaublicher Geschwindigkeit zurück in den Himmel.

Die fünf kleineren Flugzeuge tun ihr Bestes, das UFO zu verfolgen, aber im Vergleich zu ihm sind sie so langsam, dass sie förmlich in der Luft zu stehen scheinen.

Ungefähr eine halbe Stunde nach der Sichtung der Fliegenden Untertassen fahren an der Schule Militärjeeps vor. Soldaten in Schutzanzügen steigen aus. Auch Limousinen und Kleinbusse mit Polizisten, einem hochrangigen Regierungsbeamten und Pressereportern nähern sich nun der Schule. Am Zaun spricht eine fünfjährige Schülerin, Joy Clarke, mit einem Reporter von *Channel 9* und beschreibt, was alle gerade gesehen haben.

Wie aus dem Nichts tritt ein Mann in einem dunkelblauen Anzug auf Joy zu und befiehlt ihr, zu schweigen und ins Schulgebäude zu gehen. Der Mann befiehlt dann dem Filmteam, die Dreharbeiten sofort abzubrechen. In der Schule hat ein anderer Mann im dunkelblauen Anzug den Chemielehrer angesprochen, der die drei UFOs fotografiert hat.

Nach einem hitzigen Wortgefecht reißt der Mann dem Lehrer die Kamera aus der Hand und nimmt sie mit. Er bekommt seine Kamera nie zurück.

Am Nachmittag findet eine Versammlung statt, an der alle Schulkinder teilnehmen müssen. Ihr Direktor hat eine wichtige Ankündigung zu machen. Er sagt: »Heute Morgen ist nichts geschehen. Jedes Kind, das behauptet, es wäre doch etwas geschehen, wird bestraft.«

Die verblüfften Kinder sitzen pflichtbewusst da, als der Schulleiter dem Personal und den Schülern erklärt, dass das, was sie alle sahen, was die Kinder in Panik versetzte, was innerhalb von dreißig Minuten die Polizei, die Luftwaffe und die Armee auf den Plan rief, in Wirklichkeit ein Wetterballon war. Jeder Schüler, der eine andere Erklärung vorbringt, wird mit Nachsitzen bestraft.

Am nächsten Tag lief Jacquie – eines der beiden Mädchen, die über den Zaun gesprungen und in den Kiefernwald gelaufen waren – zum Haus ihrer Freundin Tanya, die, nachdem sie offenbar versucht hatte, das UFO zu berühren, ins Krankenhaus gebracht worden war. Jacquie wollte wissen, ob es Tanya besser ging. Zu ihrem großen Erstaunen öffneten nicht Tanyas Eltern, die Jugoslawisch sprachen, die Tür, sondern eine strenge, Englisch sprechende Frau. Die Frau behauptete steif und fest: »Deine Freundin Tanya wohnt hier nicht und hat auch nie hier gewohnt.«

Jacquie sah ihre Freundin Tanya nie wieder.

Jahre später erfuhr Jacquie, dass Tanya über Nacht von der Schule entfernt und in ein Kloster gebracht worden war. Mehr als hundert Schüler waren bereit, öffentlich über das Geschehen zu sprechen. Aber bis heute will Jacquies Freundin weder über den Vorfall sprechen noch über den Teil ihres Lebens, der darauf folgte.

Das ist der *Westall-Zwischenfall.* Es handelt sich um die größte Massensichtung von UFOs in der Geschichte Australiens. Mehr als zweihundert Schüler waren Zeugen, ebenso Lehrpersonal, örtliche Arbeiter und Anwohner. Armee, Luftwaffe, Polizei und Presse reagierten auf den Vorfall. Und doch lautet der offizielle Regierungsbericht bis heute, es wäre dort überhaupt nichts geschehen. Es gab keinen Zwischenfall.

Vor zehn Jahren untersuchte der australische Forscher Shane Ryan die Angelegenheit und veröffentlichte seine Ergebnisse. Kurze Zeit später erhielt Shane einen Anruf von einem Mann und seiner Schwester, beide inzwischen in den Fünfzigern. Es waren der Sohn und die Tochter des Regierungsbeamten, der an jenem schicksalhaften Tag nach Westall entsandt worden war. Ihr Vater war damals ein hoher Beamter im australischen Versorgungsministerium, dem Department of Supply.

Als Shane sich 2010 mit dem Sohn und der Tochter des Mannes zusammensetzte, kam eine traurige Geschichte ans Licht. Sie erzählten ihm, dass ihr Vater nur vier Jahre nach dem Vorfall jung verstorben war. Nach dem, was er in Westall erlebt hatte, war er fest entschlossen gewesen, die Wahrheit darüber herauszufinden, was an jenem Apriltag in dem Melbourner Vorort wirklich geschehen war. Aber offensichtlich wurde er von höherer Stelle stark unter Druck gesetzt, seine Nachforschungen in dieser Sache zu beenden, da die Regierung die

Sache unter Verschluss halten wollte. Der Druck – und zweifellos auch die Drohungen –, die von diesem Konflikt ausgingen, waren nach Ansicht seines Sohnes und seiner Tochter die Ursache für seinen frühen Tod.

Shane Ryan begab sich daraufhin in das Archiv von *Channel 9*, um sich die Filmberichte über den Vorfall anzusehen, darunter auch die Interviewaufnahmen, für die zwei Schüler mit Arrest bestraft worden waren. Bei seiner Suche in dem Archiv voller verstaubter Filmdosen fand Shane schließlich die gesuchte Dose mit der Aufschrift »6. April 1966«. Seine Freude und Begeisterung wichen jedoch schnell großer Bestürzung, als er die Dose öffnete. Sie war leer.

Jemand hatte in den seither vergangenen vierunddreißig Jahren das Filmmaterial an sich genommen.

Was die offiziellen Regierungsberichte betrifft, so hat es am 6. April 1966 keinen Westall-Zwischenfall gegeben. Trotz der Präsenz des Militärs, der Luftwaffe, der Polizei und der Regierung hat offenbar keine Regierungsbehörde Aufzeichnungen darüber, dass sich an diesem Tag jemals irgendetwas Auffälliges zutrug. Bis heute haben die australischen Regierungsbehörden sich noch nicht einmal dazu durchgerungen, öffentlich zuzugeben: »Ja, es gab einen Zwischenfall. Wir wissen nur nicht, was es war.« Nein, die Regierung schweigt.

Warum wird seit 1966 diese Politik des Schweigens aufrechterhalten? Und was macht den Vorfall so heikel, dass man ihn selbst nach fünfzig Jahren noch vor der Öffentlichkeit zu verbergen versucht? Man muss sich fragen, was für die Regierung so schlimm daran wäre, den Westall-Zwischenfall endlich offiziell zu bestätigen.

Aber auch wenn die Politik unserer Regierung sich bislang nicht geändert hat, habe ich doch den Eindruck, dass sich unsere Kultur allmählich ändert. Die Kinder von Westall, die 1966 zum Schweigen verpflichtet und bedroht wurden, dürfen jetzt offen sprechen. Sie werden sogar im öffentlich-rechtlichen Fernsehen als Zeugen der größten UFO-Massensichtung in der australischen Geschichte befragt, ohne deshalb persönliche Konsequenzen befürchten zu müssen.

Der Westall-Zwischenfall veranschaulicht eindrucksvoll, warum die Mythologien und indigenen Erzählungen der Welt so wertvoll sind. In diesen inoffiziellen Geschichten, in unserem Volksgedächtnis, bewahren unsere Kulturen die Erinnerung an Erfahrungen und Ereignisse, die von unseren staatlichen Behörden nicht anerkannt werden.

Dass jetzt im einundzwanzigsten Jahrhundert die Zeugen von Westall offen über ihr Erlebnis sprechen, ermutigt mich zu der Annahme, dass unsere Kultur mittlerweile vielleicht etwas mehr zum Zuhören bereit ist, als es in früheren Generationen der Fall war. Doch selbst wenn mehr Menschen bereit sind, zuzuhören, bleibt die Angst vor Lächerlichkeit bis heute ein mächtiger Hemmschuh für den offenen Austausch von ungewöhnlichen Erinnerungen.

Einige von denjenigen, die sich mit ihren eigenen Geschichten über seltsame Begegnungen an mich gewandt haben, brauchten mehr als fünfzig Jahre, bis sie es wagten, jemand anderem als dem eigenen Ehepartner von ihren Erfahrungen zu berichten. Viele schwiegen aus Angst, sich lächerlich zu machen. Von allen Menschen, mit denen ich persönlich gesprochen habe, war einer der am stärksten Betroffenen ein argentinischer Gaucho – ein Bauer, dessen Leben im Alter von zwölf Jahren durch ein Phänomen verändert wurde, das er sich nicht erklären konnte.

Acevedo, Pergamino, Argentinien – 1978

Juan Perez ist auf seinem Pferd unterwegs, um nach der Herde zu sehen. Für Juan ist das ein vertrauter Teil seiner Aufgaben auf der Farm. Doch heute wird er etwas Unbekanntem begegnen. Dieser Kontakt wird sein Leben für immer verändern. Er ist zwölf Jahre alt.

Vor ihm erstreckt sich das Weideland bis zum Horizont. Doch der Horizont ist heute hinter einer ganz ungewöhnlichen Wolke verborgen, die sich langsam auf Juan zubewegt. Als Juan in diesen merkwürdigen Nebel hineinreitet, nehmen die Umrisse von etwas Unbekanntem Gestalt an. Was ist es? Ist es eine Art Fahrzeug? Oder so etwas Ähnliches wie ein Geräteschuppen? Unerschrocken untersucht Juan das unbekannte Gebilde. Er bindet sein Pferd daran an und klettert leise und neugierig eine Leiter hinauf, um durch eine offene Tür zu spähen. Was er sieht, sind zwei Gestalten, die darin arbeiten. Eine ist größer, eine kleiner. Beide Gestalten haben etwas Roboterhaftes an sich. Dann dreht sich die größere Gestalt um und kommt auf Juan zu. Das, was sich ihm da nähert, ist kein menschliches Wesen.

An diesem Tag ist Juan einer von drei lokalen Zeugen, die in diesem kleinen argentinischen Landbezirk von einer Nahbegegnung mit etwas berichten, bei dem es sich offenbar um ein außerirdisches Raumschiff handelte. Die beiden anderen Zeugen haben das mutmaßliche Raumschiff lediglich von außen gesehen, ohne unmittelbare Interaktion mit dessen Insassen. Juans Begegnung hingegen … nun, sie hat sein Leben wirklich für immer verändert!

Das erste Bild, das ich von Juan hatte, waren Aufnahmen, die ihn als jungen Mann von achtzehn Jahren zeigten. Als Gast eines UFO-Kongresses in Argentinien erhielt er Gelegenheit, seine Geschichte vor einem kleinen, freundlichen Publikum zu erzählen. Hinter dem Mikrofon sitzend, machte er den Eindruck eines intelligenten, selbstbewussten jungen Mannes. Seine ersten Worte ließen auf eine gut geerdete Person schließen, die sich klar auszudrücken vermochte. Doch schon nach wenigen Sätzen überwältigten ihn Angst und Schmerz. Er vergrub seinen Kopf in den Händen und murmelte: »Sie werden mir nicht glauben.«

Diese Aufnahmen von Juan sah auch der argentinische Dokumentarfilmer Alan Stivelman. Alans spontane Reaktion auf diesen Moment im Film war, dass er aufstand und laut sagte: »Ich muss diesen Mann treffen.« Und das setzte er in die Tat um.

Bei ihrem ersten Treffen war Juan noch verschlossen, weil er nach wie vor überzeugt war, dass ihm niemand glauben würde, was er 1978 erlebt hatte. In den Jahren nach dem Vorfall hatte er bewusst sehr zurückgezogen auf seiner Farm gelebt. Juans selbst auferlegtes Exil dauerte fünfunddreißig Jahre.

Allmählich gewann Alan jedoch Juans Vertrauen. Der Farmer öffnete sich und begann, über das zu sprechen, was ihm vor so vielen Jahren widerfahren war. Alan brachte Juan mit Jacques Vallee zusammen, einem sehr angesehenen Forscher auf dem Gebiet der UFO-Phänomene. Auch suchte er mit Juan den Psychiater Nestor Berlanda auf, der ihm mit einer Hypnosetherapie half, einige seiner verdrängten Erinnerungen wiederzuentdecken. Anschließend reiste er mit Juan nach Paraguay, in die Heimat von Juans Vorfahren, um ihm die Möglichkeit zu geben, die mündlichen Überlieferungen seiner indigenen Ahnen kennen zu lernen. Nach vier Jahren, in denen sie diesen langen Weg der Heilung gemeinsam gingen, haben Alan und Juan einen wunderschönen Film über diesen Weg produziert. Ich hoffe, ich habe Ihnen gerade genug erzählt, um Ihnen Appetit zu machen, sich diesen Film anzuschauen. Er trägt den Titel *Witness of Another World* – »Zeuge einer anderen Welt«.

Acevedo, Pergamino, Argentinien – Januar 2020

Der verängstigte achtzehnjährige Junge ist jetzt ein Mann von dreiundfünfzig. Juan steht auf seiner Farm in Acevedo im ländlichen Argentinien und beantwortet meine Fragen. Er wirkt gesund, entspannt und selbstbewusst. Als Alan mit seinen Dreharbeiten begann, war Juan neunundvierzig. Zu diesem Zeitpunkt waren noch Traurigkeit und Angst im Gesicht des Gauchos zu sehen, und er sprach nur zögernd über die Begegnung und ihre Folgen. Wenn wir heute miteinander sprechen, ist die Veränderung in Juans Auftreten erstaunlich. Es ist eine Freude, ihn so zu sehen.

»Der Film hat mein Leben verändert«, beginnt er. »Er hat meine Angst geheilt. Bis zu diesem Moment trug ich etwas mit mir herum, das ich niemandem erzählen konnte. Mein ganzes Leben lang hatte man mich deswegen verspottet. Da war ich schon siebenundvierzig Jahre alt und wusste immer noch nicht, wie ich meine Geschichte erzählen sollte. Selbst die Erinnerung an das, was mir damals zugestoßen war, machte mir Angst.

Es ist schwierig, etwas Unbekanntes zu erleben – und noch schwieriger, es anderen Menschen zu erklären. Die Leute glauben einem einfach nicht. Dank des Erfolgs des Films haben die Leute begonnen, mir zuzuhören. Und das hat mir geholfen, mich zu öffnen und über diese Dinge zu sprechen.«

Als Jugendlicher versuchte Juan, über seinen Kontakt und die Folgen zu sprechen, musste jedoch feststellen, dass er sich damit zum Gespött machte, zur Witzfigur. Deshalb beschloss er, weiter weg aufs Land zu ziehen. Während der nächsten vierunddreißig Jahre lebte er ganz zurückgezogen auf einer Farm. Und in all diesen Jahren litt er unter einer Posttraumatischen Belastungsstörung (PTBS). Ich frage Juan nach den psychischen Phänomenen, die auf seine Nahbegegnung folgten.

»Zwischen dem vierzehnten und fünfzehnten Lebensjahr«, berichtet er, »hatte ich Träume, die wahr wurden. Aber wenn ich darüber sprach, weigerten sich die Leute, mir zu glauben. Ich wurde angespuckt. Die Leute wollten nichts mit mir zu tun haben, mochten mir noch nicht mal die Hand geben. Ich habe viel Diskriminierung erfahren. Jacques Vallée war einer der ersten, der sich meine Geschichte anhörte. Auch die Arbeit von Dr. Berlanda hat mir geholfen zu verstehen, was damals mit mir geschah.«

Dr. Berlandas Rückführungsarbeit mit Juan förderte schließlich die verschütteten Erinnerungen an mehr als eine Begegnung mit den Wesen zutage, die er an jenem Tag im Jahr 1978 zum ersten Mal gesehen hatte. Auch wenn Juan sich nicht erinnert, dass die fremden Wesen ihm gegenüber gewalttätig waren, empfand er schon allein die Vorstellung, dass die ETs ihn an einen anderen Ort gebracht hatten – sei es physisch oder mental –, als zutiefst verstörend.

»Wie machen sie das?«, fragt er. »Ich weiß es nicht. Es zu erleben, ist sehr traumatisch. Nur ein Mensch, der selbst eine solche Entführung erlebt hat, kann wirklich wissen, wovon ich spreche. Wie können sie diese Art von Kontrolle über uns haben? Und warum ist das mit mir passiert?«

Neben den Erinnerungen, dem seltsamen Phänomen präkognitiver Träume und seinen PTBS-Symptomen hinterließ der Kontakt bei Juan auch eine körperliche Spur. Er trägt eine seltsame Narbe auf seinem Oberarm: drei nebeneinander erhaben auf der Haut verlaufende Linien, jede etwa acht Zentimeter lang – dort hatte eines der Wesen ihn berührt. Diese Phänomene gaben Juan zumindest die Gewissheit, dass ihm tatsächlich objektiv etwas widerfahren war. Vier Jahrzehnte nach dem Vorfall erhielt er, während er mit Alan an dem Film arbeitete, eine weitere Bestätigung.

Nur widerstrebend vertraute Juans Mutter ihrem Sohn an, dass sie selbst in ihrer Jugend eine erschreckende Begegnung erlebt hatte. Juans Pferd, das seine bizarre ET-Begegnung miterlebt hatte, war dadurch so in Panik versetzt worden, dass es am nächsten Tag starb. Bei seiner Mutter war ihr Hund Zeuge gewesen. Auch er reagierte mit extremer Angst. Traurigerweise wurde der Hund von den seltsamen Besuchern gestohlen und kehrte nie zurück. Wie Juan hatte auch seine Mutter in den Jahren nach dem Nahkontakt präkognitive Träume.

Juans Mutter glaubte, dass ihr Kontakt mit außerirdischen Wesen der Grund dafür war, dass diese Wesen es eine Generation später auch auf Juan abgesehen hatten. Sie hatte in der großen Angst gelebt, dass die ETs wiederkommen und ihren Jungen mitnehmen würden.

Juan schaute mich offen an und sagte geradeheraus: »Früher war es schwer für mich, aber der Film und die Arbeit mit Alan haben mein Leben verändert. Alan, Jacques Vallee und Nestor Berlanda haben sich mit mir unterhalten, und sie glauben mir. Ich betrachte sie als gute Freunde. Dass die Leute früher über mich sagten, ich wäre verrückt, stört mich heute nicht mehr. Wenn mich jemand auslacht, sende ich diesem Menschen meine besten Wünsche! Ich lebe mein Leben.«

Und man sah es ihm an. Hier hatte sich eine erstaunliche Heilung ereignet – eine Heilung, die dadurch zustande kam, dass Menschen sich Juan zuwandten, ihm respektvoll zuhörten und ihm halfen, die Schichten seiner Erfahrungen und deren Auswirkungen zu deuten. Vor allem aber hat Alan Stivelmans Arbeit Juan aus seiner selbst auferlegten Isolation herausgeführt und ihm geholfen, neue Freundschaften zu schließen und Gleichgesinnte zu finden.

Menschen, die von Nahbegegnungen mit ETs berichten, wird oft vorgeworfen, sie wollten sich wichtig machen und mit ihren Geschichten öffentliche Aufmerksamkeit erregen. Die Erlebnisse von Juan Perez veranschaulichten eindrucksvoll, wie falsch diese Vorstellung ist. Alan, der Filmregisseur, nickt, als ich ihn auf diesen Punkt anspreche.

»Mein erster Eindruck von Juan war der eines traumatisierten Menschen«, sagt er. »Juan empfand seinen Fall nicht als Geschenk, sondern als Fluch. Wie Sie schon sagten, liegt ihm überhaupt nichts daran, Schlagzeilen zu machen und Medienpräsenz zu erlangen. Er benutzt kein Handy. Er ist es nicht gewohnt, im Internet zu surfen. Er schaut sich keine Filme an. Er ist ein Mann, der ein einfaches Landleben führt. Er ist Farmer. Ein Gaucho. Als ich nach Acevedo kam, arbeitete er auf einer sehr großen alten Farm – einer Hazienda.

Er ist ein großer, kräftiger Mann – ein echter Gaucho, wie Sie selbst sehen!«

Alan hat völlig Recht. Juan ist von großer Statur, und trotz seiner Herzlichkeit und seiner sanften Art, wenn wir uns unterhalten, strahlt er beeindruckende Körperkraft aus.

»Juan hat versucht, mir zu erklären, was er gesehen und erlebt hat. Ich erinnere mich, dass ich filmte und alles aufnahm, was er mir erzählte. Aber dann begann er zu weinen. Es war nicht mehr möglich, weiter zu filmen. Also schaltete ich die Kamera aus und hörte einfach zu.«

Das kann ich nachempfinden. Seit ich *Flucht aus Eden* veröffentlicht habe, werde ich wöchentlich, manchmal fast täglich, von Menschen kontaktiert, die sich durch anomale Erfahrungen und Nahbegegnungen isoliert fühlen.

Viele berichten mir von dem Schmerz dieser Isolation und davon, wie schwer es ist, wenn eine Erfahrung alte Überzeugungen und Weltanschauungen vollkommen erschüttert. Einige wurden von ihren Familien geächtet, weil diese nicht in der Lage waren, die bizarren Erfahrungen zu akzeptieren. Mehr als einmal haben erwachsene Männer am Telefon geweint, als sie mir von einer traumatischen Erfahrung berichteten, über die sie jahrelang mit niemandem gesprochen hatten. Die Menschen wenden sich auf diese Weise an mich, weil sie nach all dem Schweigen jemanden brauchen, der für sie tut, was Alan für Juan tat, nämlich einfach zuhören. Inzwischen habe ich aufgehört zu zählen, wie viele Menschen – vor allem Männer – sich mit ET-Kontakterfahrungen, die sie zuvor jahrzehntelang für sich behielten, an mich gewandt haben.

Wenn sie mir ihre Geschichte anvertrauen, höre ich immer wieder diese eine Aussage, die ich bereits erwähnt habe: »Ich habe es meiner Frau erzählt, und ich habe mit der Person darüber gesprochen, die bei der Nahbegegnung dabei war. Aber sonst habe ich es in all den Jahren niemandem erzählt.«

In unserer Kultur besteht eine starke Neigung, Menschen, deren Erfahrungen nicht ins Mainstream-Weltbild passen, lächerlich zu machen und gesellschaftlich zu ächten. Deshalb ziehen viele Betroffene es vor, über ihre Erlebnisse zu schweigen. Für gläubige Menschen können die Dogmen der Kirchen und anderer Glaubensgemeinschaften eine zusätzliche Belastung sein. Durch meine Erfahrungen in Pfarrerausbildung und Seelsorge habe ich selbst erlebt, wie christliche Glaubensgemeinschaften ihren Mitgliedern zu verstehen geben, dass ihre paranormalen Erlebnisse akzeptiert werden, solange sie als Geschichten von Gott, vom Teufel, von Engeln, Dämonen, Menschen oder irdischen Tieren, Pflanzen und Mineralien beschrieben werden können. Aber falls Ihre Geschichte nicht in die althergebrachten Muster passt, wird man Ihnen nicht zuhören wollen und es lieber sehen, wenn Sie schweigen.

Wenn mich Menschen anrufen, dann deshalb, weil sie nicht mehr anders können, weil sie es einfach jemandem erzählen müssen – denn nachdem sie jahrelang darüber geschwiegen haben, lastet auf ihnen der Druck, seelisch verarbeiten zu müssen, was ihnen widerfahren ist, mag es auch noch so lange zurückliegen. Es haben sich so schnell so viele Menschen bei mir gemeldet, dass ich mich frage, wie viel mehr Erlebnisse wir noch von unseren Verwandten, Freunden, Nachbarn und Kollegen erfahren würden, wenn Spott und die Angst davor, als Spinner abgestempelt zu werden, keine Rolle mehr spielen würden – wenn es normal und alltäglich würde, offen über eigene ET- und UFO-Erfahrungen zu sprechen. Inzwischen vermute ich, dass sich dann in jeder Familie und jedem Freundeskreis mindestens ein Betroffener finden würde, der schon Alien-Nahkontakte erlebt hat.

Die Geschichte von Juan Perez veranschaulicht, wie einsam es uns machen kann, Phänomene zu erleben, die der allgemeinen Weltanschauung widersprechen. Es gehört zum Beispiel ungewöhnlich viel Mut dazu, sich wie die Australierin Jane Pooley im nationalen Fernsehen der öffentlichen Kritik auszusetzen. Auf die Frage von Ita Buttrose, warum sie so lange gewartet habe, bevor sie mit ihrer Geschichte an die Öffentlichkeit gegangen sei, antwortete Jane, sie habe sich entschieden, die Angelegenheit so lange geheim zu halten, bis ihre Kinder erwachsen waren. Denn sie können nun besser damit umgehen, dass ihre Mutter eine Geschichte erzählt, die viele Leute, vor allem in den Massenmedien, für lächerlich halten würden. Selbst für die Mutigsten unter uns ist es sehr abschreckend, sich öffentlich der Lächerlichkeit preiszugeben.

Im Jahr 1966 wurden die Kinder, die Zeugen des Westall-Zwischenfalls waren, bedroht, um sie zum Schweigen zu bringen. Fünfzig Jahre später ist die Angst vor Lächerlichkeit wahrscheinlich der Grund dafür, dass mindestens die Hälfte der zweihundert betroffenen Schüler nach wie vor nicht bereit ist, über einen Vorfall zu sprechen, der in der Öffentlichkeit bekannt ist, auch wenn er von der Regierung immer noch nicht offiziell bestätigt wird.

Spott, Hohn und Scham liegen wie ein dunkler Schleier über dem Thema heutiger UFO-Begegnungen, von Entführungsfällen ganz zu schweigen. Über diese Erfahrungen wird im Alltag nur sehr selten gesprochen. Die Mainstream-Medien reißen ab und zu oberflächliche Witze über das Thema, beschäftigen sich aber fast nie ernsthaft damit. Nun, unsere heutigen Zwänge spielten bei der Entstehung der Schöpfungsmythen früherer Kulturen und den mündlich überlieferten Volksmärchen unserer Vorfahren keine Rolle. Sie erzählen uns eine andere Geschichte.

Als ich Jane Pooley im Gespräch mit Ita Buttrose zuhörte, hatte ich bereits meine eigene mythologische Reise um die Welt unternommen, von Kenia bis zur südlichsten Spitze Südafrikas, entlang der Westküste des afrikanischen Kontinents, nach Haiti, Kuba, in die Karibik und nach Osten bis zu den Philippinen. Diese Entdeckungsreise machte mich mit einer Erzähltradition vertraut, die einen festen Platz in unserem kulturellen Gedächtnis einnimmt. So gesehen kann ich sagen, dass mich

Generationen von Vorfahren auf eine Geschichte wie die von Jane Pooley vorbereitet haben.

Während ich ihrem Zeugnis zuhörte, fragte ich mich, wie weit unsere Kultur wirklich in der Lage ist, Berichte über Entführungsphänomene aufzuklären. Wie weit ist die westliche Kultur heute eigentlich in der Lage, ohne Vorurteile zuzuhören? Und woran könnten wir uns als Gesellschaft erinnern, wenn wir den Mut aufbringen, den Deckel zu lüften und Menschen mit »anderen« Erfahrungen unvoreingenommen zuzuhören?

Vor dreißig Jahren befasste sich das australische Nachrichtenmagazin *60 Minutes* mit Berichten über Nahbegegnungen und Entführungen, insbesondere von US-Soldaten. Richard Carleton, preisgekrönter *60-Minutes*-Reporter, interviewte damals Professor John Mack. Mack war Leiter der Abteilung für klinische Psychologie in Harvard und Träger des renommierten Pulitzer-Preises für Literatur. Er hatte kürzlich ein Forschungsprojekt abgeschlossen, das vom amerikanischen Verteidigungsministerium in Auftrag gegeben worden war. Das Pentagon hatte den Professor beauftragt, Fälle von Angehörigen der U.S. Navy und U.S. Air Force zu untersuchen, die schriftliche Berichte über Nahbegegnungen mit ETs oder ET-Raumschiffen eingereicht hatten – darunter auch Fälle von Entführungen. Als Psychiatrieprofessor brachte John Mack erstklassige Fachkenntnisse mit und war somit bestens dafür qualifiziert, diese Zeugen zu befragen und ihre psychische Verfassung und Glaubwürdigkeit zu bewerten. Im Wesentlichen wollte die Armeeführung der USA wissen: »Sind diese Leute zurechnungsfähig? Und können wir sie weiterhin sicher als Militärpiloten einsetzen?«

Professor Mack befragte zunächst mehr als vierzig US-Soldaten, vor allem Flugpersonal, dann dehnte er seine Studie auf die Zivilluftfahrt aus, da von zivilem Flugpersonal ähnliche Berichte eingereicht worden waren. Die Schlussfolgerungen Professor Macks für das amerikanische Verteidigungsministerium lauteten, dass die von ihm befragten Personen vollkommen vernünftig waren und keine Anzeichen einer Psychose aufwiesen. Darüber hinaus gelang es ihm mit seiner Befragungstechnik, den untersuchten Personen sekundäre Details zu entlocken, die sich von Fall zu Fall wiederholten und somit eine starke Beweisgrundlage für die Zuverlässigkeit ihrer Beschreibungen lieferten. In seinem Abschlussbericht an das Pentagon gelangte Professor Mack zu dem Fazit, dass es sich bei dem, was seine Probanden erlebt hatten, mit Sicherheit um eine objektive Realität handelte, die es verdiente, eingehender untersucht und erforscht zu werden.

Leider war diese Schlussfolgerung weder für das Verteidigungsministerium noch für die Harvard-Universität akzeptabel. Tatsächlich empfanden beide Seiten, Ministerium und Universität, das Resultat von Macks Untersuchung als höchst peinlich. Es dauerte nicht lange, da erfuhr der Professor, dass der Vorstand der Universität ein Amtsenthebungsverfahren gegen ihn eingeleitet hatte. Ein Ausschuss wurde eingesetzt, der vierzehn Monate lang Professor Macks Methoden überprüfte.

Als die Nachricht von dieser Untersuchung durchsickerte, türmten sich im Briefkasten des Ausschusses die Schreiben anderer angesehener Psychologen, Psychiater und Akademiker, die sich für Professor Mack einsetzten. Doch selbst mit solchen treuen Unterstützern geriet John Mack in Harvard unter erheblichen Druck. Letztlich war es der Verfassungsrechtler und Bürgerrechtsanwalt Danny Sheehan, der mit seinem Scharfsinn und Durchsetzungsvermögen erreichte, dass John Mack seine Harvard-Professur behielt. Als Danny Sheehan auf den Plan trat, lenkte der Harvard-Vorstand schnell ein und gab eine Erklärung ab, in der er die Freiheit John Macks bekräftigte:

»... zu erforschen, was er will, und seine Meinung ungehindert zu äußern.« Die Erklärung schloss mit den Worten: »Dr. Mack bleibt ein angesehenes Mitglied der medizinischen Fakultät der Harvard-Universität.«

Der Forschungsauftrag des Verteidigungsministeriums hatte sich also, gelinde ausgedrückt, als Schierlingsbecher erwiesen. Dennoch gelang es Professor Mack mit erstaunlicher Gelassenheit, Ruhe zu bewahren und mutig den Weg zu gehen, den die Daten ihm wiesen.

Im Gespräch mit Richard Carleton von *60 Minutes* sagte Professor Mack über seine Forschungen: »Nachdem ich mit vierzig bis fünfzig dieser Menschen gearbeitet hatte, entdeckte ich zu meinem Erstaunen, dass es einfach keine psychiatrische Erklärung dafür gab – dass ihnen etwas Reales widerfahren war ... Diese Menschen haben genau das erlebt, was sie schildern. Auch wenn mir völlig klar ist, dass das gemäß der Weltanschauung, in der sie und ich aufgewachsen sind, unmöglich erscheint ... Wir haben es hier mit etwas zutiefst Wichtigem zu tun, das authentisch und real ist. Entweder wir spielen das Phänomen herunter und machen es künstlich klein, oder wir müssen unsere Vorstellungen von dem, was möglich ist, erweitern.«

Wie ernst müssen wir dieses Phänomen nehmen? Im Grunde war das die eigentliche Frage.

Das US-Verteidigungsministerium hatte das Phänomen ernst genug genommen, um den Leiter der Abteilung für klinische Psychologie in Harvard zu beauftragen, die Situation zu bewerten. Professor Mack wiederum nahm das Phänomen ernst genug, um den Forschungsauftrag anzunehmen, wofür es nötig war, seinen wissenschaftlichen Horizont zu erweitern, und dann seine Ergebnisse zu veröffentlichen, obwohl er wusste, dass er dafür einen persönlichen Preis zahlen würde. Doch weil Professor Mack die Auffassung vertrat, dass man es hier mit einem objektiven, realen Phänomen zu tun hatte, hielt Reporter Richard Carleton es für gerechtfertigt, die Forschungen des Professors als »so albern, dass es unfreiwillig witzig ist« zu diffamieren und John Mack selbst als »Traumtänzer« hinzustellen. Die vierzig bis fünfzig Teilnehmer von Professor Macks Fallstudien, allesamt Piloten und anderes qualifiziertes Personal, waren in den Worten von Richard Carleton, »wahrscheinlich ... verrückt, völlig durch den Wind, von allen guten Geistern verlassen!«

Richard Carleton, der von seiner eigenen Sachkenntnis in diesem Bereich überzeugt war, beschimpfte den Professor mit den Worten: »Harvard-Professor hin oder her, wer Ihnen glaubt, der glaubt alles!«

Welche Qualifikationen Richard Carleton auf dem Gebiet der klinischen Psychologie hatte, weiß ich nicht genau. Professor Mack, einer der sanftesten, ehrenhaftesten und vernünftigsten Männer, die man sich nur wünschen kann, war jedenfalls ein hoch angesehener Wissenschaftler von herausragender Kompetenz. Doch vor dreißig Jahren genügte seine sorgfältig belegte Schlussfolgerung hinsichtlich der Zuverlässigkeit seiner Probanden, damit ein australischer Fernsehreporter sich berufen fühlte, Professor Mack jegliche Glaubwürdigkeit abzusprechen und seine wissenschaftliche Arbeit und sein Fachwissen in den Schmutz zu ziehen.

Vor diesem Hintergrund werden Sie verstehen, warum ich so erstaunt war, dass die Vorsitzende des australischen öffentlich-rechtlichen Fernsehsenders ABC einer Frau Gehör schenkte, die behauptete, nicht nur ET-Kontakte zu haben, sondern auch, entführt worden zu sein – und nicht nur entführt, sondern in ein Programm zur ET-Hybridisierung aufgenommen worden zu sein. Das war im Jahr 2018 für mich nicht das einzige Anzeichen dafür, dass es heute gesellschaftlich eine größere Bereitschaft gibt, unseren Horizont zu erweitern. Wir sind inzwischen bereit, erheblich mehr als früher für denkbar und möglich zu halten.

Wenn in der Vergangenheit Einzelpersonen, wie zum Beispiel Jane Pooley, von ET-Kontakten berichteten, war die Reaktion des Mainstreams, sie lächerlich zu machen und dergleichen als puren Unsinn abzutun. Wenn ganze Menschenmengen, wie die Hunderte von Zeugen in Westall, etwas erlebten, das wie ein ET-Kontakt aussah, war Schweigen die offizielle Antwort. Wenn glaubwürdige akademische Stimmen, wie die von John Mack, die Zeugnisse anderer bestätigten, fühlten wir uns immer noch frei, davon abzulenken, indem wir diese Forscher beleidigten und ihnen ihre wissenschaftliche Reputation absprachen. Doch nun haben sich innerhalb von zwölf Monaten zwei US-Regierungsstellen an die Presse gewandt und öffentlich bestätigt, dass das Phänomen real ist und sie sich ernsthaft mit ET-Technologie beschäftigen.

Wäre das nicht ein geeigneter Moment für uns, unsere Haltung zu dem Thema zu ändern und endlich zuzuhören?

3

Hartnäckige Erinnerungen

Ngambri – heute

»Warum musst du auch noch Außerirdische ins Spiel bringen?!«

Stellen Sie sich den Tonfall eines Porzellanladenbesitzers vor, der mich fragt, warum ich den Elefanten hereinlasse. Das trifft es ziemlich gut!

»Ich meine, ich stimme dir zu neunzig Prozent zu. Ich verstehe nur nicht, warum du durch Aliens alles noch unnötig verkomplizieren musst.«

Das, was mein Freund Adam sich nicht durch Außerirdische verkomplizieren lassen möchte, ist seine Theologie. Adam und ich wurden in den 1980er Jahren gemeinsam ausgebildet und haben einen Großteil unserer kirchlichen Laufbahn parallel zurückgelegt. Wir haben beide jahrzehntelang Kirchengemeinden geleitet und Seelsorge betrieben und jeder auf seine Weise dazu beigetragen, dass die kirchliche Show weitergeht. Während ich neue Kirchengemeinden gründete, arbeitete Adam an der Erneuerung bestehender Kirchengemeinden. Während ich Pastoren in der Auslegung von Texten – insbesondere der Bibel – schulte, schlug sich Adam mit der Kirchenpolitik herum. Adam erforschte die Grenzen einer dekonstruierten, organischen Kirche, während ich der anglikanischen Kirche als Erzdiakon diente und Gemeinden unterstützte, die sich im Umbruch befanden oder große Schwierigkeiten meistern mussten. Wir haben uns beide innerhalb der anglikanischen Kirche einen Namen gemacht und einen starken gegenseitigen Respekt entwickelt.

Als Adam also sagte: »Paul, lass uns Freunde bleiben, aber ich werde dein Buch nicht lesen«, war ich schon ein wenig enttäuscht. Adam wiederum war enttäuscht, dass ich die Theologie durch Aliens »verkomplizierte«. Dabei konnte ich aus meiner Sicht doch gar nichts dafür! Die Außerirdischen waren ja schon lange da gewesen, bevor ich sie überhaupt bemerkte.

Eine langwierige Frisbee-Verletzung hatte mir Gelegenheit gegeben, in unserem Holzcontainer, den wir zum Gartenhaus umfunktioniert hatten, in Ruhe zu forschen – und ich nutzte die Zeit, um einige Anomalien im Buch Genesis zu ergründen. Ich wusste, dass irgendwo in den verborgenen Schichten der Sprache möglicherweise ein paar Außerirdische lauerten. Dennoch war ich nicht auf das volle Ausmaß dessen vorbereitet, was zum Vorschein kam, als ich mich daran machte, die Fragen der richtigen Übersetzung der Genesis, der biblischen Schöpfungsgeschichte, zu entschlüsseln.

»Ich sehe ja die gleichen Probleme wie du«, sagte Adam. »Moralisch gesehen, kann man die Geschichten der Genesis unmöglich für bare Münze nehmen. Das ist ganz offensichtlich. Jeder ehrliche Leser erkennt, dass das, was die Genesis über Gott behauptet, völlig im Widerspruch zu jeglicher Art von Moral steht. Ich habe kein Problem damit, das offen anzusprechen. Aber ich sehe es so, dass es sich hier um die Schriften antiker Völker handelt, die herauszufinden versuchten, welche Rolle Gott in dem Rätsel spielte. Es gibt wirklich keinen Grund, Außerirdische ins Spiel zu bringen, nur um dem Ganzen einen Sinn zu geben.«

Für mich kam der entscheidende Moment, als ich erkannte, dass das Wort *Elohim* – ein Wort, das in den biblischen Texten oft mit »Gott« übersetzt wird – viel treffender mit »Die Mächtigen« übersetzt werden sollte. Diese Änderung ist keine Kleinigkeit. Wie ich schnell herausfand, verändert sich dadurch der gesamte Stellenwert der Bibel in der Palette der weltweiten Schöpfungsmythen. Eine Tasse Tee in der einen und eine Bibel in der anderen Hand, diskutierte ich die Sache eines Nachmittags in unserem örtlichen Teehaus mit Adam.

»In den herkömmlichen Übersetzungen entscheiden die Übersetzer einfach, wie es ihnen gefällt, ob sie *Elohim* als Gott oder als Götter, falscher Gott oder falsche Götter, Dämon oder Dämonen, der oder die Engel, lokaler Häuptling oder Häuptlinge übersetzen. Nun wäre aber doch interessant, wie sie zu dieser Entscheidung gelangt sind. Denn mit ihrer Wahl (Gott als Singular) widerspricht die Bibel fast allen anderen überlieferten Schöpfungsmythen. Es ist, als würde die Bibel sagen: *Vergesst, was all die anderen Kulturen zu sagen haben. So und nur so war es in Wahrheit!*

Dabei vollzieht sich in den biblischen Genesis-Berichten in dem Moment, in dem man *Elohim* mit ›Die Mächtigen‹ übersetzt, eine Kehrtwende. Diese Berichte entpuppen sich dann als das, was sie wirklich sind – eine Kurzfassung der viel älteren Schöpfungsmythen aus Sumer, Babylonien, Assyrien und Akkadien. Und diese ursprünglichen Versionen sind nicht etwa Geschichten über Gott. Es sind Geschichten über die ›Himmelswesen‹ [Sky People] – eine außerirdische Spezies, die von irgendwoher kam, unsere Vorfahren genetisch manipulierte, über sie herrschte und den gesamten Planeten kolonialisierte. Als die Bibel monotheisiert wurde, begrub man die Geschichte der Begegnung unserer Vorfahren mit diesen Wesen, die aus dem Himmel gekommen waren. Und doch ist alles noch da. Man muss nur beim Übersetzen aus Gott wieder eine Mehrzahl machen, dann springt es einem förmlich ins Auge!«

Adam betrachtete eingehend und schweigsam seine Tasse Tee und rührte gefühlt mehrere Minuten lang darin herum. Es ist wirklich eine knifflige Aufgabe, die Auswirkungen dieser Übersetzungsentscheidungen zu begreifen. Es bauen hier so viele Überzeugungen und Annahmen aufeinander auf, dass es unmöglich ist, die notwendige Dekonstruktion und Rekonstruktion der Weltanschauung und Theologie im Schnellverfahren durchzuführen. Es genügt zu sagen, dass am Ende unseres Gesprächs Adams Wunsch, das neue Buch seines alten Freundes zu lesen und Außerirdische in seiner vertrauten Welt willkommen zu heißen, nicht größer war als zuvor. Offensichtlich werden noch ein paar Tassen Tee nötig sein.

Ich kann es meinem Freund nicht übelnehmen. Es ist wirklich eine totale Umdeutung. Aber sie erfolgt aufgrund dessen, was bereits im Text vorhanden ist. Der übersetzungsabhängige Schlüssel zu dieser anderen Interpretation der Genesis, auf den ich Adam aufmerksam machte, offenbart nicht nur die nahe Verwandtschaft zwischen der Bibel und den sumerischen Texten. Es zeigt sich außerdem eine Übereinstimmung mit Elementen jener Schöpfungsmythen, die von indigenen Kulturen auf der ganzen Welt erzählt werden.

Deshalb werfe ich heute mit dem angesehenen Aborigine-Ältesten Shane Mortimer einen Blick in das australische Buschland meiner Heimatstadt. Shane ist ein beeindruckender Mensch – er verkörpert gleichzeitig Charisma und Ruhe, Frieden und Leidenschaft. Er setzt sich mit großem Engagement für sein Volk und für den Naturschutz in Australien ein. Anfang des zwanzigsten Jahrhunderts wurde von der Kolonialregierung der Standort für das neue australische Hauptstadtterritorium festgelegt, und die Behörden trieben die einheimische Bevölkerung zusammen. Sie wurde zwangsumgesiedelt, um Platz für eine neue, weiße Hauptstadt zu schaffen. Shanes Familie war eine der ersten, die von ihrem angestammten Land vertrieben wurde. Der einzige Grund dafür, dass Shanes Tanten und Onkel nicht zur »gestohlenen Generation« gehörten, war, dass sein Großvater reich war – oder jedenfalls reich genug, um die katholischen Nonnen mit so hohen Geldbeträgen bestechen zu können, dass sie ihm seine Kinder nicht wegnahmen. So blieb ihnen das Schicksal vieler anderer Aborigine-Kinder erspart, in einem der euphemistisch als »Missionen« bezeichneten Kindergefängnisse des Landes aufwachsen zu müssen. Jene Kinder nannte man später die »gestohlene Generation«.

Ziel der australischen Politik war es, die Kultur der Aborigines auszulöschen – ihre Lebensweise, ihre Werte, ihre Sprache und all die Erzählungen, die in dieser Sprache weitergegeben wurden. Die indigene Geschichte hat jedoch ihre Art, trotzdem zu überleben und früher oder später wieder aufzutauchen. Und so gibt es auch heute noch Aborigine-Älteste, die ihre alte Tradition fortsetzen und die Geschichte ihres Volkes mündlich von Generation zu Generation weitergeben. Ich freute mich jedenfalls, bei Shane zu sitzen, und war gespannt auf das, was er zu erzählen hatte.

Shane hätte allen Grund gehabt, tiefe Ressentiments zu hegen und sich unter den europäischen Siedlern unwohl zu fühlen, die so viel später als sein Volk in dieses Land gekommen waren. Als Wirtschaftsmigrant aus Europa, den es erst vor wenigen Jahren in die Heimat von Shanes Vorfahren verschlagen hatte, fühlte ich mich in der Gegenwart eines der ursprünglichen Besitzer Australiens im ersten Moment ein wenig unsicher und kleinlaut. Doch Shane begrüßte mich herzlich. Wir gingen gemeinsam über die grasbewachsenen Hügel von Nadya. Shane erzählte mir Geschichten, die von den indigenen Australiern seit etwa sechzigtausend Jahren von Generation zu Generation mündlich überliefert wurden. Zu diesen Geschichten gehörten geheimnisvolle Traumzeit-Erzählungen, die davon handeln, wer wir alle sind und woher wir kommen.

Ende des achtzehnten Jahrhunderts bemerkten die frühen britischen Kolonisatoren von New South Wales die starke Bindung der Aborigines an ihr Land. Sie kannten ihr Land, wussten, wie es zu lesen, zu erhalten und zu bewirtschaften war. Daher war es erstaunlich, dass die Ältesten der Aborigines auf die Frage: »Woher kommt euer Volk?«, nicht auf den roten Ockerboden Australiens zeigten, sondern hinauf zu den Sternen. Und nicht zu irgendwelchen Sternen. Der Ursprung ihrer Vorfahren wurde in dieser Erzählung klar benannt: *ein Planet, der einen Stern in jenem Sternbild umkreist, das wir die Plejaden nennen.*

Von dieser Verbindung zu den Plejaden hörte ich nicht zum ersten Mal. Bei einem UFO-Kongress in Sydney war ich mit einem Farmer namens Blair ins Gespräch gekommen. Blair hielt auf seinem Familienbetrieb in den USA – seiner *Station*, wie wir eine solche Farm hier in Australien nennen – Hunderte Schafe und Rinder. Und Blairs Land schien UFOs geradezu magisch anzuziehen. Seit etwa zwanzig Jahren wurden auf dieser Farm regelmäßig Ansammlungen von Raumschiffen beobachtet, und zwar von Menschengruppen, so dass es stets mehrere Zeugen gab.

Als er mir das erzählte, fragte ich: »Blair, glaubst du, dass es etwas an diesem Ort oder an deiner Familie gibt, das die Aliens veranlasst, immer wieder aufzutauchen? Ich meine, habt ihr denn keine Angst vor ihnen?«

»Aber nein«, antwortete Blair. »Meine Familie gehört zum Stamm der Cherokee. Mein Vater sagte mir, dass einige von denen, die hierherkommen, uns schon seit Anbeginn der Geschichte unseres Volkes besuchen. Sie kamen zu unseren Vorfahren und lehrten uns, wie wir als Menschen auf diesem Planeten leben können. Sie brachten uns bei, wie man Landwirtschaft betreibt und wie man Krankheiten heilt. Und sie erzählten uns auch, woher sie kommen: von einem Planeten, der einen Stern in den Plejaden umkreist.«

In der Tat: Der große Sprung, den unsere Vorfahren machten – vom Leben in tierähnlicher Subsistenz zum kultivierten Leben einer Ackerbau treibenden, Städte bauenden Zivilisation, ist ein anomaler Moment in der menschlichen Vorgeschichte, der Paläobiologen seit langem fasziniert und nach einer Erklärung verlangt. Die Geschichte, dass prähistorische Besucher von den Plejaden uns bei diesem großen Sprung in unserer Evolution halfen, ist eine indigene Erklärung, die bei den australischen Aborigines ebenso wie bei den Cherokee von Generation zu Generation weitergegeben wird.

Als wir heute gemeinsam in Nadya (an den Hängen des Mount Ainslie) stehen, zeigt mir Shane ein Land, das seit Zehntausenden von Jahren Schauplatz solcher Erzählungen ist. Wir gehen hinauf zu einem Platz des Corroboree. Sein ebener Boden besteht aus winzigen Steinen und noch winzigeren Fragmenten von Tierknochen. Der Boden wird durch das natürliche Amphitheater eines Felsrückens begrenzt, hinter dem man einen herrlichen Blick auf das Tal hat, das von braunen Hügeln und den blaugrünen Bergen am fernen Horizont eingerahmt wird. Seit Jahrtausenden versammeln sich hier Aborigines aus

Stammesgemeinschaften, die entlang eines etwa 1.600 Kilometer langen Felsrückens auf dem Kontinent verstreut leben. Das Fels-Amphitheater ist Teil dieses Felsrückens. Auf diesen Felsen saßen die Menschen und berieten sich, erneuerten Freundschaften und trafen Vereinbarungen, während sie die scharfen Knochenspitzen ihrer Jagdspeere austauschten.

»Dort, wo wir jetzt stehen, haben die Ältesten die jungen Männer auf die Initiation vorbereitet. Siehst du diese Steinritzungen? Wie ein Visier lenken sie den Blick über das Tal hinweg zum Gipfel des Tidbinbilla. Dort fanden die Initiationen statt. Die Ältesten zeigten den Jungen die Ebene unter ihnen und wonach sie dort Ausschau halten sollten: welche Feuer vor einer Invasion warnten und welche eine Bitte waren, hinaus auf das Land zu kommen.«

Es ist ein schöner, natürlicher Aussichtspunkt. Von hier aus konnten die Ältesten den Jungen zeigen, was die Aufgabe der Männer beim Schutz ihres Stammes und ihres Landes war und welchen Platz sie in der Gemeinschaft einnahmen.

»Hinter uns ist der Berg für geheime Angelegenheiten der Frauen. Darüber kann ich dir nichts erzählen!«

Nadya ist ein unglaublicher Ort. Seine kulturelle Bedeutung kann gar nicht hoch genug eingeschätzt werden. Ich fühle mich privilegiert, meinen Fuß auf diesem Boden setzen zu dürfen. Das Herzstück der Stätte ist die wunderschöne Petroglyphe eines Kängurus, die mit großer Schönheit und Eleganz in den Granit gehauen wurde. Es ist ein Kunstwerk, dessen Herstellung viele Jahre gedauert haben muss – ein enormer Aufwand, nur um einen einzigen Aspekt des großen Erzählkanons der Aborigines abzubilden. Ich atme die Großartigkeit dieses heiligen Ortes ein. Es besteht kein Zweifel, dass er zum UNESCO-Weltkulturerbe gehören sollte.

»Ja, das sollte er«, stimmt Shane mir zu. »Aber er wurde an einen Bauunternehmer verkauft, der hier einen Komplex von Stadthäusern plant. Hier, wo wir gerade stehen, ist ein Tennisplatz vorgesehen.«

Dies ist nur einer der jüngsten Angriffe auf die älteste ununterbrochen bestehende Kultur der Welt. Man kann eine schnurgerade Linie ziehen von dem Moment fünfzehn Minuten nach Kapitän Cooks Landung in Botany, als die Besatzung der *HMS Endeavour* begann, auf die örtlichen Aborigines zu schießen, bis zu den Ereignissen des Jahres 2020: der Sprengung der Aborigine-Höhlen in der Juukan-Schlucht in Westaustralien und der geplanten Zerstörung dieser heiligen Stätte in Canberra.

Als das Bergbauunternehmen Rio Tinto die Juukan-Schlucht untersuchte, konnte eine viertausend Jahre alte genetische Verbindung zu den heutigen traditionellen Besitzern sowie eine kontinuierliche menschliche Besiedlung nachgewiesen werden, die mindestens 46.000 Jahre zurückreicht – damit ist es der einzige Ort im Landesinneren Australiens, für den eine kontinuierliche Besiedlung während der letzten Eiszeit nachgewiesen werden konnte. Die Geschichte dieses Ortes ist unglaublich und einzigartig. Doch in diesem Jahr sprengte Rio Tinto diese heilige Stätte der Aborigines und entschuldigte sich lediglich wortkarg dafür, möglicherweise »Gefühle verletzt« zu haben.

»Sie nennen uns die ›traditionellen Eigentümer‹«, sagt Shane. »Und diese Formulierung vermittelt die Botschaft, dieses Land hätte *früher* unserem Volk gehört, würde jetzt aber jemand anderem gehören.«

Er fährt fort: »Sie nennen mein Volk ›prähistorisch‹. Es ist ihre Art zu sagen, dass alles, was wir australischen Ureinwohner über die Vergangenheit zu sagen haben, außerhalb oder vor der wirklichen ›Geschichte‹ liegt. Nur die Geschichtsschreibung der Weißen wird als ›Geschichte‹ anerkannt. Was die australischen Ureinwohner sagen, gilt überhaupt nicht als Teil der offiziellen australischen Geschichte!«

Das ist der düstere Weg von Eroberung und Kolonialisierung. Wenn neue Imperien in ein Land eindringen oder sich neue Regime etablieren, übernehmen sie die Kontrolle über die lokale Geschichte. Es sind die Kolonisatoren, die den Lehrplan für die Schulen festlegen und bestimmen, welche Version der Geschichte verewigt und zelebriert wird. Alle anderen Wahrheiten werden von ihnen ausradiert.

Aus diesem Grund ist die Erzählung der australischen Ureinwohner, dass die Menschheit von den Plejaden abstammt, eine Geschichte, die in unseren Lehrplänen fehlt. Sie wurde von den Kolonisatoren nicht gebilligt. Das ist auch der Grund, warum die Geschichten der amerikanischen Ureinwohner über die Besuche von Sternenmenschen, die unsere Vorfahren in den Bereichen Ernährung, Medizin und Landwirtschaft unterrichteten, es nicht in die Schulbücher und die offizielle Geschichtsschreibung geschafft haben. Die Europäer haben diese Geschichte nicht selbst erfunden, und deshalb wird sie auch nicht Geschichte genannt, sondern »Mythologie«. Und, damit das klar ist: Im Gegensatz zu Geschichte ist »Mythologie« nicht real – sie ist »Fiktion«.

Auf diese Weise wird uns beigebracht, die von den indigenen Völkern überlieferte Geschichte zu ignorieren. Da die indigene Geschichte mündlich weitergegeben wird und daher nicht völlig ausradiert werden kann, ohne die Kultur selbst auszulöschen, muss sie als Folklore oder Fiktion hingestellt werden. Und daher gibt es natürlich keinen Grund, sie zum

Gegenstand von historischer oder naturwissenschaftlicher Forschung zu machen. Das Etikett Folklore/Fiktion signalisiert uns, von den Erzählungen der indigenen Kulturen nichts weiter als niedliche, für unsere moderne Zivilisation irrelevante Geschichtchen zu erwarten.

Dass Narrative über außerirdische Besucher aus unserem offiziellen Kanon von Wissenschaft und Geschichte entfernt wurden, ist ein Muster, das sich durch die Jahrhunderte wiederholt. Ich bemerkte dieses Muster zum ersten Mal, als ich mich, in meinem hölzernen Seecontainer im Garten sitzend, durch das Buch Genesis ackerte. Wenn man den alten Text mit *Elohim* im Plural liest, eröffnet sich eine ganz neue Realität – eine vergessene Welt, in der viele verschiedene Wesenheiten mit unseren »prähistorischen« Vorfahren zusammenleben und interagieren – und in der eine Gruppe von ET-Kolonisatoren miteinander um das Projekt Erde kämpft.

Heute besteht unter den Bibelwissenschaftlern ein breiter Konsens darüber, dass dieses Sammelsurium von *Elohim*-Geschichten irgendwann im sechsten Jahrhundert vor Christus drastisch überarbeitet wurde. Zu dieser Zeit war das Judentum unverrückbar monotheistisch geworden. Daher mussten die Erinnerungen an andere »Götter« – die Anklänge an die sumerischen Geschichten von den »Himmelswesen« – aus dem hebräischen Kanon getilgt werden. Das Problem, dass es zu viele »Götter« gab, ließ sich, jedenfalls nach Ansicht der Genesis-Redaktoren, einfach lösen: In den Texten, in denen die betreffenden *Elohim* eindeutig auf der falschen Seite standen, wurde das Wort *Elohim* mit »falscher Gott« oder »Dämon« übersetzt. Und an den Stellen, wo die betreffenden *Elohim* sich »richtig« verhielten und das Sagen zu haben schienen, übersetzten die Redaktoren das Wort mit »Gott«. Problem beseitigt!

Allerdings blieb dabei ansonsten die bisherige Form der Geschichten erhalten. Dass daran etwas nicht stimmen kann, zeigt sich immer dann, wenn »Gott« brutale und unmenschliche Dinge tut, sich dem Fortschritt der Menschheit in den Weg stellt oder Ereignisse nicht vorhersieht, die selbst ein Kind hätte kommen sehen. Dennoch glaubten die Übersetzer, getreu der hebräischen Tradition zu handeln, wenn sie die Texte auf diese Weise bereinigten und neue Bedeutungen und Imperative darüber legten.

Die Redaktoren könnten zu dem Schluss gelangt sein, Mose selbst hätte angeordnet, die anderen *Elohim* zu vergessen. Bekanntlich beginnen zum Beispiel die Zehn Gebote mit diesen Anweisungen:

> *Du sollst neben mir keine anderen »Elohim« haben. Du sollst dir kein Bildnis [der* Elohim*] machen … Du sollst dich nicht vor ihnen niederwerfen.* (Exodus 20,3-5)

Es scheint, dass ein großes Vergessen befohlen wurde.

Als Josua die Nachfolge des Mose antritt, wiederholt er diesen Befehl. Er sagt zu den Israeliten:

> *So spricht der HERR [JHWH], der Gott [Mächtige] Israels: Jenseits des Stroms [Euphrat] wohnten eure Väter von Urzeiten an, Terach, der Vater Abrahams und der Vater Nahors, und dienten anderen Göttern [Mächtigen] … Fürchtet also jetzt JHWH und dient ihm in vollkommener Treue! Schafft die Götter [Mächtigen] fort, denen eure Väter jenseits des Stroms und in Ägypten gedient haben, und dient JHWH! … Entscheidet euch heute, wem ihr dienen wollt: den Göttern [Mächtigen], denen eure Väter jenseits des Stroms [Euphrat] dienten, oder den Göttern*

[Mächtigen] der Amoriter, in deren Land ihr wohnt. Ich aber und mein Haus, wir wollen JHWH dienen. (Josua 24)

Erst als ich anfing, die *Elohim* als plurale Entitäten zu lesen – als ein anderer Name für die sumerischen Himmelswesen –, wurde mir klar, dass die Entstehungsgeschichte der Bibel eine Politik der Zensur und des Vergessens beinhaltet. Und die Schlussredaktion der Bibel markiert nicht das Ende des Vergessens. Als ich mich in diesem Licht noch einmal mit den Anfängen der christlichen Geschichte beschäftigte, führten mich meine Recherchen zu bedeutenden Kirchenvätern, die den hebräischen Kanon nicht für bare Münze nahmen, sondern sich einer ganz anderen Erzählung unseres Ursprungs zuwandten. Diese andere Schöpfungsgeschichte fanden sie in den Werken des griechischen Philosophen Platon.

Zu den faszinierenden Kirchenvätern, zu denen meine Recherchen mich führten, gehören Clemens von Alexandria, Justin der Märtyrer, Origenes und Marcion. Sie alle waren führende Köpfe im Kaleidoskop des frühen Christentums. Und sie plädierten für ein Altes Testament, das sich auf Platon stützen sollte, so wie Jesus Christus im Mittelpunkt des Neuen Testaments stand. Denn sie waren zu dem Schluss gelangt, dass die *Elohim*-Erzählungen der hebräischen Schriften keine Geschichten über Gott waren. Vielmehr interpretierten diese Kirchenväter sie auf eine Weise, die mit Platons Erklärung der Ursprünge der Menschheit im Einklang stand – und Platons Schöpfungsgeschichte ähnelt sehr den bereits erwähnten Geschichten der Aborigines und der indigenen amerikanischen Kulturen.

Diese breitere Sichtweise wurde jedoch schon bald von den institutionellen Kirchenaufpassern unterbunden. Im Jahr 144 nach Christus exkommunizierten sie Marcion. Die finale Bearbeitung der hebräischen Schriften aus dem sechsten Jahrhundert vor Christus wurde für gültig erklärt und Marcions platonische Interpretation aus dem kirchlichen Kanon verbannt. Im Jahr 543 nach Christus wurde Origenes, der die christliche Theologie dreieinhalb Jahrhunderte lang stark beeinflusst hatte, als Ketzer verworfen. Dabei war er die einflussreichste Stimme jener Zeit gewesen und hatte auf subtile Weise versucht, die Gottsuchenden von den redigierten hebräischen *Elohim*-Erzählungen weg und zu Platons Werken hin zu führen.

Mit diesen Maßnahmen setzten die Wächter der »reinen« Kirchenlehre ein deutliches Zeichen: Platonische Ideen galten von nun an als völlig inakzeptabel. Und dazu gehörte auch die Idee eines großen Universums, bevölkert mit einer Vielzahl von Wesen, von denen einige mit unseren Vorfahren interagiert und in ihre Entwicklung eingegriffen hatten. Für ein solches Denken war in der Orthodoxie kein Platz mehr.

Die Tilgung des größeren platonischen Weltbildes aus dem Christentum wurde durch den römischen Kaiser Theodosius im vierten Jahrhundert nach Christus konkretisiert. Um allen braven Bürgern zu helfen, gute Christen zu sein, beschloss Theodosius im Jahr 381, sich in eine theologische Debatte einzumischen, die damals in der Kirche tobte, und sie mit einem kaiserlichen Federstrich zu beenden.

Theodosius' gesetzgeberischer Beitrag hatte eine Reihe von – wahrscheinlich beabsichtigten – Konsequenzen:

Erstens zementierte er damit die Hierarchie der Institution Kirche als Machtpyramide mit dem Volk am unteren Ende, den Bischöfen in der Mitte und dem Kaiser an der Spitze.

Zweitens beendete er die jahrzehntelangen öffentlich ausgetragenen Diskussionen und Konflikte, bei denen Gewalt und Mord oft als Mittel der theologischen Debatte eingesetzt worden waren. Theodosius' Gesetzgebung erzwang einen offiziellen Frieden innerhalb einer Institution, die seiner Ansicht nach die Bürger des Römisches Reiches befrieden und nicht polarisieren sollte.

Drittens, und das ist das Wichtigste, stellte Theodosius mit seinem kaiserlichen Edikt klar, dass er, der Kaiser, als alleinige letzte Instanz darüber zu entscheiden hatte, was wahr und was falsch ist. Jede Macht, die erobert und herrscht, muss ihre eigene Geschichte schreiben. Es war die Aufgabe des römischen Kaiserreichs, ein »Wahrheitsministerium« einzurichten, das die Bevölkerung mit Informationen versorgte. Das durfte der Staat nicht lokalen Adligen und Priestern oder althergebrachten lokalen Traditionen überlassen.

Die Ära des »Kaleidoskop-Christentums« war endgültig vorbei. Die Orthodoxie hatte sich durchgesetzt.

Oberflächlich betrachtet, hatte Theodosius mit seinem Edikt einen langjährigen Streit um eine Detailfrage der christlichen Theologie beendet. Doch in Wahrheit bewirkte er mit seinem entschlossenen Eingreifen, dass die Kräfte der Orthodoxie militant wurden. Und er machte alle Anführer der nun offiziell als »Irrlehren« verworfenen spirituellen und religiösen Richtungen zu Rebellen und Subversiven. Von nun an galt jede indigene Priesterschaft mit einer eigenen Geschichte als verdächtige Gruppierung, die besser zerschlagen werden sollte. Jeder geschriebene Text, der Berichte über den Ursprung der Menschheit und über Kontakte mit der Anderswelt enthielt, die im Widerspruch zur sauberen und ordentlichen Schöpfungsgeschichte der Orthodoxie standen, musste aus den Regalen der akzeptablen Literatur entfernt werden. Solche Texte waren tabu, wurden in Archivkeller verbannt oder gleich verbrannt.

Einförmigkeit war das Gebot der Stunde. Die vielen verschiedenen Sprachen und Alphabete, die auf dem riesigen Gebiet des Römischen Reiches anzutreffen waren, wurden immer weiter zurückgedrängt. Für Wirtschaft, Recht, Wissenschaft, Bildung und Religion sollte ausschließlich die kaiserliche Sprache Latein benutzt werden. Die Unterdrückung lokaler Sprachen und alter Alphabete diente vielen Zwecken, nicht zuletzt der Beerdigung jener Geschichten und Ideen, die in den alten Sprachen zum Ausdruck kamen und in nichtrömischen Schnitzereien und Glyphen bewahrt wurden. Und es geschah damals keineswegs zum letzten Mal, dass ein Imperium versuchte, die Geschichte der Vorfahren einer Bevölkerung auszuradieren.

Im fünfzehnten Jahrhundert begannen die katholischen imperialen Mächte Portugal und Spanien mit ihren Eroberungen in Mittel- und Südamerika, um sich ihren Anteil an der Neuen Welt zu sichern. Als die europäischen Invasoren sich zu Herrschern über die indigenen Völker aufschwangen, handelten sie genau wie mehr als tausend Jahre zuvor Kaiser Theodosius. Alle Kontrollmechanismen, die auf der Grundlage von Theodosius' kaiserlichem Edikt nach und nach eingeführt worden waren, wurden nun zu einer raschen und entschlossenen Methode kombiniert, mit der die Invasionsmächte zügig eine umfassende Herrschaft über ihre neuen Gebiete durchsetzten.

Die indigene Priesterschaft wurden zusammengetrieben und kurzerhand hingerichtet. Ihre Bücher und Schriftrollen wurden beschlagnahmt und verbrannt, wobei die besten Exemplare nach Rom geschickt wurden, um dort der riesigen, von Kaisern und Päpsten kuratierten Bibliothek einverleibt zu werden.

Zu den unterdrückten südamerikanischen Texten gehörten auch die Texte der Maya-Überlieferung. Ihre Darstellung des Ursprungs der Menschheit unterschied sich erheblich von der Version, welche nun in den katholischen Schulen und Kirchen verkündet wurde, die sich überall in Südamerika ausbreiteten.

Die katholischen Behörden mögen gehofft haben, damit die indigene Geschichte des Landes für immer ausmerzen und begraben zu können. Doch es zeigte sich, dass die Erinnerung an die Maya die Zeit überdauerte und noch lange nicht verloren ist. Im nächsten Kapitel werde ich Sie in die Berge Guatemalas entführen, wo wir feststellen werden, dass die Maya-Tradition, wie jede Ahnenerinnerung, überraschend zäh und langlebig ist und eine seltsame Art hat, von den Toten zurückzukehren.

4

Stimmen aus dem Grab

Guatemala – 1703

Wir befinden uns im Hochland von Guatemala, wo ein junger Dominikanermönch namens Francisco Ximénez (1666-1721) aus Spanien eingetroffen ist, um als Pfarrer in der Bergregion von Chichicastenango zu arbeiten. Francisco ist ein begeisterter Vertreter der dominikanischen Tradition, was bedeutet, dass er eine Leidenschaft für die Gelehrsamkeit und das Studium alter Bücher hegt. Er ist begeisterter Sprachforscher, und es bereitet ihm große Freude, die lokale Sprache zu erlernen und den Geschichten seiner Gastgeber zu lauschen.

Durch seinen Enthusiasmus, seine Herzlichkeit und seinen aufrichtigen Respekt für seine Gastgeber gewinnt Francisco allmählich das Vertrauen der örtlichen Bevölkerung. Sie sind die Nachfahren des Maya-Volkes, dessen Kultur einst dieses Land beherrschte. Eines Tages wird Francisco ein unbekannter Text vorgelegt, der in der indigenen Sprache *Quiché* verfasst ist. Die »Priester der gefiederten Schlange« – Nachfahren einer alten Maya-Priesterschaft – erklären dem jungen Francisco, dass dieser alte Quiché-Text die Schöpfungsgeschichte der Maya enthält. Irgendwie hat dieser Text Raub und Zerstörung während der spanischen Eroberung im fünfzehnten Jahrhundert überlebt. Es ist eine Geschichte, die seit mindestens hundert Generationen überliefert wurde. Darin werden die Dynastien der Maya-Könige beschrieben und erklärt, wie die Menschheit entstand.

Sieben Jahre vergehen. Francisco erforscht die fast vergessene Sprache Quiché und veröffentlicht schließlich eine Übersetzung des Textes ins Spanisch des achtzehnten Jahrhunderts. Was auf seiner literarischen Reise zum Vorschein kommt, ist ein Bericht über die Anfänge der Menschheit, der mehr als zehn Generationen lang im Verborgenen gehütet und bewahrt wurde. Francisco Ximénez' Übersetzung wird als *Popol Vuh* bekannt, als »Buch des Volkes«.

Im *Popol Vuh* wird erzählt, dass die Erde am Anfang überflutet und in Dunkelheit gehüllt ist. Eingehüllt in die Schwärze des dunklen Himmels erscheinen mächtige Wesen, die der Verfasser als »jene« beschreibt, »die entwickeln«. Während diese rätselhaften »Entwickler« oder »Ingenieure« also über den Gewässern des dunklen und überfluteten Landes schweben, diskutieren sie darüber, wie sie das Leben auf der Erde fördern könnten: das Leben in den Gewässern, das pflanzliche Leben, das tierische Leben und das empfindungsfähige Leben.

Lassen Sie uns einen Moment innehalten. Was wird uns da erzählt? Fliegen die geheimnisvollen Entwickler/Ingenieure einzeln, wie Vögel, während sie ihr neues Territorium begutachten und Ratschläge erteilen? Sind sie auf diese Weise aus dem interstellaren Raum gekommen? Oder schweben sie *in* etwas?

An diesem Punkt stützen und ergänzen sich viele Schöpfungsmythen der Menschheit gegenseitig. Als ich zum ersten

Mal eine englische Übertragung des Werks von Francisco Ximénez las, war ich überwältigt von den Parallelen, die ich darin entdeckte. Um nur fünf Quellen zu nennen: die *Elohim*-Erzählungen der Genesis, die Himmelswesen-Erzählungen der Sumerer, die philippinische Mythologie, die Osanobua-Erzählung des Edo-Volkes in Südnigeria und Benin und die Schöpfungsgeschichte des *Popol Vuh*. Sie alle beginnen mit dem Wasser eines dunklen und überfluteten Planeten. Im hebräischen Text wird der Zustand des Planeten mit *tohu wa bohu* beschrieben – was übersetzt »verwüstet« und »chaotisch« bedeutet. Offenbar wurde der Planet durch ein kosmisches Ereignis verwüstet. Er existierte demnach schon vorher. Das, was als »Schöpfung« bezeichnet wird, stellt ihn, die Erde, wieder her und bringt auf ihr die Lebensformen hervor, die wir alle kennen.

Das Erste, was geschehen musste, damit der planetarische Wiederaufbau beginnen konnte, war die Reinigung des Himmels, damit die Lebenskraft der Sonnenstrahlen wieder den Erdboden erreichte. Dann wurde Land zurückgewonnen und das Wasser in Salzwasser für die Meere und Süßwasser für das Land geschieden. Die Überschwemmungen führten in der Folge zu einem globalen Anstieg des Meeresspiegels. Erst als das Wasser sich wieder vom Land zurückgezogen hatte, konnte die zoologische Arbeit beginnen.

Das *Popol Vuh* erzählt uns von den Ingenieuren, die von irgendwoher kamen und hoch am dunklen Himmel über den Gewässern schwebten, um zu besprechen, was mit der Erde geschehen soll.

In ähnlicher Weise beginnt die Edo-Geschichte auf einem Planeten, der vollständig überflutet wurde. Dann kommen die Söhne Osanobuas und beginnen, das Land zurückzuerobern. Osanobua selbst steigt an einer langen Kette, die sich bis in den Weltraum erstreckt, aus dem Himmel herab. Er ist »der Allmächtige über den Wassern«. Sobald er über den Wassern schwebt, überträgt er seinen Söhnen die Aufgabe, den Planeten zu terraformen und das Projekt Erde zu verwalten.

Die philippinische Erzählung handelt von der Ankunft des Tagalog, eines riesigen Vogels, der wie ein Falke über dem Wasser schwebt. Tagalog erzeugt dann Windwirbel, die das Wasser vom höher gelegenen Boden wegziehen und die Inseln entstehen lassen.

In ähnlicher Weise beginnt die sumerische Erzählung mit dem Herabsteigen der Sky People, der Himmelswesen. Auch diese vom Himmel kommenden Wesen erzeugen eine Reihe starker Winde, die das Wasser vom Land wegziehen und es dann in Ozeane aus Salzwasser und Flüsse und Ströme aus Süßwasser aufteilen.

In der Genesis heißt es, die Mächtigen seien in einem »Ruach« über den dunklen Fluten erschienen. Das Wort *Ruach* wird meistens mit »Geist Gottes« übersetzt. Im Text heißt es, dass der *Ruach* »schwebte«. Dieses Wort für »schweben« – *merahephet* – ist das Wort, das in der Bibel verwendet wird, um zu beschreiben, wie Raubvögel am Himmel schweben, ohne ihre Flügel zu bewegen. Das *Ruach* der Mächtigen schwebte also am Himmel, ohne seine Flügel zu bewegen.

Dieses Detail erfuhr ich von Mauro Biglino – einem Experten für altes Hebräisch, der viele Jahre lang für die Saint Paul Press in Rom arbeitete. Er übersetzte für vom Vatikan genehmigte Interlinearbibeln mit großer Präzision die wörtliche Bedeutung hebräischer Wörter. Die Bereitstellung der interlinearen Bedeutung ist eine Disziplin, die große Genauigkeit erfordert. Der Übersetzer muss streng darauf achten, jede Art von Interpretation des Wortes zu vermeiden und nur die buchstäbliche, etymologische Bedeutung jedes Wortteils wiederzugeben. Demnach zeige die Verwendung von *Ruach* an anderer Stelle in der hebräischen Literatur, so erklärt Mauro mit der notwendigen sprachwissenschaftlichen Präzision, dass das Wort entweder »Wind« bedeutet oder »etwas, das durch die Luft fliegt und einen Wind erzeugt«.

Interessanterweise hat sich diese Bedeutung im äthiopischen (amharischen) Wort *Roha* erhalten. Mit *Roha* kann alles gemeint sein, was sich durch die Luft bewegt und Wind erzeugt.

Um was mag es sich also bei diesem Wind erzeugenden *Ruach* gehandelt haben? Mauro Biglino argumentiert, dass *Ruach* ein Lehnwort aus dem alten Sumerischen sein könnte. Er weist darauf hin, dass das Piktogramm für *Ruach* in der archaischen sumerischen Keilschrift zwei Elemente abbildet. Das erste Element ist eine Wasserfläche. Über dem Wasser schwebt das zweite Element – ein Motiv, das als riesiges Auge interpretiert werden kann. Allerdings fällt es dem modernen Betrachter aus dem einundzwanzigsten Jahrhundert schwer, darin nicht eine Fliegende Untertasse zu erkennen. Eine Fliegende Untertasse, die über einer Wasserfläche schwebt, wird als *Ru-ach* bezeichnet.

Fairerweise muss man sagen, dass nicht alle Experten mit dieser Lesart einverstanden sind. Doch gibt uns der Prophet Hesekiel in einem späteren biblischen Text einen wichtigen Hinweis, der Biglinos Interpretation stützt. In seinem Buch nimmt sich Hesekiel viel Zeit, um sehr detailliert zu beschreiben, wie ein *Ruach* aussieht. Das von ihm beschriebene *Ruach* hat Räder, auf denen es in alle Richtungen rollen kann, und eine metallische, silberne Farbe. Es besitzt eine Pilotenkanzel aus kristallklarem Glas. Das *Ruach,* das er sah und in dem er mitfliegen durfte, stieg über dem heutigen Irak aus dem Himmel herab. Es konnte fliegen, beförderte Menschen und erzeugte ein lautes, dröhnendes Geräusch. Es steht außer Frage, dass uns hier ein Flugapparat oder eine Art Raumfähre beschrieben wird.

Die unglaublichen Korrelationen in den alten Berichten, von Nigeria und Benin bis zum Irak, von den Philippinen bis Guatemala, bestätigen, dass das, was uns gezeigt wird, eine visuelle Erinnerung ist. Jede Tradition fand ihre eigene Sprache und Metapher, um dieselbe Art von Augenzeugenbericht für die Nachwelt zu überliefern. Auf der ganzen Welt suchten unsere Ahnen nach einem Weg, uns mitzuteilen, wie etwas aussah, damit wir verstehen, was unsere fernen Vorfahren erlebten, als die Mächtigen/Himmelswesen/Herrscher aus dem Himmel/Ingenieure zum ersten Mal auf dem überfluteten Planeten Erde landeten, kurz nach der letzten großen globalen Katastrophe.

Gemeinsam stellen diese verschiedenen frühgeschichtlichen Erzählungen unsere vertraute Schöpfungsgeschichte auf den Kopf und lösen die Interpretationsfragen, die Genesis und *Popol Vuh* aufwerfen: Die Mächtigen flogen in einem Raumschiff herbei, das über den Fluten schwebte, und dann begannen sie, einen verwüsteten Planeten zu terraformen.

Diese globalen Parallelen machen für uns im einundzwanzigsten Jahrhundert verständlich, was Francisco Ximénez nur erahnen konnte, als er sich darauf einließ, die ihm unbekannten Themen der Quiché-Texte in der spanischen Sprache des achtzehnten Jahrhunderts Gestalt annehmen zu lassen. Doch was da Gestalt annahm, machte Francisco eines deutlich klar: Warum zwei Jahrhunderte zuvor diese indigene guatemaltekische Schöpfungsgeschichte den spanischen Eroberern so inakzeptabel erschienen war, dass sie unbedingt ausgelöscht und begraben werden musste.

Nach ihrer dramatischen Ankunft im *Popol Vuh* beginnen die Ingenieure mit einer Reihe von Experimenten, die darauf abzielen, eine Spezies von Wesen zu erschaffen, die intelligent genug sind, um als nützliche Arbeitskräfte zu dienen, aber andererseits beschränkt genug, um sie leicht kontrollieren zu können. Genau wie in der Genesis wird das Wesen, das für die Veredelung der Menschen aus dem tierischen Zustand verantwortlich ist, mit der Schlange identifiziert. Q'uq'umatz alias Kukulkan alias Quetzalcoatl fliegt als »gefiederte Schlange« durch die Lüfte.

Die Geschichte besagt, dass Quetzalcoatls erste Versuche, eine nützliche Sklavenspezies zu erschaffen, unbefriedigend verliefen. Die entstandenen Kreaturen waren entweder nicht intelligent genug, um Arbeiten zu verrichten, oder sie zeigten kein Interesse daran, ihre Herren zu »verehren« und ihnen zu dienen. Also wurde eine Flut ausgelöst, um sie auszurotten. Die Überlebenden dieser erfolglosen genetischen Experimente sind laut *Popol Vuh* die Vorfahren der affenähnlichen Kreaturen, die in den Wäldern leben. (Eine interessante Fußnote, wonach wir und die Affen einen gemeinsamen Primatenvorfahren haben.)

Quetzalcoatls nächster Versuch brachte ein großartiges Ergebnis. Der *Homo sapiens quetzalcoatlus* war alles, was wir sind, und noch mehr. Der *Homo sapiens quetzalcoatlus* verfügte nicht nur über all unsere kognitiven Fähigkeiten, sondern war auch in der Lage, über das hinauszusehen, was seine unmittelbaren Sinne wahrnahmen. Diese Menschen konnten Ereignisse vorhersehen, bevor sie eintraten. Daher ließen sie sich nicht so leicht täuschen. Sie waren klug, und es heißt, dass sie sogar die Gabe des »Remote Viewing« besaßen, der Fernwahrnehmung – was sie ihren Herrschern nahezu ebenbürtig machte.

Die Ingenieure fühlen sich bedroht und werden sich schnell einig, dass der *Homo sapiens quetzalcoatlus* eindeutig eine Stufe zu hoch entwickelt ist – seine Bewusstseinskräfte sind viel zu groß, und so eignet er sich nicht als folgsamer Sklave. Daher machen sich die Ingenieure wieder an die Arbeit. Diesmal führen ihre Forschungen zur Herstellung eines speziellen Dampfes. Wenn der Dampf über der Bevölkerung versprüht wird, schwächt er die neurologischen Funktionen der Menschen und reduziert ihre Fähigkeiten auf ein kontrollierbares Maß. Auf diese Weise angepasst, wurde der *Homo sapiens sapiens* so weit verdummt, dass er nur noch das sieht, was man ihm zeigt, und nur noch das versteht, was man ihm sagt – gerade intelligent genug, wie es im *Popol Vuh* heißt, *»um als Avatare für uns (die Ingenieure) zu arbeiten und uns unser Essen zu bringen«*. Das für die außerirdischen Ingenieure zufriedenstellende Ergebnis waren also – *wir*.

Diese Geschichte unserer Erschaffung konnten die römisch-katholischen Kolonialherren im ausgehenden fünfzehnten und beginnenden sechzehnten Jahrhundert unmöglich akzeptieren und versuchten, sie so weit wie möglich auszulöschen. Sie war ein Affront gegen die saubere und ordentliche Genesis der christlichen Orthodoxie. Doch trotz der brutalen Bemühungen der Konquistadoren, die indigenen Volkserinnerungen vergessen zu machen, überlebten die alten Mythen und gelangten erneut an die Oberfläche.

Die Erinnerungen der Maya an die Ursprünge der Menschheit blieben damit für die Nachwelt erhalten.

Zurück in Australien befinde ich mich nun wieder auf den Berghängen von Nadya und schaue mir den Ort des Corroboree an, die geheimnisvolle Felszeichnung und die Initiationsstätte für junge Aborigine-Männer. Die Tatsache, dass diese heilige Stätte in meinem Heimatort Stadthäusern und Tennisplätzen weichen soll, zeigt mir, wie aktuell das uralte Muster der Kolonisatoren, das Wissen der Eingeborenen auszulöschen, nach wie vor ist. In den letzten zwanzig Jahren haben wir alle im Fernsehen mitverfolgen können, wie die islamistische Terrororganisation ISIS einige der wertvollsten und ältesten Baudenkmäler des Planeten Erde verunstaltete, entweihte und zerstörte.

Einige meiner Freunde beim Militär waren vor Ort und haben mit eigenen Augen gesehen, was ISIS anrichtete. In *Flucht aus Eden* erzähle ich die Geschichte von Jörg Faßbinders Forschungsteam. Es handelte sich um ein Team von Archäologen, das nur wenige Tage nach George W. Bushs Einmarsch in den Irak im Jahr 2003 unter dem Schutz der alliierten Streitkräfte in dieses Land reiste. Gegenüber der BBC erklärte Faßbinder aufgeregt, die Stätte, die sie betreten würden, sei nachweislich das Grab des legendären sumerischen Königs Gilgamesch, eines Hybridwesens. Was würden die Forscher dort finden? Was würde eine DNA-Analyse ergeben? Hier zeichnete sich eine einmalige Gelegenheit ab, die Behauptungen in den alten sumerischen Erzählungen zu überprüfen, wonach die »Himmelswesen« unsere Vorfahren genetisch verändert hätten. Waren diese Geschichten reine Fiktion? Oder beruhten sie auf Tatsachen? Diejenigen von uns, die diese alten sumerischen Texte kannten, hielten den Atem an. Doch innerhalb weniger Tage verschwand die Sache wieder aus den Medien. Man hörte nichts mehr davon – und in den fast zwei Jahrzehnten, die seit dem Fund inzwischen vergangen sind, sollen tatsächlich, so will man uns glauben machen, keine weiteren Untersuchungen stattgefunden haben!

Flucht aus Eden fand zahlreiche Leserinnen und Leser, und durch Berichte von Augenzeugen, die mich erreichten, weiß ich inzwischen, dass die Geschichte des Gilgamesch-Fundes nur ein Teil eines größeren und noch faszinierenderen Bildes ist. Zum Zeitpunkt der amerikanischen Irak-Invasion im Jahr 2003 rätselte die Welt über die Gründe für diesen Krieg. Ging es nur um den Zugang zum irakischen Öl? Ging es darum, ein neues Regime zu installieren, das den Interessen der USA mehr entgegenkam? Ging es darum, Massenvernichtungswaffen zu beschlagnahmen? Natürlich sind Kriege vielschichtig, und ein militärischer Überfall kann vielen Zielen dienen. Die Verwirrung darüber, warum wir in ein fremdes Land einmarschieren, bekommen vor allem die tapferen Soldatinnen und Soldaten zu spüren, die diese Invasion durchführen müssen. Und von solchen Veteranen habe ich erfahren, dass bei der Ankunft im Irak einige der entsandten Einheiten mit der Bewältigung militärischer Bedrohungen beauftragt waren, während andere Gebiete von politischer und wirtschaftlicher Bedeutung sichern und abriegeln sollten. Es gab aber auch Einheiten, die einen wesentlich faszinierenderen Auftrag hatten: Ihre Aufgabe bestand darin, Artefakte aus archäologischen Stätten zu bergen und zum Schutz und zur weiteren Erforschung in die USA zu bringen.

Die Bedeutung solcher »Ausgrabungen« kann man gar nicht hoch genug einschätzen. Diese archäologischen Stätten stehen in direktem Bezug zu den ältesten Mythen der menschlichen Zivilisation – den Mythen der mesopotamischen Kulturen von Sumer, Babylonien, Akkadien und Assyrien. Artefakte aus diesen historischen Stätten könnten unmittelbar die Glaubwürdigkeit der Schöpfungsberichte untermauern, die älter sind als jede heute auf dem Planeten Erde anzutreffende Zivilisation und Religion. Welche Artefakte hat man dort also gefunden? Welche Geschichten können sie uns erzählen? Und warum mussten sie abtransportiert und versteckt werden? Werden sie für die Nachwelt bewahrt? Oder versteckt man sie vor der Öffentlichkeit, weil sie Wissen offenbaren, das man lieber geheimhalten möchte?

Als im vierten Jahrhundert nach Christus der römische Kaiser Theodosius (347-394) mit seinem Edikt alle Schöpfungsmythologien aus dem Verkehr zog, die im Widerspruch zur neuen christlichen Orthodoxie standen, war den vielen Bewahrern der indigenen Geschichte klar, dass sie ihre Artefakte vor dem »Schutz« durch imperiale Mächte in Sicherheit bringen mussten. Wenn ihre alten Erzählungen überleben sollten, mussten sie ihre Texte in Höhlen in der Wüste von Nag Hammadi vergraben, oder sie bewahrten ihr Wissen in den unterirdischen Versammlungsorten esoterischer und gnostischer Sekten, wo es zeremoniell von einer Generation an die nächste weitergegeben wurde. Manchmal schützte man das alte Wissen auch dadurch, dass man es verschlüsselt in den Metaphern und Bildern esoterischer Gedichte und Mythen versteckte. Inspiriert durch solche esoterischen Quellen wurden spätere Generationen von Gelehrten dazu angeregt, sich über unsere wahren Ursprünge Gedanken zu machen und die Möglichkeit in Betracht zu ziehen, dass eine größere kosmische Familie existiert, von der wir ein Teil sind.

Ein solcher Gelehrter, der, wie Ximénez, esoterisches Wissen erforschte – war Giordano Bruno (1548-1600). Das, was mit diesem italienischen Mönch geschah, sollte vier Jahrhunderte lang christlichen Gläubigen als Warnung dienen, niemals das Wissen wieder auszugraben, das unsere Herrscher vergruben und verbargen, niemals verbotene Sprachen zu lernen oder verbotene Texte zu untersuchen – und ganz sicher niemals das Thema ETs zur Sprache zu bringen.

5

Geheimnisse und Enthüllungen

Campo de' Fiore, Rom, Italien – 6. Februar 1600

»Im Weltraum gibt es unzählige Sternbilder, Sonnen und Planeten. Wir sehen nur die Sonnen, weil sie Licht spenden. Die Planeten bleiben unsichtbar, denn sie sind klein und dunkel. Es gibt auch unzählige Erden, die um ihre Sonnen kreisen. Es wäre unvernünftig, anzunehmen, dass es auf diesen Welten, von denen es im Weltraum nur so wimmelt, keine Bewohner geben könnte, die uns ähneln oder sogar vollkommener sind als wir.«

Das sind die Worte eines Dominikanermönchs, der ein höchst inspirierender Redner war. Seine Ideen über den Kosmos sind anregend und bewusstseinserweiternd, aber sie sind nicht völlig neu. Vor zweieinhalb Jahrtausenden vertrat das Vishnu Purana des Hinduismus eine ähnliche Vision. Dort ist die Rede vom Planeten Erde als einem von Milliarden bewohnten Planeten, die über den gesamten Kosmos verstreut sind. Doch was im Osten als möglich gilt, ist im katholischen Westen völlig inakzeptabel. Dass Giordano Bruno im sechzehnten Jahrhundert eine vergleichbare Vision des Kosmos entwarf, gehört zu den vielen von ihm ausgesprochenen Gedanken, die sein grausames Schicksal besiegelten.

Rückblende: Seit sieben Jahren wird Giordano Bruno ohne Gerichtsverfahren im Gefängnis festgehalten, in der Hoffnung, dass er seine ketzerischen Ideen widerruft. Ein solcher Widerruf hätte den Bann seiner Popularität beim Publikum brechen können, das in großer Zahl zu seinen Vorträgen und Demonstrationen geistiger Fähigkeiten geströmt war. Sein Widerruf wäre eine Warnung an die Christen in ganz Europa gewesen, sich niemals zu weit von der katholischen Orthodoxie zu entfernen. Doch Bruno widerruft nicht, und so wurde in aller Eile ein Prozess angestrengt, um eine öffentliche Hinrichtung zu ermöglichen, die noch jahrzehntelang Schockwellen durch die Christenheit schicken und keinen Zweifel daran lassen wird, dass die Gläubigen sich von den Ideen Giordano Brunos unbedingt fernzuhalten haben.

Päpstliche Soldaten stehen an den Straßenecken, dirigieren die Menge und fordern sie auf, laut zu jubeln, während der schmutzige, blutverschmierte Mann auf den Marktplatz, das sogenannte *Blumenfeld*, geschleift wird. Nur wenige erkennen in ihm den charismatischen Gelehrten wieder, der noch vor wenigen Jahren Europa mit seinen Vortragsreisen in Erstaunen versetzte. Seine öffentlichen Demonstrationen phänomenaler mentaler Fähigkeiten und seine Bücher über mentale Selbstverbesserung und Mnemotechnik verhalfen ihm in einem Europa, das nach neuen Ideen hungerte, zu großer Popularität. Doch an diesem Tag ist er ein Objekt des Entsetzens.

Die päpstlichen Wachen nehmen dem Mann die Ketten ab und binden ihn kopfüber an einen Pfahl. Ein Wächter zieht dann die Zunge des Mannes nach vorne aus seinem Mund und nagelt sie an den Pfahl. Daraufhin zieht er ein Messer und schneidet Bruno die Zunge ab. Andere Beamte der Kirche treten vor, um den Scheiterhaufen unter seinem Kopf anzuzünden. Die Menge sieht mit ängstlicher Zustimmung zu, wie Giordano Bruno in Flammen aufgeht. Es ist Aschermittwoch.

Und was waren das nun für gefährliche Ideen, die das Leben dieses brillanten Dominikanermönchs so tragisch beendeten?

Erstens war Bruno ein Mann, der seiner Zeit weit voraus war, denn er bekannte sich dazu, dass die Erde sich um die Sonne dreht und nicht umgekehrt – also zu der damals bereits fast sechzig Jahre alten wissenschaftlichen Erkenntnis des Nikolaus Kopernikus (1473-1543). Bruno ging jedoch noch weiter. Er behauptete, dass die Sterne, die wir sehen, in Wirklichkeit andere Sonnen wie unsere eigene sind und dass, so wie die Erde die Sonne umkreist, auch andere Planeten diese anderen Sonnen umkreisen, Planeten, auf denen vielleicht andere Wesen, andere Menschen, andere Zivilisationen existieren. Die Sätze, die ich zu Beginn des Kapitels zitiert habe, schrieb Bruno im Jahr 1584, einundvierzig Jahre nach Kopernikus' Tod. Durch seine Studien über Platon und dessen geistiges Erbe gelangte Bruno zu der Auffassung, dass sich unser Universum ständig ausdehnt und dass der Schöpfungsprozess nicht abgeschlossen ist, sondern sich immer weiter entfaltet, wobei er, von einem unendlich kleinen Nullpunkt ausgehend, Raum, Zeit und Materie erzeugt. Das Bewusstsein, das wir erleben, ist Teil des Bewusstseins unseres Planeten und des Kosmos. Unser Bewusstsein existiert bereits vor unserem Leben auf der Erde und bringt uns in andere Bereiche – vielleicht in andere Teile des Universums, wenn unser Leben auf der Erde endet. Unser Bewusstsein vereint uns mit der Quelle des Universums. Wir können es entwickeln und erweitern und dadurch unser Potenzial in diesem Leben transformieren. Diese Überzeugung motivierte Bruno zu seinen äußerst populären Vortragsreisen.

Giordano Bruno sorgte mit seinen Lehren über Jesus Christus für einigen Wirbel. Für Bruno offenbart uns Jesus die Göttlichkeit nicht, weil er anders ist als wir, sondern weil er genau wie wir ist: eine Seele auf derselben großen Reise wie alle anderen Menschenseelen, nur viel bewusster in Bezug auf ihr Einssein mit der Quelle. Wenn wir auf Jesus schauen, sehen wir ein Vorbild für unser eigenes Leben. Das war ein aufregender und ermutigender Glaube, der jedoch mit der Betonung der Göttlichkeit und Einzigartigkeit Jesu durch die katholische Orthodoxie kollidierte.

In Brunos Überzeugungen zur Natur des menschlichen Bewusstseins war kein Raum für die Angst vor dem Höllenfeuer, mit der seine Gegner ihm zu drohen versuchten. Als ein Kirchengericht sein Urteil verkündete, schaute er seine Ankläger an und sagte: »Ich sehe in euren Augen, dass ihr es seid, die Angst habt. Ich fürchte mich nicht!«

Nachdrücklicher hätte die Zurückweisung von Giordano Brunos Ideen durch die Kirche wohl kaum ausfallen können. Deshalb stand mir der Mund offen, als ich 2009 hörte, wie dieselbe Institution die Welt aufforderte, sich für die Möglichkeit zu öffnen, dass die Menschheit Teil einer viel größeren kosmischen Familie sein könnte. Christliche Gläubige sollten bereit sein, nicht nur an einen »Bruder oder eine Schwester Alien« zu glauben, sondern sie auch zu umarmen, hieß es jetzt von Seiten der katholischen Kirche.

Zu diesem Schluss kam die Päpstliche Akademie der Wissenschaften nach einem fünftägigen nichtöffentlichen Kolloquium, bei dem eine exklusive Auswahl von hochrangigen Wissenschaftlern und Theologen über »die theologischen Auswirkungen des Kontakts mit anderen Zivilisationen« diskutierte.

Dr. Guy Consolmagno, leitender Astronom des Vatikanischen Observatoriums in Mount Graham, Arizona, betonte, die Gläubigen sollten nicht überrascht sein, wenn sie intelligenten außerirdischen Wesen begegnen. Diese seien Geschöpfe desselben Schöpfers, Kinder desselben himmlischen Vaters. Wir sollten nicht überrascht sein, so sagte er, denn von ihnen sei bereits in der Bibel die Rede – sowohl im Alten als auch im Neuen Testament. Das war eine Herausforderung, eine Aufforderung, den Außerirdischen zu entdecken und erkennen – wie eine theologische Version von *Wo ist Walter?*, den Wimmelbilderbüchern, in denen Kinder Walter finden sollen, mit seinem rotweißen Ringelpullover und der Pudelmütze.

Monsignore Corrado Balducci, ein hochrangiger Berater des Papstes in Fragen der Dämonologie und des Paranormalen, fügte dem Gespräch ein weiteres Element hinzu: Er schrieb, dass es sich bei den Nahbegegnungen oder Entführungserfahrungen, von denen manche Menschen berichten, nicht um etwas Dämonisches oder irgendeine Art von psychotischen Episoden handelt. Vielmehr, so Balducci, berichten sie von Kontakten mit Wesen ganz anderer Art – einem Phänomen, das eine ernsthafte Untersuchung verdiene.

Wenn diese Aussage von den Sprechern des konservativsten Papstes kommt, den ich je erlebt habe, Benedikt XVI., dann ist das eine gewaltige Veränderung! Was in der Vergangenheit verboten war, wird nun von den römisch-katholischen Behörden wieder offen auf den Tisch gelegt. Pater Gabriel Funes, der Direktor der Vatikanischen Sternwarte, sagte bei mehr als einer Gelegenheit, dass die Gläubigen bereit sein sollten, unsere ET-Nächsten zu begrüßen, und zwar »früher als irgendjemand erwartet«. Die Botschaft war eindeutig: »Leute, macht euch bereit! Bald ist es soweit.«

Aber warum? Warum zog der Vatikan dieses Tabuthema aus der Schublade? Warum forderten diese offiziellen Stimmen des Vatikans die Gläubigen mit einer solchen Dringlichkeit auf, sich auf den Kontakt mit einer anderen Zivilisation vorzubereiten?

Das brachte mich zum Nachdenken. Weiß der Vatikan mehr, als er sagt? Verfügt er über Informationen, die er nicht preisgibt? Die Presseerklärungen, Artikel und Interviews, die auf das Kolloquium von 2009 folgten, bedeuteten eine 180-Grad-Wende in der historischen Position der Kurie. Damals, im Jahr 1600, war die öffentliche Demütigung und qualvolle Hinrichtung Giordano Brunos natürlich eine Todesdrohung für seine Anhänger und jeden Gelehrten, der es wagte, solche verbotenen Themen zu beleuchten. Und um das zweifelsfrei deutlich zu machen, ging die Kirche sogar noch weiter: Innerhalb von drei Jahren nach seinem Tod durch den Strang wurden auch Brunos Schriften in den *Index Librorum Prohibitorum* aufgenommen – die offizielle Liste der römisch-katholischen Kirche, in der alle Bücher aufgeführt sind, die Katholiken *nicht* lesen dürfen.

Natürlich verschwand der Einsatz von Todesdrohungen, um Diskussionen zu unterdrücken, nicht mit der Wende zum siebzehnten Jahrhundert. Im zwanzigsten Jahrhundert war diese Praxis in den USA nach wie vor sehr lebendig und wurde als Mittel eingesetzt, um die Diskussion über außerirdisches Leben aus der Öffentlichkeit zu verbannen. Natürlich müssen von Zeit zu Zeit Todesdrohungen wahr gemacht werden. Und dort, wo ich aufwuchs, war es schwierig, sich dessen nicht bewusst zu sein.

Großbritannien (1982-1990)

Jeden Morgen und jeden Nachmittag lege ich mit dem Fahrrad die gut neun Kilometer zwischen meinem Zuhause und der

Schule zurück, entlang einer stark befahrenen Straße in Buckinghamshire. Jeden Tag führt mich der Weg an einem geheimnisvollen Gebäude vorbei, das etwas zurückgesetzt steht, gesichert durch einen Wachmann und ein Absperrgitter. Jeder im Ort weiß, dass es sich um eine Forschungseinrichtung handelt, die von einer privilegierten Wissenschaftselite genutzt wird. Es gibt sogar ein wenig Lokalstolz, was diese Einrichtung angeht, denn die Forscher und Techniker dort wirken an der Entwicklung modernster Waffensysteme mit, die von Präsident Reagan für den Einsatz im Weltraum in Auftrag gegeben wurden. Es werden die ersten Waffen sein, die jemals für den Einsatz außerhalb des Planeten entwickelt wurden. In einer Rede vor den Vereinten Nationen hat Präsident Reagan die Bedeutung dieses streng geheimen Projekts mit dramatischen Worten umrissen:

> »Vielleicht brauchen wir eine universelle Bedrohung von außen, damit wir dieses gemeinsame Band erkennen. Gelegentlich denke ich daran, wie schnell unsere weltweiten Differenzen verschwinden würden, wenn wir mit einer außerirdischen Bedrohung konfrontiert wären. Und doch frage ich Sie: Ist eine fremde Bedrohung nicht bereits unter uns? Was könnte den universellen Bestrebungen unserer Völker fremder sein als der Krieg und die Bedrohung durch den Krieg?«

Die Reagan-Regierung ist bereit, dreiundfünfzig Milliarden Dollar in *Star Wars,* »Sternenkriege«, zu investieren – eine militärische Antwort auf die bereits erwähnte »außerirdische Bedrohung«. Dieser enorme Geldbetrag und die Tatsache, dass es sich bei *Star Wars* um Hochtechnologie für die Kriegsführung außerhalb des Planeten handelt, hat für nicht wenige hochgezogene Augenbrauen gesorgt. Meine Freunde und ich fragen uns, ob der US-Präsident mit seinen kryptischen Worten eine Bedrohung durch Außerirdische meint oder einen drohenden Krieg *im* Weltraum, aber gegen andere irdische Nationen. Was ist der wahre Zweck der *Star-Wars*-Verteidigungsinitiative? Schon diese Fragen gaben uns genug Gründe, darüber zu rätseln, ob möglicherweise etwas sehr Seltsames in der mysteriösen Einrichtung am Ende der Straße vor sich ging. Aber das war längst nicht alles: Obendrein begingen fünfundzwanzig der dort arbeitenden Wissenschaftler Selbstmord!

Nach und nach meldeten sich die Familien der Opfer und widersprachen den Erklärungen des Unternehmens für das unheimliche Geschehen. Nein, die Todesfälle waren keine Selbstmorde. Die Familien wollten die Welt wissen lassen, dass ihr Sohn, ihr Ehemann, ihr Vater nicht verzweifelt oder depressiv war, bevor er tot aufgefunden wurde. Die Familien wiesen die offizielle Geschichte, mit der die Abfolge der Todesfälle in dem Unternehmen erklärt werden soll, vollständig zurück.

Auch mehrere Gerichtsmediziner spielten nicht mit und bezweifelten öffentlich die offizielle Version. Nur einige Fälle wurden seltsamerweise als »Unfall« eingestuft. Dann meldete sich der Chef der Gewerkschaft der Opfer zu Wort, Clive Jenkins, Generalsekretär der Association of Scientific, Technical and Managerial Staffs (ASTMS). Die Einstufung dieser Todesfälle als Selbstmord sei, wie er sagt, »statistisch nicht glaubhaft«. Die Mitglieder seines Verbandes sind zutiefst besorgt über das, was er als »diese Häufung von Selbstmorden, gewaltsamen Todesfällen oder Morden« bezeichnet. Clive Jenkins nennt sie beim Namen und besteht auf einer dringenden Untersuchung durch die Regierung. Die Regierung von Margaret Thatcher hält eine Untersuchung jedoch für völlig unnötig, da der zuständige Minister mehr als bereit ist, uns die offizielle Erklärung zu liefern.

Die traurige Abfolge von Selbstmorden sei lediglich eine Verkettung unglücklicher Zufälle, sagt er. Fünfundzwanzig an der Zahl. Es wird keine Ermittlungen geben.

Die Tragödie dieser Todesfälle in den 1980er Jahren war eine eindringliche Erinnerung daran, dass wir uns immer noch tief in der Ära des Schweigens und der Verleugnung befanden. Offensichtlich hatte man aus den Tagen der Inquisition Lehren gezogen. Warum sollte man Gemeinschaften von Menschen mit öffentlichen Folterungen und Hinrichtungen zum Schweigen bringen (wie im Fall von Giordano Bruno), wenn eine auffällige Anzahl unglücklicher Zufälle genau denselben Zweck erfüllen kann?

Ein Mann, der den Einsatz von Todesdrohungen gegen Zeugen von UFO-Phänomenen beklagte, war der *Apollo*-Astronaut Ed Mitchell – der sechste Mensch, der den Mond betrat. Ed Mitchell setzte sich unermüdlich für Verbot und Ächtung solcher Drohungen ein, von denen er wusste, dass sie gegen seine Freunde und Mitbürger in Roswell, New Mexico, gerichtet waren. Um die Jahrtausendwende fand dann eine Initiative zur Aufklärung der Öffentlichkeit statt.

Washingtoner Presseclub – Washington DC: 9. Mai 2001

Ed Mitchell steht auf dem Podium des Washingtoner Presseclubs. Mehr als sechzig Experten aus Militär, Unternehmen, Regierung, ziviler Luftfahrt und Wissenschaft sind anwesend, um vor einer erwartungsvollen Menge von Fotografen, Journalisten und Reportern auszusagen. Einige sind aschfahl. Andere weinen. Für einige von ihnen wird es heute das erste Mal sein, dass sie ihre Sicherheitsauflagen verletzen, um öffentlich über ihr Wissen und ihre Erfahrungen mit dem UFO-Phänomen und einer außerirdischen Präsenz zu sprechen.

Ed Mitchell sagt:

> »Einige der alten Leute, die damals involviert waren – ich nenne sie die ›alten Hasen‹ – jene, die 1947 mit dem Roswell-Absturz zu tun hatten – Leute wie die vom Sheriff's Department, die an der Absturzstelle gewesen waren und den Verkehr überwachten ... Mein Freund und der Freund unserer Familie, der Major, der in einer Verwaltungsfunktion auf der Walker Air Force Base tätig war ... Diese Leute, die man zum Schweigen verurteilte und denen man sagte, sie sollten nicht über ihre Erfahrungen sprechen, und zwar unter Androhung schlimmer Konsequenzen, wenn sie es doch täten ... Sie fühlten, dass sie viele, viele Jahre später (in den 1970er Jahren) nicht mit ihrer Geschichte ins Grab gehen wollten. Sie wollten sie jemandem erzählen, dem sie vertrauen konnten. Und da ich ein Junge aus der Gegend bin und auf dem Mond war, hielten sie mich für vertrauenswürdig genug, um mir ihre Geschichte und ihre Beteiligung an den Vorgängen um den Roswell-Absturz ins Ohr zu flüstern.«

Ed Mitchell ist ein mitfühlender Mann von großer Menschlichkeit, der sich von seiner Sympathie für seine Mitbürger leiten lässt: Familien, deren Leben durch eine große Verschwörung des Schweigens zutiefst verletzt wurde; Väter, die mit der Last leben mussten, dass die Militärbehörden ihnen damit gedroht hatten, ihre Frauen und Kinder zu ermorden, sollten sie jemals ein Wort über das Gesehene verlieren.

Am Tag des Absturzes von Roswell berichtete die lokale Presse darüber. Am Tag nach dem Absturz schaltete sich die offizielle Propaganda ein und die Story wurde abgeändert. Nur ein Wetterballon! Aber Roswell ist ein Beispiel dafür, dass die Erzählung der Ureinwohner überlebt. Bevor sie sterben, oft sogar unmittelbar vor ihrem Tod, teilen unsere Vorfahren – die »alten Hasen« – ihren Nachkommen mit, was sie wirklich gesehen und gehört haben.

Roswell war in der Tat einer von mehreren Fällen in den Jahren unmittelbar nach dem Zweiten Weltkrieg, bei denen in Amerika ganze Gruppen von Zeugen UFO-Begegnungen hatten. Vor Roswell informierte das US-Verteidigungsministerium die Öffentlichkeit, und die Presse berichtete frei. Die offizielle Linie lautete: »Wir haben es mit UFOs zu tun. Wir sind ihnen auf der Spur. Wir wissen nicht, was sie sind. Aber wenn wir herausfinden, was sie sind, werden wir es Ihnen mitteilen.«

Die Schlagzeilen in den Zeitungen überschlugen sich an diesem Tag förmlich:

Fliegende Untertasse gefunden –
Armee präsentiert öffentlich eine Flugscheibe,
die in New Mexico geborgen wurde.
Herald Express

[Der lokale Armeestützpunkt] *RAAF birgt auf einer Ranch*
in der Region Roswell eine Fliegende Untertasse.
Roswell Daily Record

Und dann, am Tag nach Roswell: Schweigen. Die Logik legt nahe, dass das US-Militär sich genau darüber im Klaren war, was man da geborgen hatte, aber nicht darüber reden wollte.

Die neue Politik des Schweigens war das Ergebnis des National Security Act, den Präsident Truman im selben Jahr 1947 unterzeichnet hatte. Damit wurde der Grundstein für den Aufbau der CIA gelegt, mit einer Hierarchie von Geheimhaltungsstufen, durch die bei Bedarf bestimmte Angelegenheiten selbst vor den US-Präsidenten verborgen wurden. Unter anderem stellte der National Security Act die gesamte offizielle UFO-Forschung unter Geheimhaltung. Während die Politik zuvor eine Offenlegung der UFO-Erkenntnisse versprochen hatte, wechselte man nun zu einem Muster des Schweigens und Vertuschens. UFO-Zeugen wurden gezielt lächerlich gemacht und als unglaubwürdig hingestellt, und der Geheimdienst schreckte sogar vor Todesdrohungen nicht zurück. Die Menschen in Roswell gehörten zu den ersten, die diese neue Politik der Einschüchterung zu spüren bekamen. Ed Mitchell sah aus erster Hand, welches Leid die seit 1947 praktizierte Politik verursachte, und setzte sich daraufhin unermüdlich für das Ende der Einschüchterung und Geheimhaltung ein. Als er im Jahr 2001 vor der versammelten Presse sprach, bestand diese Politik der Leugnung schon seit vierundfünfzig Jahren:

> »Ich schlage vor, das Embargo aufzuheben, das verhindert, dass die Öffentlichkeit die Wahrheit über die Anwesenheit von Außerirdischen erfährt. Und ich fordere unsere Regierung auf, diesen Schritt zu gehen und dieses Schweigen zu beenden – andere Regierungen haben das bereits getan …«

Für alle Zuhörer, die mit dem Thema noch nicht vertraut waren oder dem UFO-Phänomen skeptisch gegenüberstanden, beleuchtete Dr. Mitchell dann den fundiertesten und objektivsten Aspekt dieses Forschungsgebiets.

»Lesen Sie die Berichte und die Hintergründe«, sagte er. Damit meinte er die Berichte der Beteiligten, die Aussagen von Augenzeugen und alles, was die Leute, die unweit des Geschehens wohnten, zu erzählen wussten. »Nur in unserer heutigen Zeit haben wir wirklich Beweise ... Lesen Sie die Bücher, lesen Sie die Zeugenaussagen über die Abstürze und machen Sie sich ein Bild davon, was wirklich vor sich geht. Es besteht nämlich kein Zweifel, dass wir besucht werden ...«

Mehr als einmal wurde der inzwischen verstorbene Dr. Mitchell im Laufe der Jahre von UFO-Forschern gefragt, ob die NASA Informationen über außerirdische Kontakte verheimliche. Dr. Mitchell antwortete darauf stets mit sorgfältig gewählten Worten. »Offiziell«, sagte er, »weiß die NASA nichts darüber [über Außerirdische und das UFO-Phänomen], denn das fällt nicht in ihre Zuständigkeit.«

Statt die NASA anzugreifen, galt Ed Mitchells Zorn dem US-Militär, das seine Landsleute unter Druck gesetzt und bedroht und die Leugnungspolitik der Regierung durchgesetzt hatte. Er war der Meinung, dass die Entscheidung, ET-Kontakte der militärischen Geheimhaltung zu unterwerfen, die Menschheit bislang daran gehindert hat, den ihr gebührenden Platz in einer Gemeinschaft raumfahrender Zivilisationen einzunehmen. Damit wurden unserer Zivilisation auch die unglaublichen Vorteile jener Technologien vorenthalten, die durch die ET-Kontakte für uns verfügbar wären.

Bedenken Sie bitte, dass Ed Mitchell zur Wahrung von Dienstgeheimnissen verpflichtet war, genau wie jeder andere im Astronautenteam, bei der Technik und Verwaltung der *Mercury-* und *Apollo-*Programme sowie der NASA insgesamt. Wir können daher davon ausgehen, dass es vieles gab, was er nicht sagen durfte. Angesichts dessen, was er sagen durfte, muss man sich fragen, was Ed Mitchell noch gerne gesagt hätte, wenn ihm diese Freiheit eingeräumt worden wäre.

Inmitten von all den Spekulationen, Berichten, angeblichen Verschwörungstheorien und staatlichen Versuchen, das UFO-Phänomen ins Lächerliche zu ziehen, glaubte Dr. Mitchell, dass es eine Sache gab, die diesen ganzen Lärm verstummen lassen würde: der physische Beweis in Gestalt von bei UFO-Abstürzen geborgenen Materialien, die eindeutig nicht von dieser Welt stammten. Viele Informationen waren damals, im Jahr 2001, bereits in diversen Büchern veröffentlicht worden. Daher sein Appell an die Öffentlichkeit, diese Bücher zu lesen. Was er sich jedoch sehnlichst wünschte, war eine offizielle Bestätigung der Regierung, dass das UFO-Phänomen real war. Leider hat Ed Mitchell das nicht mehr erlebt. Er verstarb am 4. Februar 2016.

Bereits im Dezember des folgenden Jahres veröffentlichte die *New York Times* Videos eines Vorfalls aus dem Jahr 2004. Damals waren vom Flugzeugträger *U.S.S. Nimitz* zwei Kampfjets gestartet, um zwei wie Tic Tacs geformte Flugkörper zu beobachten. Diese UFOs – oder UAPs, um die heutige offizielle Bezeichnung zu verwenden, also Unidentifizierte Luftphänomene statt Unbekannte Flugobjekte – zeigten die klassischen UFO-Eigenschaften: unglaubliche hohe Geschwindigkeiten und die Fähigkeit zu physikalisch eigentlich »unmöglichen« Flugmanövern, sodass die Kampfjets vom Typ F18 Super Hornet ihnen hoffnungslos unterlegen waren. Die Zeitung deckte außerdem auf, dass es im Pentagon eine geheime Arbeitsgruppe gab, die sich mit der Untersuchung von UFO-Vorfällen befasste.

Zwei Jahre später, im Jahr 2019, veröffentlichte die US-Marine drei Videos und informierte die Presse über den *Nimitz*-Vorfall von 2004 und zwei weitere ähnliche Vorfälle in den

Jahren 2004 und 2015. Plötzlich wurde von offizieller Seite auf allen Ebenen zugegeben, was viele Leute schon lange vermutet hatten, nämlich dass das US-Militär in den sieben Jahrzehnten seit der Verhängung der Geheimhaltung im Jahr 1947 immer wieder mit UFOs konfrontiert war. Nicht nur, dass hochrangige Offiziere der Navy dies zugaben, wir, die Öffentlichkeit, durften uns die Navy-Filmaufnahmen der UFO-Begegnungen auch im Fernsehen und auf YouTube ansehen.

Im Jahr 2020 wich das Pentagon endlich von seinem bewährten Drehbuch ab und räumte zweiundsiebzig Jahre nach Beginn der Geheimhaltung ein, dass es tatsächlich eine Pentagon-Abteilung gegeben hatte, die sich mit der Erforschung des UFO-Phänomens beschäftigte. Die *New York Times* hatte also recht. Der Name dieser Abteilung lautete *Advanced Aerospace Threat Identification Program* oder »Identifizierungsprogramm für Bedrohungen durch fortschrittliche Luft- und Raumfahrzeuge«. Für den Fall, dass »fortschrittlich« noch nicht deutlich genug machte, worum es ging, erklärte uns das ein Sprecher im Jahr 2019 noch einmal ganz genau. Die geheime Arbeit dieser Abteilung bestand darin, von möglicherweise abgestürzten UFOs geborgene physische Materialien zu analysieren. Der Sprecher, der diese Nachricht landesweit im US-Fernsehen verkündete, war der Mann, der die Abteilung von 2007 bis 2017 geleitet hatte: Luis Elizondo.

Vor diesem Hintergrund verwundert es nicht, dass das Pentagon in den 1990er Jahren so viele Piloten und weiteres Personal, insgesamt vierzig bis fünfzig Menschen, zu Professor John Mack schickte, damit dieser sie zu ihren UFO-Nahbegegnungen und Entführungserfahrungen befragen konnte. In Anbetracht dieses späten Eingeständnisses ist die Frage berechtigt, was die US-Navy denn nun nach mehr als siebzig Jahren

Forschung über die UFOs herausgefunden hat? Was sind sie? Woher kommen sie? Allem Anschein nach weiß das US-Verteidigungsministerium es nach wie vor nicht. Aber sie werden es uns hoffentlich mitteilen, sobald sie es herausgefunden haben. Plötzlich sind wir wieder bei der Politik aus der Zeit vor 1947 angelangt. Da muss ich mich fragen: Wie lange kann diese Nicht-Erklärung überhaupt noch mit einem letzten Rest an Glaubwürdigkeit aufrechterhalten werden?

Vielleicht ist das der Grund, warum im Jahr 2020 einige konkretere Äußerungen aus offiziellen Quellen an die Öffentlichkeit gelangten. Wenige Monate nach den Enthüllungen aus dem Pentagon und der US-Navy gab ein Berater des Pentagons, der Astrophysiker Eric W. Davis, der *New York Times* ein außergewöhnliches Interview. Davis hat die interessante Aufgabe, das amerikanische Verteidigungsministerium regelmäßig über das UFO-Phänomen zu unterrichten. Erst im März 2020 berichtete er, dass er für die »Einsatzgruppe für Unidentifizierte Atmosphärische Phänomene«, die Unidentified Aerial Phenomena Task Force des Marinegeheimdienstes, ein Briefing über Materialien durchführte, die man aus »außerirdischen Fahrzeugen« geborgen hatte, »die nicht auf der Erde hergestellt wurden«.

Das ist eine ganz besondere Formulierung. Zwischen 1947 und 2019 wäre eine solche Behauptung von offizieller Seite mit einem entschiedenen Dementi oder zumindest mit einer offiziellen Alternativerklärung beantwortet worden. Als Ed Mitchell sich zum Beispiel für das Ende einer Politik der Einschüchterung und Geheimhaltung aussprach, sah sich die NASA veranlasst, auf einer eigens einberufenen Pressekonferenz offiziell zu erklären: »Dr. Mitchell ist ein großer, bewundernswerter Amerikaner. Aber wir teilen seine Ansichten zu diesem Thema nicht.«

Im Gegensatz dazu haben sich im Jahr 2020 seriöse Fachleute aus der ganzen Welt zu Wort gemeldet, um gegenüber der Presse die Glaubwürdigkeit von Eric Davis' Aussagen zu bestätigen. So erklärte der ehemalige Leiter des französischen Geheimdienstes DGSE, Alain Juillet, öffentlich in Bezug auf das *Advanced Aerospace Threat Identification Program*, des Programms zur Identifizierung von Bedrohungen im Luft- und Weltraum: »Ich hatte das Glück, bei der Entstehung des UFO-Forschungsprogramms des US-Verteidigungsministeriums dabei zu sein.«

Eine noch erstaunlichere Wendung nahmen die Ereignisse im Dezember 2020, als Brigadegeneral Haim Eshed, ehemaliger Leiter des israelischen militärischen Weltraumsicherheitsprogramms, vor der Presse eine Erklärung abgab, in der er nicht nur die Existenz »außerirdischer« Technologie bestätigte, sondern auch behauptete, geheime Regierungsebenen wüssten von einem »Intergalaktischen Rat« und würden auf den richtigen Zeitpunkt warten, um die Öffentlichkeit darüber zu informieren.

Wenige Tage nach Erscheinen des Zeitungsinterviews mit Eric W. Davis äußerte sich dazu Chris Mellon, stellvertretender Verteidigungsminister unter den Präsidenten Clinton und George W. Bush, auf CNN wie folgt: »Ich kenne Eric sehr gut … Ich war bei seinen Briefings in Washington dabei … Dieses Thema sollte ernst genommen werden.« Zu meinem Erstaunen ging er in dem Interview sogar noch weiter. Ohne danach gefragt worden zu sein, äußerte er sich offen zu der Kontroverse um die Vertuschung des berühmten Absturzes im Jahr 1947 in Roswell, New Mexico.

Er sagte dazu: »Am Vatertag [dem 21. Juni 2020] … deutete Präsident Trump vor laufenden Fernsehkameras an, er hätte geheime Informationen über Roswell, New Mexico. Als er von seinem Sohn gefragt wurde, ob er diese Informationen freigeben wolle, sagte er: ›Ich werde darüber nachdenken.‹ Ich weiß nicht, was an Roswell geheim oder interessant sein könnte – außer diesem einen Thema.«

Mellon meinte den Absturz und die geborgenen Materialien. »Es sind viele neue Informationen aufgetaucht, und ich denke, das ist ein Thema, das die Aufsichtskommission ernst nehmen und untersuchen sollte.«

Und er fügte hinzu: »In einigen dieser Fälle haben wir Informationen von mehreren Radarsystemen, Infrarotsystemen, etlichen Navy-Soldaten, am Boden und in der Luft. Und wir verfolgen diese Objekte, die Manöver durchführen, welche eindeutig darauf hinweisen, dass sie unter intelligenter Kontrolle stehen. Sie reagieren auf unsere Flugzeuge und manövrieren sie aus. Sie tun Dinge, die weit über unsere Fähigkeiten hinausgehen. Und diese Vorfälle sind keineswegs auf das Gebiet der USA beschränkt ... Unsere Soldaten machen ähnliche Erfahrungen auch bei Auslandseinsätzen – im Nahen Osten, in Afghanistan und anderswo. Nach allem, was man hört, handelt es sich definitiv um ein weltweites Phänomen.«

Es ist nicht schwer, das Gesamtbild zu erkennen. Doch hätte man mich vor meiner Recherche für *Flucht aus Eden* mit diesen offiziellen Mitteilungen von Regierungsvertretern konfrontiert, weiß ich wirklich nicht, wie ich damit umgegangen wäre. Ich verfügte über kein theologisches Raster, das die Existenz außerirdischer Zivilisationen überhaupt zuließ – geschweige denn, dass sie auch noch hier bei uns auftauchen! Wie viele Gläubige betrachtete ich das Universum durch eine Linse, die es mir erlaubte, Gott, den Teufel, Engel, Dämonen, Menschen, Tiere, Pflanzen und Mineralien wahrzunehmen. Alles, was nicht in eine dieser Kategorien passte, musste geleugnet oder umgedeutet werden. Aber dann wurden nach und nach immer mehr glaubwürdige Berichte veröffentlicht und die offizielle Politik des Schweigens allmählich gelockert. Und Menschen von exzellenter Reputation nahmen sich des Themas an, unter ihnen John Mack, Ed Mitchell, Monsignore Corrado Balducci und Dr. Guy Consolmagno. Das brachte meinen Schutzwall aus wohlvertrauten Annahmen und Überzeugungen zunehmend ins Wanken. Und als Luis Elizondo, Eric Davis, Alain Juillet und Chris Mellon die Bühne betraten, hatte sich meine Welt bereits verändert. Die rote Pille des Pluralwortes *Elohim* in den biblischen Texten hatte mir eine Tür zu einem ganzen Universum von Möglichkeiten geöffnet.

Im Laufe meiner weiteren Erforschung der Genesis und der vielen Schöpfungsmythen in aller Welt, zu denen sie Parallelen aufweist, erkannte ich in ihnen die Kohärenz eines Weltbildes, das Raum für eine größere kosmische Familie fortschrittlicher Zivilisationen lässt. Schauen Sie sich die unbegreifliche Größe des Universums an, die auffälligen Lücken in unserem Wissen über die Ursprünge der Menschheit und die überaus zahlreichen Hinweise in den Forschungsgebieten Archäologie, Kosmologie, Theologie, Astrophysik, Paläobiologie, DNA-Forschung und Neurologie. Angesichts dessen ist es wirklich nicht schwer, sich gedanklich für die Möglichkeit zu öffnen, dass Außerirdische existieren – und dass sie die Menschheit in früheren Zeiten besucht haben.

Doch auch wenn denen, die offen darüber sprechen, heute nicht mehr die Todesstrafe oder ein »bedauerlicher Unfall« droht, sind Außerirdische nur selten Thema von Mainstream-Unterhaltungen. Diese traurige Tatsache beklagen die vielen Menschen, die mich kontaktieren, erschreckend häufig. In manchen Monaten höre ich es jede Woche. Und in manchen Wochen höre ich jeden Tag von Leuten, die mir Dinge erzählen wie …

- »Ich habe in meiner Bibelstudiengruppe eine Frage über Außerirdische gestellt und wurde behandelt, als wäre ich dumm oder geistesgestört.«
- »Ich bin Priester und beschäftige mich mit der Seelsorge für Menschen, die paranormale Erlebnisse hatten. Immer wieder begegnen mir dabei Menschen, die von UFO-Nahkontakten berichten. Als ich das gegenüber meinem Bischof erwähnte, sagte er zu mir, dass er davon nichts hören will und dass ich ihn nie wieder mit diesem Thema behelligen soll.«
- »Ich habe meiner Familie erzählt, was mir vor fünfundzwanzig Jahren passiert ist, als ich elf Jahre alt war. Es war sehr traumatisch und hat mich zutiefst verändert. Aber sie lachten mich einfach aus! Deshalb behalte ich anderen gegenüber meine Erfahrungen lieber für mich.«

Der Mensch ist ein soziales Wesen. Wir sind darauf programmiert, uns an die Gruppe anzupassen und nach Anerkennung zu streben. So lernen wir laufen und sprechen. Folglich sind Gruppendruck und die Angst, verspottet und ausgelacht zu werden, mehr als ausreichend, um die meisten von uns zum Schweigen zu bringen. Ich sage das ohne jede Wertung, denn so war es auch in meiner eigenen Lebensgeschichte.

Im Alter von siebzehn Jahren hatte ich eine einschneidende spirituelle Erfahrung und traf die Entscheidung, die mein Leben für immer veränderte: dem Evangelium Jesu Christi zu folgen. Es war eine Freude, eine Gruppe von Freunden zu finden, die bereit waren, ihre Verletzlichkeit zu zeigen und etwas anzustreben, das über sie selbst hinausging. Aber in der Welt des Glaubens gibt es einen merkwürdigen Konflikt zwischen den Fragen, die sich Gläubige stellen, und den als akzeptabel geltenden Antworten. Die meisten Glaubensgemeinschaften ruhen auf einem Fundament, das aus einem Kanon solcher vorgegebenen, offiziellen Antworten und Schlussfolgerungen besteht. Wenn man sich zu weit aus diesem Kanon herauswagt, untergräbt man damit die eigene Glaubwürdigkeit und Nützlichkeit für die Gruppe. Zustimmung erhält man am ehesten, wenn man sich auf das Mantra der gemeinsamen Antworten und Schlussfolgerungen der Gruppe beschränkt. Diese Lektion lernte ich schon früh als junger Christ.

Als ich elf Jahre alt war, machten mich meine Eltern auf den internationalen Bestseller *Erinnerungen an die Zukunft* des Schweizer Schriftstellers Erich von Däniken aufmerksam. In den Jahrzehnten seither erntete das Buch eine Menge Kritik. Aber für mich zeigte es mit großer Klarheit auf, welche Lücke in unserem Weltbild klafft, wenn wir auf herkömmliche Art versuchen, uns selbst und unsere Herkunft als bewusste, intelligente und technologische Spezies zu erklären. Das Buch präsentierte außerdem Beweise dafür, dass Kontakte unserer fernen Vorfahren mit interstellaren Besuchern nicht nur möglich, sondern höchst wahrscheinlich sind. Und Däniken berichtete in seinem Bestseller, dass hochrangige Forscher auf dem Gebiet der DNA-Forschung und der Astrophysik, unter anderem Francis Crick und Carl Sagan, die Ansicht vertraten, das Leben auf der Erde sei anderswo im Universum entstanden. Es sei dann irgendwann in ferner Vergangenheit auf unserem lebensfreundlichen und wasserreichen Planeten gelandet, und zwar in Form von Gensequenzen auf einem noch unbekannten Transportmedium. *Erinnerungen an die Zukunft* beantwortete jedoch nicht die Frage, wo wir alle herkommen. Erich von Däniken verlagerte diese Frage lediglich auf einen anderen Planeten.

Meine Entdeckungsreisen brachten mich sehr ins Grübeln und führten dazu, dass ich den Jesus der Evangelien genauer erforschte. In ihm fand ich einen glaubwürdigen Lehrer, der wertvolle Botschaften für mein Leben bereithielt. Doch meine Beschäftigung mit Jesus lieferte mir keine Antworten auf meine kosmischen Fragen. Wie hatte alles begonnen? Was war oder ist die kosmische Quelle? Ist der Kosmos von vielen Zivilisationen bevölkert? Teilen wir ihn uns mit außerirdischen Spezies, und wenn ja, sind wir mit ihnen verwandt? Mein Hunger nach Antworten auf diese Fragen war so groß und ungestillt wie eh und je. Und im Alter von siebzehn Jahren stolperte ich dann über einige rätselhafte Aussagen Jesu im Johannesevangelium.

Im sechzehnten Kapitel dieses Evangeliums stieß ich auf eine Szene, in der Jesus seinen Aposteln erklärt, dass es noch einige andere wirklich wichtige Informationen gibt, die er ihnen gerne über das Leben, das Universum und den ganzen Rest mitteilen würde. Doch obwohl sie (beziehungsweise einige von ihnen) ihn fast ihr ganzes Leben lang kannten und drei Jahre lang von ihm täglich unterrichtet worden waren, sagte Jesus zu ihnen: Ich glaube nicht, dass ihr in der Lage seid, diese Informationen zu verarbeiten, die ich gerne an euch weitergeben würde. Wenn Jesus nicht mehr bei ihnen war, würden sie sich vom Heiligen Geist führen lassen müssen. In Anbetracht der Tatsache, dass Jesus in den drei Jahren seiner Lehrtätigkeit einige ziemlich ungewöhnliche Dinge gesagt hatte, fragte ich mich, welche wichtigen, aber für die Jünger schwer verständlichen Informationen er gemeint haben könnte.

Im zehnten Kapitel sagt Jesus dann: »Ich habe noch andere Schafe, die nicht aus diesem Stall sind; auch sie muss ich führen und sie werden auf meine Stimme hören; dann wird es nur eine Herde geben und einen Hirten.«

Andere Schafe? Nicht aus diesem Stall?

Pfarrer Dr. Guy Consolmagno vertritt die Ansicht, dass sich Jesus in dieser Passage auf nicht näher bezeichnete außerirdische Wesen bezieht – vermutlich jene, die wir »früher als irgendjemand erwartet« willkommen heißen sollen. Als Siebzehnjähriger begriff ich damals diese Möglichkeit sofort und präsentierte die Idee eines Tages meinen christlichen Freunden in der Schule. Ihre Reaktion war heftig. »Paul, wenn du Christ sein willst, solltest du deine Theorien über das Universum vergessen! OKAY? Halte dich ans kirchliche Programm!«

Ich hielt mich daran. So sehr, dass ich Priester, Gemeindegründer, Gemeindeberater, theologischer Ausbilder und Erzdiakon der anglikanischen Kirche in Australien wurde. Aber wie viele andere Mitarbeiter dieser religiösen Institution stellte ich fest, dass meine Fragen nicht verschwanden, sondern weiterhin lebendig blieben. Irgendwie fand ich neben all den orthodoxen Schlussfolgerungen, mit denen die christliche Glaubensgemeinschaft vertraut ist, immer viel Raum für Fragen über das Universum und unsere vielen anomalen Erfahrungen als menschliche Spezies.

Deshalb reagiere ich heute mit großem Verständnis auf Briefe und eMails von Menschen, die seit Jahrzehnten mit ihrem eigenen Fragenkatalog unterwegs sind – Fragen zu ihren persönlichen anomalen Erfahrungen, Fragen, die viele seit langer Zeit im Stillen mit sich herumtragen. Ich betrachte es als Privileg, Fragen wie diese gestellt zu bekommen …

- »Was ist mit mir passiert, als ich fünfzehn war? Kennen Sie außer mir noch andere Leute mit solchen Erfahrungen?«
- »Wie kann ich mit diesen Erinnerungen, die ich in mir trage und die sich nicht verdrängen lassen, ein normales Leben führen?«

- »Was sage ich meinem Bischof, der von mir verlangt, dass ich über bestimmte Dinge, die meine Gemeindemitglieder erleben, nicht sprechen soll?«
- »Wenn es in den *Elohim*-Geschichten der Bibel wirklich um Außerirdische und nicht um Gott geht, wie passt dann Jesus ins Bild? Wusste Jesus von den Außerirdischen? Und wenn er es wusste, wie konnte dieses Wissen dann in Vergessenheit geraten? Oder war Jesus selbst ein Außerirdischer? Oder hat er gar nicht wirklich gelebt? Wurde Jesus erfunden, um eine Religion zu erschaffen, die optimal den Interessen des Römischen Reiches diente? Und wie passt das alles zusammen?«

Im Zuge all dieser Fragen geschah etwas, das ich nie erwartet hätte. Als ich *Flucht aus Eden* geschrieben hatte und anfing, in Sendungen wie George Noorys *Coast to Coast* und Sean Stones *Buzzsaw* aufzutreten und Videos für *The 5th Kind TV* zu produzieren, erwartete ich eigentlich, dass die Nachfrage nach mir als Geistlicher dramatisch einbrechen würde. Stattdessen sind die Anfragen für meine Dienste als Seelsorger und persönlicher Coach regelrecht explodiert. Inzwischen erreichen sie mich, hier in meinem kleinen Winkel in Australien, aus der ganzen Welt. Heute begleite ich viele Menschen auf ihrem Weg durch die Verwirrung, die so oft entsteht, wenn eine alte Weltanschauung über sich selbst stolpert und eine neue Gestalt annimmt. Deshalb sitze ich an diesem Morgen auch in meinem Arbeitszimmer in Canberra, Australien, vor meinem Laptop und warte auf den Anruf von Reuben. Er lebt in Litauen, sitzt in seinem Arbeitszimmer und fragt sich, wie sich die Außerirdischen in der Bibel auf seine Arbeit als baptistischer Missionar auswirken werden.

6

Verloren und gefunden

Kaunas, Litauen – 2020

»Paul, ich kann deiner Logik vollkommen folgen. Du hast mich überzeugt. Die *Elohim* sind die Mächtigen. Die Mächtigen sind die Himmelswesen der Sumerer. Und die Himmelswesen sind Außerirdische. Das ist mir klar. Aber hier, wo ich lebe, tue ich mich damit schwer. Ich arbeite schon lange als Pastor und sage den Leuten, dass die Bibel das Buch Gottes ist und die Wahrheit über die Welt erzählt. Ich dachte immer, Jesus und das Neue Testament würden dort anknüpfen, wo das Alte Testament endet.

Dieses Jahr war ziemlich seltsam, und dadurch hatte ich mehr Zeit, über einige meiner Fragen nachzudenken. Auf deinem YouTube-Channel hast du in den letzten Jahren wirklich viele meiner Gedanken in Worte gefasst. Und du beantwortest mit deiner Interpretation auch viele meiner Fragen. Das Problem ist, dass dadurch ein großer Teil meiner alten Denkweise auf den Kopf gestellt wird – nämlich, dass die Bibel das Buch Gottes ist und Jesus die Pointe. Wenn das nicht wahr ist, dann weiß ich nicht mehr, was die Bibel überhaupt ist. Dann frage ich mich, ob ich meine Zeit verschwendet habe!«

Reuben ist Missionar und Pastor. Seit mehr als zwanzig Jahren betreut er seine Gemeinde in Litauen. Es ist ein überwiegend katholisches Land, aber Reuben ist dort mit Freude als Missionar der Baptisten tätig. Kulturell gesehen ist Litauen vielschichtig, und man erzählt sich dort alte Legenden mit vorchristlichen, nordischen Untertönen. Darin treten Erinnerungen an Begegnungen der Vorfahren mit nichtmenschlichen Wesen zutage – Wesen, die von anderen Planeten auf die Erde kamen. Fasziniert von diesen alten Mythen tippte Reuben eine Google-Suche ein und fand meinen Videokanal auf YouTube. Das war seine rote Pille. Jetzt, ein paar Monate später, ringt er mit den gleichen Problemen wie ich, während sich seine Weltanschauung verändert und reformiert.

Ich vergleiche dieses Ringen mit den Phasen der Trauer, wie sie von der schweizerisch-amerikanischen Psychiaterin Elisabeth Kübler-Ross (1926-2004) beschrieben wurden. Wenn eine Entdeckung unsere vertraute Welt auf den Kopf stellt und eine Rückkehr zum bisherigen Zustand unmöglich macht, durchlaufen wir die gleichen Phasen wie beim Verlust eines geliebten Menschen.

Die erste Phase ist Verweigerung. Manchmal ist Wut die erste Reaktion, wenn die Leute meine Positionen hören oder lesen. »Nein, das ist nicht richtig! *Elohim* sind die drei Personen der Heiligen Dreifaltigkeit. Außerirdische sind eine dämonische Täuschung oder eine Regierungsverschwörung! Du lästerst Gott und führst die Menschen von der Wahrheit weg.« Und so weiter. Und so fort.

Zweite Phase: Verhandeln. Hier versuchen wir, die neuen Informationen so zu kneten und zu verdrehen, dass sie doch noch irgendwie in unser altes Weltbild hineinpassen.

Die dritte Phase ist Depression. Reubens Arbeit war von einer Weltanschauung geprägt, die er nicht mehr aufrechterhalten konnte. Er hatte das Gefühl gehegt, dass ein ganz bestimmtes Gottesbild seinem Leben Bedeutung verlieh. Und nun hatte er erkannt, dass dieses Bild zu einem großen Teil auf Illusionen beruhte.

Wie geht es nun für ihn weiter? Kann er das alles wirklich hinter sich lassen und sich selbst und sein Leben in einem anderen Licht sehen? Dass er sich in so vielen Dingen geirrt hatte. Dass seine theologischen Ausbilder aus Bequemlichkeit wesentliche Aspekte der Menschheitsgeschichte einfach weggelassen hatten, die einst von unseren Vorfahren offen diskutiert worden waren. Und dass Regierungen und Geheimdienste uns Informationen vorenthalten haben, die für uns alle enorm wichtig wären. Nun, all das hinterlässt bei einem Menschen das Gefühl, ziemlich klein und unbedeutend zu sein. Und es führt zu der Frage: »Was soll ich denn jetzt tun?«

Dann folgt die vierte Phase, Akzeptanz. Man findet das Gute. Man akzeptiert die Reise, auf der man sich befindet. Veränderung ist unvermeidlich. Wachstum ist positiv. Sie gehen Ihren Weg durch das Leben und werden sich Ihrer persönlichen Geschichte und der uns allen gemeinsamen Geschichte bewusster und verstehen sie besser.

In seinen eigenen Worten sagt mir Reuben, dass er vom Verhandeln zur Depression übergegangen ist und sich jetzt auf dem Weg zur Akzeptanz befindet. Während wir über Skype miteinander sprechen, ist es heute mein Ziel, ihm bei diesem Übergang zu helfen. Um diesen Schritt zu festigen, beginnen wir mit Reubens Arbeitsbuch, der Bibel, und sehen uns an, wie es entstand.

»Okay, Reuben, schauen wir uns die Entstehungsgeschichte der Bibel an. Erstens: Wann immer Jesus und die Apostel aus

›der Schrift‹ zitieren, zitieren sie ein griechisches Buch – die *Septuaginta*. Irgendwann zwischen dem dritten und zweiten Jahrhundert vor Christus übertrug ein Team von Übersetzern die hebräischen Texte des Alten Testaments in die damalige internationale Sprache. Dabei fügten sie einige neuere Texte hinzu, die offenbar eine Brücke zwischen der hebräischen Kultur und dem griechischen Denken schlagen sollten. In dieser Textsammlung finden sich neue Ideen über das menschliche Bewusstsein, seine Präexistenz und sein Überleben nach dem Tod; Ideen über andere Wesenheiten, Engel, Dämonen, hyperintelligente und extradimensionale Wesen; Vorstellungen über interdimensionale Kontakte. All das lag also in der Luft, als Jesus kam und begann, seinen Beitrag zu leisten. Das ist die Gedankenwelt, auf der Jesus und die Evangelien aufbauen. Richtig?«

So weit, so gut.

»Nun sollte man beachten, dass Jesus und seine apostolischen Autoren, wenn sie dieses griechische Buch zitieren, fast nie die reine Bedeutung des Textes übernehmen. Stets handelt es sich bei dem, was sie sagen und schreiben, um metaphorische oder esoterische Interpretationen. In Apostelgeschichte 15 des Neuen Testaments wird berichtet, der Bruder Jesu stehe einem Konzil vor, in dem beschlossen wird, dass die Kirche künftig nicht mehr an die hebräischen Bücher gebunden ist. Auch das solltest du unbedingt berücksichtigen!«

Im Schnelldurchlauf und recht skizzenhaft schauen wir uns nun an, wie der hebräische Textkanon entstand.

In Genesis 1 bis 11 wird uns erzählt, wie alles anfing – eine Zusammenfassung der sumerischen Geschichten über die Himmelswesen – jene Schöpfungserzählungen, mit denen Abraham und Sarah bei den Chaldäern in Ur aufwuchsen, bevor sie aufbrachen, um ihre eigene Tradition zu gründen.

Irgendwann später werden diese Texte, die auf den sumerischen Berichten beruhen, in die Bücher Mose, den Pentateuch, die Thora – also die ersten fünf Bücher der Bibel, Genesis bis Deuteronomium – aufgenommen. Die in diesen Büchern aus dem siebten Jahrhundert vor Christus beschriebene Welt ist henotheistisch. Das bedeutet, dass es viele Mächtige oder »Götter« gibt, aber der gläubige jüdische Leser soll nur einem von ihnen folgen: *JHWH.* Daher wurden die Zehn Gebote erlassen, und Josua forderte die Israeliten auf, die anderen Götter [Mächtigen] »fortzuschaffen«.

Während des nächsten Jahrhunderts wird der Pentateuch zur Einleitung einer Sammlung von Schriften, die als *Deuteronomistisches Geschichtswerk* bezeichnet wird. Sie bildet eine Abfolge historischer Geschichten, die mit moralischen Interpretationen verwoben sind. Diese Bücher, Deuteronomium bis Zweites Buch der Könige, wurden in einem einzigen Band zusammengefasst, um die Gesetze, nach denen die alten Israeliten regiert wurden, zu erläutern. Es ist immer noch eine henotheistische Welt, und der gewalttätige Wettbewerb zwischen den Mächtigen treibt viele der deuteronomistischen Dramen an.

Das deuteronomistische Geschichtswerk wiederum wird dann zur Einleitung eines Literaturkorpus, der einige neue historische Darstellungen mit Interpretationen, einige Gedichte, Lieder und Sprichwörter sowie Schriften aus prophetischen Quellen umfasst. Diese literarisch vielfältige Textsammlung wird zum hebräischen Kanon.

Hier verdichtet sich nun die Handlung. Gegen Ende des sechsten Jahrhunderts vor Christus nahm nämlich jemand eine umfassende Überarbeitung vor, um die Vielfalt der Schriften in einem einzigen Werk mit einer vereinheitlichten Theologie zu harmonisieren. Die Plural-*Elohim* des Pentateuch wurden aus dem Text gestrichen. Fast. Der Wettstreit zwischen den *Elohim* der deuteronomistischen Geschichte wurde als Geschichte von Konflikten auf der menschlichen Ebene umgestaltet: Gottesdienst *kontra* Götzenanbetung, Gehorsam *kontra* Sünde. Monotheismus war in aller Munde, und jede kulturelle Anlehnung des Judentums an die sumerische Kultur wurde aus den biblischen Texten entfernt, und man verschleierte sämtliche Parallelen.

Viele Gelehrte glauben, dass diese Bearbeitung während der schmerzhaften Unterjochung Israels durch die Babylonier – einer Tochterkultur des alten Sumer – vorgenommen wurde. Vielleicht ist es eine Folge dieses unglücklichen Kontextes, dass in der Nacherzählung der alten Geschichten eine unterschwellige Wut spürbar ist. »Unser Gott ist echt. Eurer ist eine Fälschung. Uns wird ewige Gerechtigkeit zuteil werden. Ihr werdet auf ewig beschämt sein.« Diese Wir-und-sie-Erzählung bildet die Grundlage für den gesamten redaktionellen Rahmen der Bibel, wie wir sie heute kennen.

»Weißt du, Reuben, als die frühe Kirche beschloss, den hebräischen Kanon an die Schriften der Apostel Jesu anzuhängen, brachte sie genau dieses Framing in das Christentum ein. Damit machte man aus der eigentlichen Botschaft Jesu eine Religion des ›Wir gegen sie‹: Gottesdienst kontra Götzenanbetung, Gehorsam kontra Sünde, Kirche kontra Welt, Himmel kontra Hölle.

All die Angst und der Hass, die Verbrechen und grausamen Strafen – ja, der gesamte Rahmen von Autorität und Gehorsam – machten das Christentum zu einer sehr attraktiven Religion für politische Mächte, die sich ein passives und gefügiges Volk wünschten. Daher dauerte es nicht lange, bis das Römische Reich das Christentum assimilierte. Mächtige Leute begannen, für die Kirche große, herrschaftliche Gebäude zu errichten.

Der Kaiser stattete die Bischöfe mit imperialen Würden aus und kleidete sie wie römische Senatoren in Purpurgewänder.

Natürlich wäre diese Umwandlung unvollständig gewesen, wenn nicht auch Jesus ein neues Gesicht bekommen hätte. Reuben, wenn du einen Blick auf diesen neuen imperialen Jesus werfen willst, besuche Ravenna. Dort findest du in der erzbischöflichen Kapelle ein wunderschönes Jesus-Porträt. Das Mosaik zeigt ihn in prächtiger römischer Militäruniform. Dieser Jesus ist ganz offensichtlich ein Soldat des Reiches, der demütig kaiserliche Befehle entgegennimmt und so bewaffnet ist, dass er kaiserliche Gerechtigkeit üben kann. Hier wird ein Bild von Jesus gezeichnet, wonach ein ›guter Christ‹ zu sein bedeutet, ein ›guter römischer Bürger‹ zu sein. Simsalabim – da haben wir es! Imperiales Christentum!«

Ich stelle fest, dass Reuben mit diesem ganzen Bereich der Religionsgeschichte sehr vertraut ist. Da er in einem Land lebt, wo seine kirchliche Tradition vom dortigen christlichen Mainstream abweicht, hat er ein gutes Gespür für die schleichenden Ranken des Institutionalismus. Sein Glaube hat sich immer einer feudalisierten Religion widersetzt und bevorzugt die demokratischere Vision eines Priestertums aller Gläubigen. Bis jetzt befinden er und ich uns also auf solidem Boden.

»Ich denke, und da wirst du mir sicher zustimmen, dass die Evangelien ganz offensichtlich lange vor der Vereinnahmung des Christentums durch das römische Kaisertum entstanden. Ihr Inhalt steht so sehr im Widerspruch zu dieser passiven Religion der Anbetung, des Gehorsams und der guten Bürgerschaft, dass diese Vereinnahmung geradezu lächerlich ist. Ich glaube nicht, dass der Jesus der Evangelien eine stille, vertrauensvolle Anpassung an die staatliche Autorität lehrt. ›Ihr braucht keine Anführer‹, sagt er. ›Ihr seid alle Brüder.‹ Er hat durchaus etwas Rebellisches.

Nun, Reuben, ich habe mir deine Online-Predigten angehört, und das ist genau der Jesus, von dem du den Menschen erzählst. Wenn du ihnen dabei hilfst, den Lehren Jesu aus den Evangelien zu folgen, dann bist du auf einem guten Weg.«

All das sind Schlussfolgerungen, zu denen Reuben ebenfalls schon gelangt ist. Durch seine mehr als zwanzigjährige Tätigkeit als Missionspfarrer hat er sich ein halbes Leben lang mit den Evangelien beschäftigt, und es fällt ihm nicht schwer, die klare Grenze zwischen dem Jesus der Evangelien und der Tradition, die in seinem Namen entstanden ist, zu erkennen. Die Distanz, die Jesus zwischen sich und den hebräischen Kanon gelegt hat, ist seit dem Studium auch Teil von Reubens Theologie. Etwas weniger klar ist für ihn die Frage, wo er Jesus in der damaligen Zeit weltanschaulich und philosophisch verorten kann. Das ist das Sprungbrett, das Reuben heute von mir benötigt.

Die griechisch-römische Kultur war ein wahrer Schmelztiegel internationalen Denkens. Die Philosophien Indiens, Asiens, Afrikas und Europas flossen alle in diese Mischung ein. Dem griechischen Philosophen Platon gelang es wie keinem anderen, ein kohärentes Bündel von Ideen zu destillieren, das dem philosophischen und überlieferten Wissen einer ganzen Welt Sinn verlieh. Diese Verschmelzung brachte er in seinen Werken zum Ausdruck, indem er das Denken des Sokrates darlegte – dabei ist allerdings nicht ganz klar, wo Sokrates aufhört und Platon beginnt. Vor dem Hintergrund dieser Synergie internationalen Denkens entstand das griechische Christentum.

»Reuben, um zu sehen, wie Jesus in die Gedankenwelt der damaligen Zeit passt, musst du dir anschauen, in welcher Beziehung er zu Platon steht. Wenn Jesus zum Beispiel seine eigene Bewusstseinsreise beschreibt, dann ist das absolut parallel zu dem, was Platon über uns alle sagt.

Im Johannesevangelium heißt es: ›Im Anfang war das Wort und das Wort war bei Gott und das Wort war Gott. Dieses war im Anfang bei Gott.‹

Platon sagt, dass wir alle auf diese Weise beginnen. Vor diesem materiellen Leben ist unser Bewusstsein ein Teil des Bewusstseinsquelle, des göttlichen Bewusstseins.

Im Johannesevangelium heißt es weiter: ›Und das Wort ist Fleisch geworden und hat unter uns gewohnt und wir haben seine Herrlichkeit geschaut … voll Gnade und Wahrheit.‹ Platon sagt, dass wir alle in die materielle Welt kommen, um mit genau der gleichen Grundfrage zu ringen: ›Gelingt es uns, in diesem materiellen Leben Bewusstsein und Intelligenz, Liebe und Harmonie (Johannes nennt es Gnade und Wahrheit) zu entfalten – als eine Gesellschaft aus individuellen Bewusstseinen, von denen jedes seine eigenen freien Entscheidungen treffen kann?‹

Am Ende des Johannesevangeliums sagt Jesus: ›Vater, nun aber komme ich zu dir – verherrliche du mich bei dir mit der Herrlichkeit, die ich bei dir hatte, ehe die Welt war.‹

Platon lehrte, dass diese Entwicklung das Schicksal von uns allen ist. Deshalb fürchteten Platons Anhänger – auch seine christlichen Anhänger – nicht die Androhung des Höllenfeuers. Am Ende dieses Lebens erwarteten sie eine Art Lebensrückblick und dann, dass ihr Bewusstsein in die nächste Daseinsform weiterreisen würde.

Im Lichte Platons schaue ich auf Jesus und sehe ihn mehr denn je als Vorbild. Er zeigt uns, was möglich ist. Und was ich sage, entspricht genau dem, was viele der frühen Kirchenväter glaubten – Menschen wie Justin der Märtyrer, Clemens von Alexandria, Origenes und Marcion. Deshalb wiesen sie auf die Idee hin, Platons Philosophie als Altes Testament zu nehmen, das einem Neuen Testament Jesu und seiner Apostel an die Seite gestellt wird. Deshalb zitierten sie den Apostel Paulus und Platon Seite an Seite.«

Aus seiner theologischen Ausbildung vor dreißig Jahren hat Reuben noch einige Erinnerungen an Platon. Aber an einige der allgemeineren Beiträge Platons erinnert er sich, genau wie ich und wie so viele, von denen während ihres akademischen Studiums verlangt wurde, sich mit der intellektuellen Tiefe und Bedeutung Platons auseinanderzusetzen, nur noch vage. Er hat seine die Welt verändernden Ideen völlig vergessen. Die von mir erwähnten Kirchenväter zitierten Platon nicht nur, sie betrachteten ihn sogar als dem Apostel Paulus intellektuell überlegen. Damit bekannten sie sich zu einem Philosophen, dessen wirkmächtige und augenöffnende Konzepte im kaiserlichen Christentum schon bald tabu sein sollten.

Es waren die folgenden fünf Konzepte:

1. Die »Kinder Gottes« modifizierten einst unsere Vorfahren genetisch, um unsere Intelligenz und unser Bewusstsein zu steigern. (Diese Vorstellung zieht sich durch fast alle Mythologien der frühen Zivilisationen.)
2. Das holografische Universum und der nicht-göttliche »Handwerker« (*Demiourgos*) übersetzte die Codes oder »Formen« und manifestierte sie als die physischen Manifestationen, die wir alle kennen. Das ist wie eine altgriechische Version des Films *Matrix*!
3. Unsere kosmischen Nachbarn leben länger, sind intelligenter, verfügen über ein fortschrittlicheres Wissen und wohnen auf ihren »Inseln im Himmel« – die im Drona Parva der hinduistischen Veden als »Städte im Himmel« beschrieben werden. Heute würden wir sie vielleicht Raumstationen

oder UAPs beziehungsweise »Unidentifizierte atmosphärische Phänomene« nennen.

4. Die Abfolge der Zivilisationen auf der Erde. Alle paar tausend Jahre, so Platon, würde die Bewegung von Objekten im Weltraum auf der Erde zu katastrophalen Ereignissen führen, nach denen die Zivilisation praktisch wieder bei Null beginnen müsse.
5. Das bewusste Universum – oder zumindest die Vorstellung, dass das Bewusstsein schon vor der Materie existierte und diese hervorbrachte. Diese Idee findet ihren Widerhall in der Quantenforschung des einundzwanzigsten Jahrhunderts.

»Reuben, wusstest du, dass Platon die Erde als eine im Raum schwebende Kugel beschrieb? Er wagte sich sogar an eine Beschreibung, wie der Planet Erde aus der Ferne aussieht. Er sagte, sie sei ein erstaunlich verwirbeltes Muster aus Blau, Weiß, Grün und Gold. Meiner Meinung nach ist diese Beschreibung ziemlich beeindruckend, wenn man bedenkt, dass er sie vor zweieinhalbtausend Jahren verfasste. Ich meine, wenn man sich die populäre Science-fiction der 1960er Jahre anschaut, wird der Planet Erde immer als kugelförmige Version einer Lehrbuchkarte dargestellt, mit goldenem Land und blauem Meer und keiner einzigen Wolke in Sicht. Das zeigt, wie weitsichtig Platons Bild der Erde war.«

Denken Sie einmal darüber nach, lieber Leser. Wie konnte Platon sich dieses Aussehen des Planeten einfach ausdenken? Manch einer mag sagen, ich hätte mir die besten Stellen aus Platons Werk herausgepickt. Es gibt Stellen in seinen Büchern, wo er eine andere Konvention zu wiederholen scheint – die klassische Vision einer hohlen, flachen Erde unter einem kuppelförmigen Himmelszelt. Platon lässt jedoch mindestens drei

Informationsquellen zu Wort kommen – und eine Quelle hat ihm das Bild geliefert, das wir heute erkennen: ein Planet im Weltraum, mit einem Wirbelmuster aus den oben erwähnten Farben. Aber woher hatte Platon das?

Unsere Kultur sah unseren Planeten erst in den 1960er Jahren auf Fotos, die bei den *Apollo*-Missionen aufgenommen wurden, auf diese Weise. Es geschah 1966, dass die Kameras an Bord von *Apollo 8* ein inzwischen legendäres Foto des Planeten Erde machten, bei dem er teilweise vom Mond beschattet wird. Das Bild wurde *Earthrise* genannt – »Erdaufgang« – und war eine absolute Offenbarung. Es veränderte die Vorstellung, die wir alle von unserem Heimatplaneten haben. Diese unglaubliche Offenbarung spiegelt sich auch in der Fernsehserie *Star Trek* aus den 1960er Jahren. Als die Serie 1966 anlief, wurden der Planet Erde und ähnliche Planeten noch als klassischer Landkartenglobus mit goldenem Land und blauem Meer dargestellt. In der dritten Staffel von 1969 hatte sich die Erde jedoch verändert und in den vertrauten Strudel verwandelt, den wir heute kennen und erkennen.

Im Jahr 1967 machte der NASA-Kommunikations- und Wettersatellit ATS-3 die erste Aufnahme des gesamten Planeten in seiner annähernd kugelförmigen Pracht, wie er im Weltraum schwebt. Das Foto zeigt einen wunderschönen Strudel aus Weiß, Blau, Grün und Gold. Mir scheint das ein guter Anlass zu sein, um bei Platon nachzuschlagen und sich zu fragen, woher dieser antike Gelehrte vor zweieinhalb Jahrtausenden seine Informationen bezog.

Tatsächlich beantwortet Platon uns diese Frage selbst. Er nutzte die folgenden drei Quellen:

Platons *erste* Quelle ist seine kühle, systematische Methode der geduldigen Anwendung der Logik auf Dinge, die wir alle beobachten können. Das nannte Platon Philosophie. Heute wird es sogar Wissenschaft genannt.

Zweitens nutzte Platon Wissen, das aus altägyptischen priesterlichen Quellen stammte. Dieses Wissen wurde an einen antiken griechischen Gesetzgeber weitergegeben – eine reale historische Persönlichkeit namens Solon. Die Informationen wurden dann von Solons Familie über Generationen weitergereicht und gelangten schließlich über einen seiner Schüler zu Sokrates. Platon bereitete diese Informationen für die Nachwelt auf.

Drittens erwähnt Platon Informationen über außerdimensionale und spirituelle Phänomene, die durch etwas erlangt wurden, das wir heute als psychedelische Erfahrung bezeichnen würden. Herbeigeführt wurde dieser veränderte Bewusstseinszustand durch einen fermentierten Tee namens Kykeon. Das Kykeon-Ritual stand im Mittelpunkt der Mysterien von Eleusis – Zeremonien, die in der Abgeschiedenheit der Kultstätte von Eleusis bei Athen begangen wurden.

Vor der Einnahme des Kykeon unterzogen sich die Teilnehmer, unter strenger Aufsicht, einer mehrtägigen stillen Vorbereitung, während der sie fasteten. Obwohl wir nicht genau wissen, was Kykeon war, besteht unter den heutigen Forschern ein gewisser Konsens darüber, dass es sich höchstwahrscheinlich um einen Cocktail aus fermentierter Gerste und Minze handelte, der mit pulverisiertem Mutterkorn – einem psychedelischen Pilzextrakt – versetzt wurde. Sowohl das Verfahren als auch die dadurch ausgelösten Erfahrungen ähneln verblüffend den psychischen Resultaten von Psilocybin- oder Ayahuasca-Zeremonien. Wenn Menschen heute die Wirkung psychedelischer Tees beschreiben, sprechen sie von transzendentalen Erfahrungen oder Begegnungen mit außerdimensionalen Wesenheiten. Sie sprechen von Geistführern, die ihnen andere Dimensionen zeigen oder ihnen wertvolle Hinweise geben, wie sie sich auf die Existenzphase vorbereiten können, die auf die jetzige folgt. Teilnehmer berichten oft, dass sie mit ihrer Angst vor dem Tod konfrontiert und aufgefordert werden, die schwächende Macht der Angst zu überwinden. Kurz gesagt, sie werden dazu gebracht, sich mit den schwersten und tiefsten Themen ihrer eigenen Seelenreise auseinanderzusetzen. Oft bringen sie von dieser inneren Erfahrung die Entschlossenheit mit, die Herausforderungen in ihrem Leben mit neuem Vertrauen und Enthusiasmus anzugehen. Genau so hat auch Platon die Erfahrung der Mysterien von Eleusis beschrieben. Platon lässt zwar Sokrates als Erzähler berichten, doch weil alles so lebendig und mit so vielen inneren Details geschildert wird, ist wohl davon auszugehen, dass er die Mysterien aus eigener Erfahrung kannte.

Es gibt viele Gründe, warum Platons Werk für uns auch heute noch so wichtig ist. Es bildet die Grundlage für einen großen Teil des westlichen Denkens. Es zeigt außerdem, welche Vision von Gott und dem Universum die christliche Geschichte Jesu umrahmt hätte, wenn es Vordenkern wie Justin dem Märtyrer, Clemens von Alexandria, Origenes und Marcion gelungen wäre, ein Altes Testament aus den Schriften Platons zu erschaffen und dem Neuen Testament an die Seite zu stellen.

»Also, Reuben, wenn du dich wirklich von der Matrix lösen willst, dann denke ich, dass Platon der Schlüssel für dich ist. Er ist das weiße Kaninchen!«

Reuben sitzt in Litauen vor seinem iPhone und massiert sich die Kopfhaut, um diese Informationsflut zu verarbeiten. »Wow, Paul, ich bin wirklich bereit für das weiße Kaninchen! Ich glaube, ich kannte das meiste von deinem biblischen Material«, sagt er. »Aber Platon … den haben wir zwar im Seminar gelesen, aber wohl hauptsächlich, um ihn für Aufsätze über christliche

Orthodoxie zu zitieren. Um ehrlich zu sein, ich glaube, ich habe Platon-Zitate nur auf Merkzetteln gelesen. Ich glaube nicht, dass ich mich jemals mit einem ganzen Buch von Platon hingesetzt habe. Wir hatten dafür einfach keine Zeit. Ich kann mich jedenfalls nicht erinnern, etwas von dem gelesen zu haben, was du da eben zitiert hast. Woher hast du das alles?«

»Reuben, nimm bei deinem nächsten Retreat zwei Bücher von Platon mit: *Phaidon* sowie *Timaios und Kritias*. Sie sind überall leicht erhältlich. Nimm sie mit an den Strand oder in die Berge. Ich verspreche dir: Was in diesen Büchern steht, wird dich glattweg umhauen!«

7

Zeiten und Orte

Balmain, Sydney, Australien – Januar 2020

Der Greyhound-Bus hat mich zu einigen vertrauten Straßen gebracht. Ich liebe diesen Teil der Reise. Ich erinnere mich immer an das Gefühl von Abenteuer, wenn ich daran denke, wie es war, als ich vor über zwanzig Jahren zum ersten Mal in Australien ankam. Ich konnte spüren, dass hier neue Entdeckungen auf mich warteten. Und so war es auch. Hier lernte ich meine spätere Frau Ruth kennen, und gemeinsam begannen wir eine ganz neue Entdeckungsreise.

Heute bin ich nach Sydney gereist, um wieder etwas vollkommen Neues zu entdecken. Ich besuche eine kleine Konferenz, an der UFO-Forscher und Menschen mit Kontakterfahrungen teilnehmen.

Die Anreise aus Canberra dauerte dreieinhalb Stunden, aber ich legte sie in Begleitung von *Phaidon* sowie *Timaios und Kritias* zurück – den beiden Büchern, die ich Reuben empfohlen hatte. Um ehrlich zu sein, brauchte ich einige Zeit, um mich an Platons Schreibstil zu gewöhnen, aber die Mühe hat sich gelohnt. In diesen Büchern gibt es so viel, was mein Denken erweiterte, und so viel, was mich fasziniert und verwirrt.

Wenn Platon zum Beispiel von außerirdischen »Kindern Gottes« spricht, an wen oder was denkt er da? Er fordert uns mit dieser Formulierung heraus. Tatsächlich erinnert seine Wortwahl an die *benej elohim* in Genesis 6, die »Gottessöhne«, die sich in der Geschichte, die der Sintflut vorausgeht, mit menschlichen Frauen vermischten. Im Gegensatz dazu sind Platons Assoziationen mit den »Kindern Gottes« rein positiver Natur. Für ihn waren sie wohlwollende Wesen, die unsere Entwicklung förderten, unseren Intellekt schärften und uns halfen, unser Bewusstsein zu entwickeln, um uns mehr am Potenzial des Lebens auf der Erde erfreuen zu können.

Ein weiteres Rätsel: Wer waren Platons geheimnisvolle »Andere«, die auf Inseln im Himmel lebten? Sie verfügten über enormes astronomisches und kosmologisches Wissen. Die mesopotamischen Texte nennen sie *Anunnaki* oder *Himmelswesen*. In der Genesis heißen sie *Elohim* – die »Mächtigen«. Im *Popol Vuh* werden sie als »Ingenieure« beschrieben. Die Veden und auch die nordischen und die griechischen Sagen erzählen von *Königen* und *Göttern*. In der babylonischen Mythologie ist von den *Apkallu* die Rede. In alten Erzählungen des Efik-Volkes in Nigeria werden sie als *Abassi* und *Atai* bezeichnet. Die Dogon in Mali, Westafrika, sagen, dass ihre prähistorischen Lehrer von einem Planeten kamen, der den Stern Sirius C umkreist. Die Totenbücher der Ägypter und der Maya verweisen beide auf Sterne im Sternbild Orion. Die australischen Ureinwohner und viele Stämme der amerikanischen Ureinwohner verweisen auf die Plejaden und sagen, dass ihre Kulturbringer von dort kamen. Irgendwie gelang es Platon, diesen großen weltweiten Kanon des antiken Wissens aus der Vogelperspektive zu betrachten –

was eine offensichtliche Frage aufwirft: Wie ist es möglich, dass wir vergessen haben, woran er und so viele Kulturen sich noch erinnern konnten?

Wenn ich meine eigene Tour durch die Schöpfungserzählungen aus aller Welt unternehme, wie es Platon vor zweieinhalb Jahrtausenden getan haben muss, stelle ich fest, dass immer wieder die gleichen Weltraumregionen auftauchen. Wenn es darum geht, die ursprüngliche Heimat unserer prähistorischen Besucher zu identifizieren, verweisen die alten Kulturen immer wieder auf drei Sternregionen: Sirius, Orion und die Plejaden. Interessanterweise verbindet das älteste Buch der Bibel, Hiob, alle drei miteinander.

Das Buch Hiob ist ein ziemliches Rätsel. Einige Gelehrte glauben, es wäre ein arabisches Buch, das irgendwie in die hebräischen Schriftrollen Eingang fand und dort in seine heutige Form gebracht wurde. Es ist einer von mehreren Texten, die uns auf die Existenz eines Himmlischen Rates hinweisen – einer Ratsversammlung von uns technologisch überlegenen Wesen, die in ferner Vergangenheit über das Projekt Erde herrschten und es zum Teil alles andere als gut mit den Menschen meinten.

Im 38. Kapitel des Buches Hiob steht: »Kannst du die Bande des Siebengestirns zusammenbinden oder den Gürtel des Orion auflösen? Kannst du die Sterne des Tierkreises aufgehen lassen zur rechten Zeit oder Sirius samt seinen Satelliten führen?«

Die Bande des Siebengestirns – der Plejaden? Der Gürtel des Orion? Sirius führen? Hier geht es um die Macht, die von diesen drei Regionen des Weltraums aus auf die Menschheit ausgeübt wird. Der Autor fragt die Figur Hiob, ob er mächtig genug ist, den Spieß umzudrehen und die Herrschaft über sie zu übernehmen, statt umgekehrt. Geht es bei dieser Frage um die Überwindung des Einflusses der Sterne auf dem Planeten Erde, also um die Umkehrung der Jahreszeiten? Oder geht es bei der Frage nach den Bändern, dem Gürtel und der Frage, wer über wen herrscht, in Wahrheit darum, die Macht der von diesen Sternen kommenden Besucher zu überwinden? Es ist eine merkwürdige Frage und ein merkwürdiger Zufall, dass gerade diese drei Sternbilder genannt werden.

Das Treffen von UFO-Forschern und -Kontaktlern in Sydney ist ein bunter, lebhafter Kreis. Ich empfinde es als Privileg, dabei zu sein. Während des Mittagessens komme ich mit einem Cherokee-Freund ins Gespräch, der mich gerne in seine persönliche Geschichte einweiht. Durch Chads geduldiges Erzählen erfahre ich, dass die Menschen von den Plejaden in der Geschichte vieler indianischer Stämme eine wichtige Rolle spielen. Die Navajo in New Mexico, Arizona und Utah beispielsweise sehen die Sterne der Plejaden als Sonnen, die unserer eigenen ähnlich sind. Tatsächlich sind die Plejaden von der Entfernung her die Sterne, die unserer Sonne am nächsten liegen. Sie könnten gemeinsam mir ihr entstanden sein. Das allein deutet schon auf die Möglichkeit ähnlichen Lebens in diesem Teil der Galaxis hin. Das Volk der Lakota am oberen Mississippi behauptet, dass ihre Vorfahren von den Plejaden abstammen und dass ihr Bewusstsein nach dem Tod des Menschen zu den Plejaden zurückkehrt.

Der Glaube der Lakota an ein Leben nach dem Tod findet ein faszinierendes Echo auf der anderen Seite der Welt in Ostchina. Im Xiaoling-Mausoleum in der Nähe von Nanjing liegen die sterblichen Überreste von Kaiser Zhu Yuanzhang, dem Gründer der Ming-Dynastie. Als er im Jahr 1398 nach Christus starb, bestatteten die Diener des Kaisers seinen Leichnam in einem Gräberkomplex. Aus der Luft betrachtet ist die Anordnung der Gräber perfekt auf die sichtbaren Sterne der Plejaden abgestimmt.

Offensichtlich erwartete Zhu Yuanzhang eine Reise nach dem Tod, genau wie das Volk der Lakota in Nordamerika.

Chads Vater hatte dem Cherokee von der Verbindung seines Volkes zu den Plejaden erzählt, und nun gab Chad dieses Wissen an mich weiter.

»Unsere Vorfahren«, sagte er, »sahen eiförmige Raumschiffe aus dem Nachthimmel kommen. Die Menschen, die aus den Raumschiffen stiegen, waren große und mächtige Wesen. Eine Zeit lang lebten sie unter unseren Vorfahren und zeigten uns, wie man Landwirtschaft betreibt. Sie gaben ihr Wissen über Gesundheit und Hygiene an uns weiter und brachten uns bei, wie man manche Pflanzen als Nahrungsmittel und andere zu medizinischen Zwecken anbaut. Sie lehrten uns, wie man im Kreislauf der Jahreszeiten in Harmonie mit dem Land lebt. Nach einiger Zeit stiegen sie wieder in ihre Raumschiffe und traten die Heimreise an – zu einem Planeten in den Plejaden.

In meiner Familie wissen wir jedoch, dass unsere Helfer aus alter Zeit auch heute noch unter uns sind. Von Zeit zu Zeit besuchen sie uns nach wie vor mit ihren Raumschiffen. In meiner eigenen Familie gibt es Geschichten von Heilungen, bei denen uns diese Sternenleute halfen. Deshalb habe ich mich vor Besuchern von den Sternen nie gefürchtet. Ich bin immer davon ausgegangen, dass sie der Menschheit freundlich gesinnt sind.«

Chad ist nicht der einzige amerikanische Ureinwohner bei dieser Zusammenkunft. Während wir durch einen Park am Hafen von Sydney spazieren, stellt er mir Dean vor, einen weiteren Freund mit Cherokee-Wurzeln. Seine Erfahrungen haben andere Spuren hinterlassen als bei Chad. Dean arbeitet auf dem Gebiet des Umweltmanagements. Im Jahr 1999 leitete er eine Baustelle in New South Wales. Die Mittagspause war gerade vorüber, und die Teammitglieder kehrten zu ihren Arbeitsplätzen auf der Baustelle zurück, als sich exakt um 14 Uhr der Himmel verdunkelte. Dean und seine Kollegen schauten nach oben und erwarteten eine Gewitterwolke zu sehen. Stattdessen schwebte direkt über ihrer Baustelle ein riesiges, untertassenförmiges Raumschiff. Das Nächste, woran sich die Mitglieder des Teams erinnern konnten, war, dass sie aufwachten und alle auf dem Boden lagen, dort, wo sie offenbar ohnmächtig geworden und hingefallen waren. Es war 16 Uhr, und keiner von ihnen konnte sich an die vergangenen zwei Stunden erinnern.

»Dean, hast du irgendwelche physischen Beweise für das, was in dieser fehlenden Zeit passiert sein könnte?«

»Ich habe ein Foto«, sagte er. »Als wir alle wieder zu uns kamen, sahen wir, dass eine Frau aus unserem Team sehr verstört und verängstigt war. Wir kümmerten uns um sie und sahen, dass sie drei Flecken auf ihrem Oberarm hatte – drei erhabene Linien in Form von drei Fingern. Sie waren frisch und leuchtend rot, wie Brandwunden oder eine allergische Reaktion auf etwas, das ihre nackte Haut berührt hatte. Ich habe ihren Arm fotografiert.«

»Wie lang waren diese Fingerabdrücke?«

»Etwa acht Zentimeter.«

»Acht Zentimeter?«

Ich versuchte mir vorzustellen, wie traumatisch ein solches Erlebnis sein muss, wie beängstigend, aufzuwachen und nicht zu wissen, was gerade passiert ist!

»Dean, hast du jemals daran gedacht, eine Rückführungstherapie zu machen, um zu sehen, ob noch andere Erinnerungen auftauchen?«

Deans Reaktion auf diese Frage war eindeutig: »Nein, danke! Mir ist es lieber, mich nicht zu erinnern!«

Ich bin Dean sehr dankbar, dass er mir seine Geschichte anvertraut hat. Aus Respekt vor seiner Privatsphäre habe ich einige unbedeutende Details abgeändert. Es ist eine sehr sensible Angelegenheit, eine Erfahrung mitzuteilen, die man selbst noch nicht wirklich verstanden und verarbeitet hat, und ich kann gut verstehen, dass Dean davor zurückscheute, weitere Erinnerungen an seine UFO-Begegnung aufzuwecken. Nach einem Trauma verdrängt unser Gehirn oft das Erlebte, um uns vor allzu schmerzhaften Erinnerungen zu schützen.

Ich frage mich nun, ob auch ganze Kulturen einem solchen Verdrängungsprozess unterliegen. Als ich die immer wiederkehrenden Geschichten unserer weltweiten Schöpfungsmythen las, die alle auf vergangene, traumatische Kontakte zwischen der Menschheit und fremden Spezies hindeuten, erschienen mir diese Narrative wie die Rückblenden eines Patienten mit Amnesie, der allmählich die verlorenen Elemente einer scheinbar unzusammenhängenden Geschichte wiederfindet. Diese Narbe mit den drei Fingern. Irgendetwas daran irritierte mich. Ich persönlich würde doch bestimmt wissen wollen, was das für eine Verletzung war. Und wenn mir zwei Stunden Zeit fehlen würden, an die ich mich nicht erinnern kann, würde ich wissen wollen, was in dieser Zeit passiert ist. Oder etwa nicht?

Auf der Rückfahrt von Sydney sitze ich in der klimatisierten Geborgenheit des Greyhound-Busses und schaue auf das in der Abenddämmerung daliegende australische Buschland. Während draußen die Landschaft in Dunkelheit versinkt, spüre ich, wie etwas in meinem Hinterkopf zu brodeln beginnt – eine vage Erinnerung.

Es ist 1985, in England. Ich bin zwanzig Jahre alt und stehe in der Great Pulteney Street in der Stadt Bath. Eine sehr attraktive junge Frau hat mich gerade erblickt und meinen Namen gerufen. Wir haben vor Kurzem Zeit miteinander verbracht. Wo war das noch gleich? Meine Erinnerung ist seltsam verschwommen. Wir unterhalten uns, und dabei erwähnt sie Orte und Ereignisse der letzten Tage. Aber mein Gedächtnis ist wie leergefegt. Ich kann mich nicht an die Orte, Ereignisse oder Tage erinnern – noch nicht einmal an die junge Frau. Verzweifelt versuche ich, so zu tun, als wüsste ich genau, worüber wir reden – aber letztlich ohne Erfolg. Nach diesem sehr irritierenden Gespräch gehen wir beide frustriert und peinlich berührt unserer Wege.

Als der Greyhound gerade die Abzweigung nach Wollongong passiert, steigt in mir eine weitere unvollständige Erinnerung auf. Ich sitze an einem sonnigen Tag im Jahr 1985 in meiner Wohnung und studiere die Evangelien, um mich auf meine erste Stelle im Kirchendienst vorzubereiten, die ich später in jenem Jahr antreten werde. Da summt das Telefon.

»Hallo Paul. Ich bin's, Julie. Ich bin auf der Durchreise. Ich dachte, ich schaue mal auf einen Kaffee vorbei.«

Julie und ich kennen uns bereits, und sie hat sich an vieles über mich aus unseren früheren Gesprächen erinnert – das ist schön. Wir plaudern eine Weile bei einer Kanne frisch gebrühtem Kaffee – einer neuen Marke, die ich gerade ausprobiere. Julie erwähnt, dass sie in einem Haus im Dorf wohnt, gleich um die Ecke vom Gemischtwarenladen. Ich kenne das Haus. Es ist eines der neueren Häuser im Dorf – Ende des neunzehnten Jahrhunderts gebaut. Als sie geht, verspreche ich, auf einen Kaffee bei ihr vorbeizuschauen. Es war ein angenehmes Gespräch. Leider ist es wieder ein totaler Reinfall. Ich kann mich absolut nicht an dieses Mädchen erinnern. An rein gar nichts! Diesmal kann ich allerdings nachhaken. Ich kenne die Adresse von Julie. Ich kenne das Haus. Doch als ich ein paar Tage später dort anrufe, sehe ich, dass das Haus leer ist. Niemand wohnt dort. Hat mich meine Erinnerung getrogen? Habe ich möglicherweise viel mehr vergessen, als ich dachte?

Im Familien- und Freundeskreis ist meine Gabe, mich hervorragend an Gespräche erinnern zu können, wohlbekannt. Mein Erinnerungsvermögen ist oft sogar so gut, dass ich Gespräche, die vor Jahren stattfanden, wortwörtlich wiedergeben kann. Ich sage das nicht, um damit anzugeben. Auch was Orte und Zeitangaben angeht, ist mein Gedächtnis bemerkenswert. Wenn ich mir mit Freunden oder der Familie Fotoalben anschaue, bin ich derjenige, der bei jedem Foto Ort, Jahr und Monat genau angeben kann. Meine riesigen Erinnerungslücken bei diesen beiden Begegnungen waren ganz untypisch für mich, und ich ärgerte mich sehr darüber.

Ich gehörte nicht zu den jungen Leuten, die sich in Diskotheken die Kante geben und Pillen einwerfen. Ich führte ein anständiges Leben. Und so halte ich es bis heute! Diese beiden totalen Erinnerungsaussetzer waren bei mir also eine echte Anomalie. So etwas war mir noch nie passiert – und auch später passierte es nie wieder. Im Laufe der Jahre dachte ich ab und zu über die rätselhaften Begegnungen mit diesen beiden Frauen nach, die mich offensichtlich kannten, obwohl ich mich nicht an sie erinnern konnte. Aber es gelang mir nie, eine Erklärung für die beiden klaffenden Erinnerungslücken im Jahr 1985 zu finden.

Auch heute Abend, im Bus, fällt mir dazu nichts Neues ein. Doch dann kommt mir plötzlich etwas in den Sinn, das Dean gesagt hatte. Da ist auf einmal etwas, womit ich meine damaligen unerklärlichen Blackouts verknüpfen kann. In beiden Fällen war es so, dass es in meinem Erleben Zeitlücken gab, wie bei den Arbeitern auf der Baustelle. Schützte mich mein Gehirn möglicherweise vor Erinnerungen? Hatte mein Unterbewusstsein beschlossen, sich nicht an die Tage zu erinnern, an denen ich diesen beiden Frauen begegnete, weil mir damals etwas Traumatisches oder Demütigendes widerfahren war? Ist da etwas, an das sich mein Unterbewusstsein nicht erinnern *will*?

Canberra – Juli 2020

Mit einem Notizblock und einem Glas Wasser sitze ich an meinem Schreibtisch, gerade rechtzeitig für einen Anruf aus Massachusetts. Patricia ist eine erfahrene Fachkraft. Sie verfügt über eine exzellente wissenschaftliche Qualifikation und arbeitet für ein großes Unternehmen. Heute stellt sie mir Fragen zu ihren eigenen zahlreichen Kontakten mit der Anderswelt, die von der Gegenwart bis in die 1970er Jahre zurückreichen, als sie in Portales, New Mexico, studierte. In diesem Kapitel ihres Lebens kam Patricia eines Nachmittags mit einer Gruppe von Menschen ins Gespräch, und diese kurze Begegnung war so außergewöhnlich, dass Patricia sie niemals vergaß. Immer noch erinnert sie sich an jedes Detail. Diese Leute waren groß, hellhäutig, blond und hatten eindeutig ein skandinavisches Aussehen. Sie waren, so sagt sie, die schönsten Menschen, die ihr jemals begegneten.

Die junge Frau in der Gruppe, eine Kommilitonin, war gesprächig und freundlich und schien sich sehr für Patricia zu interessieren. Die beiden Männer waren auffallend großgewachsen und glichen sich in Aussehen, Kleidung und Haarschnitt so sehr, dass Patricia glaubte, sie müssten Zwillinge sein. Die Zwillinge waren wortkarg, und es schien eine fast telepathische Kommunikation zwischen den beiden zu bestehen. Das gesellige Beisammensein zog sich immer mehr in die Länge, und schließlich wurde Patricia irgendetwas an der Situation unheimlich. Sie bat darum, nach Hause gefahren zu werden. Mit einem Seufzer der Erleichterung stieg sie an diesem Abend in ihr Bett. Aber nun beunruhigte sie etwas anderes. Als Patricia sich hinlegte und einzuschlafen versuchte, stellte sie fest, dass sie sich kein Bisschen an ihre Heimfahrt erinnern konnte. Sie konnte sich auch nicht erklären, warum es bereits zwei Uhr morgens war. Ihr fehlte Zeit. An das anfängliche Gespräch mit den blonden Leuten konnte sie sich gut erinnern, aber alle Erinnerungen an die Zeit, die danach vergangen sein musste, waren völlig verschwommen und nebelhaft.

In den folgenden Jahrzehnten gab sich Patricia alle Mühe, den Vorfall zu vergessen. Die Sache war bestimmt gar nicht so außergewöhnlich gewesen. Warum auch? Was bedeutete es schon, dass diese beiden Typen außergewöhnlich gut ausgesehen hatten und identisch gekleidet gewesen waren – und hatten sie sich *wirklich* telepathisch verständigt? Vielleicht bedeutete es überhaupt nichts. Und was war schon dabei, dass Patricia sich nicht an den Heimweg erinnern konnte? Vielleicht hatte sie einfach zu viel Alkohol getrunken. Vielleicht hatte sie die ganze Fahrt über geschlafen. Bestimmt gab es eine vernünftige Erklärung und das Erlebnis war völlig harmlos und unbedeutend gewesen. Aber sie konnte es einfach nicht vergessen.

Die Stadt, in der das alles geschah, heißt Portales, das spanische Wort für *Portal.* Sie liegt an der Route 70 in New Mexico, einem Highway, der die Air-Force-Stützpunkte Cannon in Clovis und Roswell miteinander verbindet. Patricia fragte sich schon lange, ob dieser Ort und der historische Hintergrund des Namen Portales in irgendeiner Weise etwas mit ihrer seltsamen Begegnung zu tun haben könnte. Jetzt, im Jahr 2020, verglich Patricia ihre Notizen über ihre Begegnung mit den sonderbaren Kontakterfahrungen anderer Menschen. Sie sah jetzt ihr Jahrzehnte zurückliegendes Erlebnis in einem ganz anderen Licht.

»Paul, hat man Ihnen jemals einen Plejader beschrieben? Gibt es da eine Ähnlichkeit zu meinen seltsamen Bekannten damals?«

Ich antworte Patricia, indem ich auf meine Kenntnisse der weltweiten Mythologie zurückgreife. An Volksmärchen und Sagen über wohlwollende menschenähnliche Wesen, die groß, schön, athletisch, blond und übermächtig sind, mangelt es definitiv nicht. Je nach Zeit und Ort nannten die Menschen sie »Götter« oder »Engel«. In den heutigen, zeitgenössischen Berichten über solche Kontakte werden sie Tall Whites oder »Große Weiße« und manchmal auch »Nordische« genannt. Und ja, sie werden mit den Plejaden in Verbindung gebracht.

Während ich diese Informationen für Patricia auf den Tisch lege, verlangsamt sich mein Redefluss. Ich habe Mühe, mich nicht von einer Erinnerung ablenken zu lassen, die sich gerade lebhaft und hartnäckig in mein Bewusstsein drängt. Es ist eine weitere merkwürdige Begegnung – eine Erfahrung, die ich, so gut es ging, zu vergessen versuchte. Nicht, weil sie traumatisch gewesen wäre. Das Problem war, dass ich mir beim besten Willen nicht erklären konnte, warum dieses Erlebnis überhaupt von Bedeutung war – worum es dabei ging und warum es mich so beunruhigt hatte. Daher habe ich dieses Erlebnis bislang nur selten erzählt.

Es handelt sich um eine Begegnung, die, als sie sich damals ereignete, meine säuberlich geordnete Theologie über den Haufen warf. Ich meine damit, dass in meinem orthodoxen Glauben als junger Christ alles schön an seinem Platz war: Gott, der Teufel, Engel, Dämonen, Tiere, Pflanzen und Mineralien – sonst gab es für mich nichts. Ich konnte mir diese Erfahrung einfach nicht erklären, denn sie passte in keine der genannten Kategorien, war also eindeutig anomal. Deshalb war es mir im Laufe der Jahre fast gelungen, mir einzureden, dass es eigentlich völlig bedeutungslos war und dass ich es besser vergessen sollte. Doch heute, als ich Patricia von ihrer sonderbaren Begegnung erzählen höre, bin ich mir da plötzlich nicht mehr so sicher.

8

Anomale Kunst und geheime Botschaften

Planet Erde – 2020

In einem Jahr, das von sozialer Distanzierung, Verschwörungen und Lockdowns geprägt war, bescherten unsere neuen Nachbarn uns einen wundervollen und herzlichen Moment des Aufatmens. Der Geburtstag ihres kleinen Sohnes war Anlass für eine wunderschöne Begegnung von Freunden und Verwandten, um diesen glücklichen Tag zu feiern. Es handelte sich um eine internationale Party, bei der Menschen aus vielen Ländern zusammenkamen, insbesondere aus Kamerun, Nigeria, Ghana und Kenia. Und ganz natürlich teilte die Party sich vorübergehend in drei Gruppen auf: Die Frauen saßen etwas abseits beisammen, die Kinder tobten irgendwo zwischendrin herum, und die Männer versammelten sich als laute Gruppe um den Grill; sie scharten sich also um die Feuerstelle und erzählten einander Geschichten.

Jede Kultur hat ihre eigene Geschichte über die Ursprünge der Menschheit – sowohl die offiziellen religiösen Mythen als auch die älteren traditionellen Erzählungen, die mündlich von Generation zu Generation weitergegeben werden. Eine Geschichte aus der ghanaischen Mythologie und zwei aus Kenia habe ich Ihnen bereits vorgestellt. An diesem Abend hörte ich nun eine Erzählung, die aus der mündlichen Überlieferung des Volkes der Efik in Nigeria und im Südwesten Kameruns stammt. Die Efik berichten, dass vor langer, langer Zeit fortschrittliche Wesen von einem anderen Planeten auf die Erde kamen. Die Geschichte beginnt damit, dass ein männliches und ein weibliches Wesen, Abassi und Atai, in einem Raumschiff eintreffen, das hoch über der Erde schwebt, wie eine Insel im Sternenhimmel.

Als Abassi und Atai die ersten Menschen erschaffen, gibt es keinen Sex. Es gibt keine Ehe. Jeder einzelne Mensch wird auf der Insel im Himmel geklont oder gezeugt. Die so entstandenen Menschen sind wie Kinder. Sie sind nicht sehr intelligent und leben in völliger Abhängigkeit von ihren himmlischen Schöpfern. Sämtliche Nahrung und medizinische Versorgung wird ihnen direkt von ihren weit überlegenen Schöpfern bereitgestellt. Tagsüber leben sie auf der Erdoberfläche, jeden Abend werden sie hinauf in die Himmelsinsel gebracht. Allmählich entwickeln sich die Menschen jedoch zu einer reiferen Spezies, die in der Lage ist, für sich selbst zu sorgen, was sie dann auch tun. Abassi und Atai erkennen, dass es an der Zeit ist, die Menschen aus ihrer Geborgenheit zu entlassen, damit sie eigenverantwortlich auf der Erde leben. Schon bald lernen die Menschen, Landwirtschaft zu betreiben und sind nun in der Lage, selbständig zu existieren. Daraufhin beschließen Abassi und Atai, das Projekt Erde für eine Weile sich selbst zu überlassen, und brechen zu einer wohlverdienten Urlaubsreise auf. In Abwesenheit ihrer himmlischen Schöpfer vermehren sich die Menschen zahlreich und breiten sich immer weiter über die Erde aus.

Nach langer Zeit kehren Abassi und Atai auf die Erde zurück, wo sie feststellen müssen, dass die Menschen sich zu einer tüchtigen und souveränen Spezies entwickelt haben. Sie haben gelernt, ihre Umwelt zu beherrschen, und eine eigene mächtige Zivilisation erschaffen. Abassi ist überhaupt nicht stolz auf den Erfolg seines Projekts, sondern höchst alarmiert. Er spürt sofort, dass seine und Atais Herrschaft durch die stetig zunehmende Intelligenz der Menschen und ihre zahlenmäßige Überlegenheit gefährdet ist. Als er sich mit Atai berät, schlägt sie ihm eine Lösung vor: Ihre Methode, um ihre Herrschaft abzusichern und sich die Menschen wieder gefügig zu machen, ist brutal und einfach. Es sollen Krankheitserreger unter den Menschen freigesetzt werden. Sie erklärt ihrem Partner diese Strategie folgendermaßen: »Wenn wir die Menschen mental in Bedrängnis bringen, sie verwirren und verängstigen, und wenn wir sie körperlich krank machen können, dann sind sie keine Bedrohung mehr.«

Atais Strategie erinnert an das Muster »Fortschritt, Fortschritt, Rückschritt«, das sich in der Beschreibung der Evolution des Menschen in der Genesis, bei den Sumerern und den Maya ein ums andere Mal wiederholt. Atais Logik nimmt auch die sozialen Theorien von Thomas Malthus im achtzehnten und Charles Darwin im neunzehnten Jahrhundert vorweg, die Konflikte und Krankheiten als Reaktion der Natur auf einen von Menschen überbevölkerten Planeten betrachteten.

In den 1980er Jahren brachte Prinz Philip, der Herzog von Edinburgh, diese Theorie in einem Interview mit Fred Hauptfuhrer für die Zeitschrift *People* auf den Punkt:

»Das menschliche Bevölkerungswachstum ist wahrscheinlich die größte langfristige Bedrohung für unser Überleben. Wenn

> es nicht eingedämmt wird, steht uns eine große Katastrophe bevor – nicht nur für die Welt der Natur, sondern auch für die menschliche Welt. Je mehr Menschen es gibt, desto mehr Ressourcen werden sie verbrauchen, desto mehr Umweltverschmutzung werden sie verursachen, desto mehr gewaltsame Konflikte wird es geben … Wenn es keine freiwillige Geburtenkontrolle gibt, wird diese unfreiwillig geschehen – durch eine Zunahme von Krankheiten, Hunger und Krieg.«

Wie es scheint, ist also das Hin und Her der Debatte darüber, welche Bevölkerungszahlen nachhaltig sind, so alt wie die Menschheit. Sie geht auf eine Zeit zurück, in der es nur eine winzige Anzahl von Menschen auf dem Planeten gab, die Zeit von Abassi und Atai in der Efik-Erzählung, die Ära der Mächtigen in der Genesis und der Himmelswesen in den mesopotamischen Geschichten. Diesen und noch mehr Schöpfungserzählungen zufolge zerstritt sich die himmlische Ratsversammlung, der unsere ET-Kolonisatoren angehörten, wiederholt wegen ihrer widersprüchlichen, unvereinbaren Pläne für das Projekt Menschheit.

Zu den Streitpunkten gehörten:

- Wie viele Menschen soll es auf der Erde geben?
- Wie viel Intelligenz sollen wir den Menschen zugestehen?
- Wie gesund sollen die Menschen sein? Wie lange sollen sie leben?
- Welchen Zugang sollten die Menschen zu Nahrungsmitteln und Arzneien haben?
- Welche Technologien wollen wir den Menschen zugänglich machen?
- Welchen Zugang sollten wir den Menschen zu uns gewähren?

Alle diese Fragen in den alten Mythen erscheinen uns heute seltsam vertraut. Unsere ganzen Konflikte im einundzwanzigsten Jahrhundert – Patente auf gentechnisch veränderte Lebensmittel *kontra* freier Zugang zu Lebensmitteln für jeden und Ernährungssicherheit; Privatisierung der Trinkwasserversorgung *kontra* Grundrecht auf freien Zugang zu sauberem Trinkwasser; medizinische Patente *kontra* freier Zugang zu kostengünstigen Medikamenten; Zensur *kontra* medizinische und journalistische Freiheit; nicht rechenschaftspflichtige Konzerne *kontra* transparente Regierungsarbeit – all diese Konflikte wirken wie moderne Wiederholungen der alten Konflikte, die in unseren Weltmythologien dargestellt werden. Diese seltsamen Anklänge werfen die Frage auf, ob es in unseren Weltmythologien nicht ebenso sehr um das Verstehen der Gegenwart wie um die Erinnerung an die Vergangenheit geht. Tauchen diese Themen im Lauf der Jahrhunderte einfach deshalb immer wieder auf, weil es sich um Bereiche handelt, die immer umstritten sein werden? Oder ist es so, dass sich seit den frühesten Erzählungen unserer Vorfahren nicht wirklich etwas geändert hat?

Als wir von unserem angeregten Männerkreis am Grill ins Wohnzimmer gehen, um zu singen und den Geburtstagskuchen anzuschneiden, haben wir uns über eine große Bandbreite von Themen unterhalten: von der Geschichte von Abassi und Atai bis zu Bill Gates und der Weltgesundheitsorganisation, von Bauernmärkten bis zu Monsanto, vom Diebstahl afrikanischen Goldes bis zu Prinz William, der die Afrikaner beschimpft, weil sie zu viele Kinder haben – und das im selben Jahr, in dem er selbst die Geburt seines dritten Kindes ankündigt. Angesichts der Tatsache, dass ein großer Teil der Gäste aus vier afrikanischen Ländern stammt und wir den Geburtstag eines afrikanischen Babys feiern, können Sie sich vorstellen, dass die Bemerkungen des Prinzen gar nicht gut ankamen. Auch wenn wir am Ende unseres Gesprächs an der Feuerstelle nicht wirklich eines der Weltprobleme gelöst hatten, war es doch für alle Beteiligten zumindest eine unterhaltsame Diskussion gewesen.

Am Anfang lieferten unsere Weltmythologien, die Schöpfungsberichte der verschiedenen Kulturen eine grundlegendere Erklärung dafür, warum dieselben Probleme alle unsere Vorfahren plagten und bedrängten. Einfach ausgedrückt lag es daran, dass unsere Vorfahren von Herrschern regiert wurden, die keine Menschen waren. Das ist der Grund, warum die himmlische Ratsversammlung keinerlei Mitgefühl zeigte und zu solch zynischen Entscheidungen in Bezug auf das Wohlergehen der Menschen fähig war. Das ist der Grund, warum die Mächtigen in den hebräischen Geschichten ihre Menschen so oft in den Krieg schickten, ohne sich um die menschlichen Opfer ihrer Streitigkeiten zu kümmern.

Das Schema, wonach die irdische Regierung oder das Königtum mit außerirdischen Oberherren beginnt, die dann später die Macht an menschliche Regenten übergeben, wiederholt sich in allen Kulturen der Welt. Es erscheint in der Bibel und ebenfalls in der griechischen, indischen und nordischen Mythologie. Das Volk der Edo in Südnigeria und das Volk der Yoruba in Westnigeria erzählen die gleiche Geschichte. Sie beschreiben die ursprünglichen Herrscher der Menschheit als höhere Wesen, die aus dem Himmel kamen. Bei den Yoruba heißt der erste große Herrscher *Olodumare.* Die Edo nennen ihn *Osanobua.* Dieser Name bedeutet: »Der Allmächtige, der über den Wassern lebt.« Beginnend mit seinem Sohn *Ogiso Igodo* wird die Herrschaft über die Menschheit vom Vater auf den Sohn vererbt. Der Titel *Ogiso* bedeutet »Herrscher aus dem Himmel«. Später übergeben die *Herrscher aus dem Himmel* die

Zügel der Macht an menschliche Nachfolger, die, da sie nicht aus dem Himmel stammen, einen anderen Titel tragen, nämlich *Oba,* was einfach »Herrscher« bedeutet.

In vielen Erzählungen erfolgt die Übergabe der Macht von den außerirdischen Herrschern an die menschlichen Könige friedlich, und glücklicherweise ist dies in den Erzählungen der Edo und Yoruba der Fall. In der biblischen Erzählung hingegen ist die Machtübergabe von *JHWH* an den ersten menschlichen König des Volkes Israel ein übles Durcheinander.

Wenn irgendetwas davon wahr ist, wenn die Erzählungen unserer Vorfahren uralte Erinnerungen überliefern, dann hat das weitreichende Konsequenzen. Was würde es für die Selbstwahrnehmung der menschlichen Spezies bedeuten, von Wesen regiert zu werden, die den Menschen nachweislich überlegen sind? Wie würde es sich auf die grundlegenden Vorstellungen der Menschheit von Führung auswirken, wenn ihre ersten diesbezüglichen Erfahrungen durch Wesen geprägt wurden, die absolut kein Mitgefühl für sie hegten?

Es ist leicht vorstellbar, dass die Erfahrung einer solch kalten Herrschaft ohne jegliches menschliche Mitgefühl in unserer kollektiven Psyche einen Abdruck hinterließ und eine unheilige Schablone für königliche und staatliche Macht in kommenden Zeitaltern schuf. Die Million-Euro-Frage lautet natürlich: *Wie viel hat sich in den Äonen seither verändert?*

So führte Präsident Woodrow Wilson (1856-1924) Amerika durch die Schrecken des Ersten Weltkriegs – ein Gemetzel, bei dem neun Millionen Männer als menschliche Munition gegeneinander eingesetzt wurden. Heute, gut ein Jahrhundert später, machen die eiskalten Kalkulationen fassungslos, mit denen Generäle für ein paar Meter französische Wiese das Leben Tausender junger Männer in einem schrecklichen Blutbad opferten. Ein berühmtes Ereignis zu Beginn des Krieges, der sogenannte »Weihnachtsfrieden«, ist eine bittersüße Erinnerung an den Irrsinn des Krieges. Am ersten Weihnachtsfeiertag 1914 verließen junge Soldaten auf britischer und deutscher Seite ihre Schützengräben, um miteinander Fußball zu spielen, bevor sie in ihre Schützengräben zurückkehrten, bereit, das Gemetzel am nächsten Tag fortzusetzen. Dieser kurzzeitige Akt der Freundschaft erinnert uns daran, dass die tapferen, noch kaum erwachsenen jungen Männer aus der Arbeiterklasse, die zu Millionen auf den Schlachtfeldern dieses Krieges niedergemetzelt wurden, nicht dort waren, weil sie persönlich etwas gegeneinander gehabt hätten. Sie wurden zum Militär eingezogen, töteten auf den Schlachtfeldern und wurden getötet, weil die europäischen »Eliten« aneinandergeraten waren und die politischen Mächte der damaligen Zeit diese Art des Abschlachtens von Menschen als den schnellsten Weg ansahen, einen Wettbewerb um Territorien zu entscheiden. Kurz gesagt, es war eine Wiederholung der gleichen kalten Berechnungen, die einst die Ratsversammlung der Himmelswesen anstellten, wenn sie unsere Vorfahren in der Zeit unserer frühesten Menschheitserinnerungen in den Krieg schickte.

Nach dem Grauen des Krieges gab Präsident Wilson dem amerikanischen Volk und den Völkern der Welt eine düstere Warnung vor gewissen unberechenbaren Mächten mit auf den Weg: »Irgendjemand ... etwas ... eine Macht irgendwo, die so organisiert, so subtil, so wachsam, so ineinandergreifend, so vollständig, so durchdringend ist ... «

Ganz ähnlich sprach auch Präsident Eisenhower 1961, nachdem er Amerika durch den frühen Kalten Krieg geführt hatte, in seiner Abschiedsrede an die Nation eine ernste Warnung an die Menschheit aus. In beunruhigendem Ton warnte er vor dem dunklen Einfluss des »Militärisch-Industriellen Komplexes«. Im selben Jahr hielt Präsident Kennedy eine Rede, in der er das amerikanische Volk vor dem Einfluss von »Geheimgesellschaften« auf die Regierungen warnte. Drei US-Präsidenten warnten uns also vor schattenhaften Mächten, die Regierungen manipulieren und Kriege schüren und denen es grundlegend an Mitgefühl für die Menschen mangelt. Wenn ich ihre düsteren Worte lese, frage ich mich angesichts dessen, was ich inzwischen über die weltweiten Schöpfungsmythen weiß: Sind diese Probleme in der menschlichen Gesellschaft noch viel tiefer verwurzelt, als wir denken? Reichen sie viel weiter zurück, als wir uns je vorstellen konnten? Wurde in unseren Mythologien das zynische Wirken der himmlischen Ratsversammlung dokumentiert, um uns zu helfen? Sollen die Mythen nicht nur Wissen über die Anfänge unserer Spezies weitergeben, sondern uns auch vermitteln, wie die Verhältnisse heute immer noch sind?

Die Betrachtung dieser Dynamiken wirft eine Frage auf, die uns alle angeht, die gesamte Menschheit: Welchen Platz haben wir im großen Plan der Dinge? Wie Sie sich vielleicht erinnern, beantwortet uns die Geschichte der Maya diese Frage auf wenig schmeichelhafte Weise. Ganz am Anfang der Menschheitsgeschichte, so heißt es nämlich dort, erschufen die Ingenieure versehentlich einen *Homo sapiens*, der zu klug war, um für andere arbeiten zu wollen, und der sich nur schwer bändigen und beherrschen ließ. Der Chef-Gentechniker unserer Kolonisatoren, Quetzalcoatl alias Kukulkan alias Q'uq'umatz, hatte von seinen Vorgesetzten den Auftrag erhalten, »Avatare zu erschaffen, die für uns arbeiten und uns unser Essen bringen«. Was die Intelligenz dieser Avatare anging, sollten sie lediglich verständig genug sein, um effektiv für ihre Herrscher arbeiten zu können. Da Quetzalcoatl also über das Ziel hinausgeschossen war, wurde er ins Labor zurückgeschickt, um eine letzte Anpassung vorzunehmen, die den *Homo sapiens quetzalcoatlus* in uns verwandelte. Quetzalcoatl reduzierte die Bewusstheit des *Homo sapiens* auf eine Stufe, bei der unsere Wahrnehmung auf den Bereich unserer fünf körperlichen Sinne beschränkt ist. Und schon waren die perfekten Arbeitskräfte geschaffen!

Es ist eine sehr zynisch klingende Geschichte, und weder die Ingenieure noch ihre Schöpfungen kommen dabei gut weg. Es ist kaum die Art von Geschichte, die ein Volk für sich als glorreiche Geschichte des eigenen Aufstiegs erfinden würde. Außerdem klingt sie seltsam vertraut. Als ich die Maya-Geschichte zum ersten Mal las, war leicht zu erkennen, dass der Streit zwischen den Ingenieuren des *Popol Vuh* Parallelen zu Genesis 3 aufweist, wenn man *Elohim* mit »Mächtige« übersetzt. Auch hier bricht zwischen denen, die uns erschaffen haben, ein Konflikt darüber aus, wie intelligent wir sein sollen. Noch im einundzwanzigsten Jahrhundert bemerke ich eine Variante dieses uralten Konflikts, wenn ich die Diskussionen über die Hochschulbildung verfolge. Wollen wir denn wirklich Studenten ausbilden, die unbequeme Fragen stellen, Orthodoxien nicht einfach als gegeben hinnehmen, kreativ denken und über die Gegenwart hinausblicken, um zu lernen und Fortschritte zu machen? Möglicherweise nicht. Meine Freunde aus dem australischen Bildungswesen beklagen zum Beispiel neue Gesetzesänderungen, durch die die gesellschaftlichen Bildungsziele sich weiter von solch höheren Ansprüchen entfernen. Im einundzwanzigsten Jahrhundert gibt es eine neue Parole – und sie erschallt in zahlreichen Ländern. Unsere Hochschulen sollen Absolventen hervorbringen, die *industrietauglich* sind. Während ich an meinem Schreibtisch sitze und der Maya-Text aufgeschlagen vor mir liegt, beunruhigt mich die Formulierung von »industrietauglichen« Menschen sehr. Mich erinnert das unangenehm an die Formulierung aus dem *Popol Vuh*: »Avatare … die für uns arbeiten und uns unser Essen bringen.« Das lässt mich erschaudern.

Die eigennützigen Ingenieure des *Popol Vuh* klingen zynisch, aber die Darstellung in der Genesis, mit der ich aufwuchs, ist nicht minder beunruhigend: In Genesis 3 wollte der oberste Mächtige, fälschlicherweise als »Gott« übersetzt, dass der *Homo sapiens* unintelligent bleibt. Wir sollten noch nicht einmal in der Lage sein zu erkennen, dass wir nackt sind. Offensichtlich hielt dieser »Gott« nichts von Bildungschancen für die Menschen! Aber warum sollen wir Menschen einen Herrscher anbeten, der uns derartig unwissend halten will? Und doch geht die Geschichte genau so weiter. In den Berichten der Bibel, der Sumerer und der Maya erkennen die ET-Kolonisatoren, wie nützlich es für ihre Ziele ist, wenn sie die Unterwerfung der Menschen zu einer religiösen Kulthandlung verklären. Sie sagen:

> »Wenn wir die Menschen so manipulieren können, dass sie denken, wir, die über sie herrschen, wären besser als sie selbst und ihrer Anbetung würdig – dann ist es viel einfacher, sie dazu zu bringen, für uns zu arbeiten und uns unser Essen zu bringen.«

Die Vorstellung, dass Menschen jemanden oder etwas für mächtiger als sie selbst halten und dass sie diese Entität anbeten und ihr Opfer bringen müssen, bildet das Fundament des religiösen Glaubens und der religiösen Praxis. Durch die historische Dominanz der Religion in der Gesellschaft hat das Prinzip des Bücklings vor den Herrschenden tugendhafte Züge angenommen. Dass dies innerhalb des Christentums geschehen konnte, ist angesichts der Lehren Jesu umso erstaunlicher. Schließlich ging es Jesus doch gerade darum, die Menschen zu befreien –

von Elitedenken, Autoritätsgläubigkeit und Unterwerfung. Immerhin sagte er: »Nennt niemanden auf der Erde ›Lehrer‹.« Mit anderen Worten: Vertraut nicht unhinterfragt irgendwelchen weltlichen Autoritäten. Er sagte auch: »Nennt niemanden auf der Erde ›Anführer‹. Ihr habt alle nur eine Führung, und ihr seid alle Brüder.« Das ist wohl kaum eine eindeutige Befürwortung von Monarchien, Präsidentschaften oder Oligarchien – oder überhaupt von Hierarchien! An anderer Stelle sprach Jesus über die Tendenz der Gesellschaft, Machtpyramiden und menschliche Befehlsketten zu schaffen, mit unumschränkten Herrschern an der Spitze und dem Volk, das unterdrückt wird und machtlos ist. Er sagte einfach: »Bei euch soll es nicht so sein.«

Genauso wichtig ist, dass der Jesus der Evangelien sich selbst nicht als einen Meister darstellte, der angebetet oder dem geopfert werden sollte. Als seine Anhänger zum Beispiel andeuteten, dass sie nach seinem Tod zu ihm beten würden, wies er sie stattdessen an, es ihm gleichzutun und sich direkt an die Quelle zu wenden, wie sie es doch auch bei ihrem Gottvater täten. Das ist die Praxis, die Jesus vorlebte. An anderer Stelle sagte Jesus seinen Anhängern nachdrücklich: »Ich bin nicht gekommen, damit ihr meine Diener seid.« Doch irgendwie hat sich das Christentum darauf ausgerichtet, »Jesus zu dienen« oder »Gott zu dienen«. In der Tat besteht das Hauptgeschäft vieler Kirchen darin, »Gottesdienste« anzubieten, bei denen sich die Menschen versammeln und Jesus anbeten – eine Praxis, die in den Lehren Jesu selbst nirgends zu finden ist.

Eine Generation später spottete der berühmte Nachfolger Jesu, der Apostel Paulus, über die Vorstellung, die Menschen müssten Gott Opfer darbringen: »Der Gott, der den Kosmos erschaffen hat und alles in ihm …, lässt sich auch nicht von Menschenhänden dienen, als ob er etwas brauche.«

Das ist nur logisch. Wenn wir das Wort GOTT wie der Apostel Paulus verwenden, als Name für die Kosmische Quelle, dann löst sich jedes Konzept einer Opferreligion augenblicklich in Rauch auf. Aus der Sicht einer zynischen Herrscherelite ist eine derartige Religion allerdings ein nützliches Kontrollinstrument gegenüber einer als Dienstpersonal vorgesehenen menschlichen Bevölkerung.

Unsere ältesten Erzählungen haben aus einem bestimmten Grund überlebt. In der Zeit, die ich mit einigen solcher Ahnenerinnerungen verbrachte, gewann ich eine Vorstellung davon, warum diese Geschichten mit so bemerkenswerter Widerstandsfähigkeit immer wieder auftauchen. In den Jahren, in denen ich junge Pfarrerinnen und Pfarrer ausbildete, fragten meine enthusiastischsten Schülerinnen und Schüler von Zeit zu Zeit: »Was kann ich tun, um mich als Pfarrerin oder Pfarrer weiterzuentwickeln?« Natürlich gibt es dafür viele Möglichkeiten – Kurse in Psychologie belegen, die Fähigkeit guten Zuhörens trainieren, seelsorgerische Beratung und klinische Therapie. Theologische Fakultäten bieten in der Regel eine ganze Reihe solcher Kurse an. Aber zum Besten, was man tun kann, um ein Gespür dafür zu entwickeln, wie Menschen ticken, gehört meiner Meinung nach die Lektüre von literarischen Klassikern. Und warum? Wenn eine Geschichte über lange Zeit bewahrt wird, geschieht das, weil sich immer neue Generationen in ihr wiederfinden. Und dafür muss es einen Grund geben. Offenbar konnten die Menschen zu verschiedenen Zeiten und an verschiedenen Orten etwas mit dem anfangen, was in diesen Erzählungen geschildert wird. Mit anderen Worten: Eine Geschichte wird Bestand haben, wenn sie uns eine gut erkennbare Wahrheit über die Welt, in der wir leben, vermittelt. Meine eigene Lektüre hat mich zu der Überzeugung gebracht, dass es in Wahrheit erheblich weniger Fiktion in der Welt gibt, als wir uns gemeinhin vorstellen. Vielmehr finden wir in der Fiktion wahrscheinlich die größte Freiheit, die Wahrheit zu erzählen.

Hier ist zum Beispiel eine Geschichte, die wir alle kennen. Sie wurde von Hans Christian Andersen im neunzehnten Jahrhundert populär gemacht und in unzähligen Märchenbüchern nacherzählt und illustriert. Die Geschichte handelt von einigen bösen Kaufleuten. *(Das Publikum buht.)* Eines Tages beschließen diese Kaufleute, einen eitlen König um sein Geld zu bringen. Sie bieten Seiner Majestät einen Stoff an, den, wie sie behaupten, nur die allerbesten Leute sehen oder fühlen können. Für ungebildete oder moralisch minderwertige Menschen ist der Stoff praktisch unsichtbar. Der König will natürlich als der Beste und Klügste gelten und lobt die Händler überschwänglich für den Stoff, den es doch gar nicht gibt. Und um seine Höflinge zu beeindrucken, probiert er ein Kleidungsstück aus dem unsichtbaren Stoff an. Nun will keiner der versammelten Höflinge ungebildet oder moralisch minderwertig erscheinen, und so preisen sie alle das neue, nicht existierende Kleidungsstück des Königs mit übertriebenen »Oohs« und »Aahs«. Niemand will dabei zurückstehen. Und bei der nächsten königlichen Prozession durch die Stadt beschließt der König, sein neues, unsichtbares Gewand zu tragen, was er mit großem Pomp und Zeremoniell tut. Bis ein einfacher Bauernjunge, der zu unschuldig ist, um sich an das Drehbuch zu halten, einfach seinen eigenen Augen traut und das Offensichtliche ausspricht: »Seht euch den König an! Er ist ja splitternackt!« Augenblicklich ist das Tabu dahin. Der Bann ist gebrochen und alles entblößt – sozusagen!

Versionen von *Des Kaisers neue Kleider* finden sich in der Literatur des vierzehnten Jahrhunderts in Spanien und des dreizehnten Jahrhunderts in Indien, jede mit einer anderen subtilen Wendung. Die Wurzeln der Geschichte reichen vermutlich noch viel weiter zurück, nämlich bis in die antike griechische Literatur und ins alte Persien. Die Geschichte hat überlebt, weil sie dem Zuhörer mit deftigem Humor einige nützliche Lebenslektionen vermittelt:

- Seht mit euren eigenen Augen und hört mit euren eigenen Ohren.
- Vertraut auf euer eigenes Urteilsvermögen.
- Lasst euch nicht durch Angst vor der Macht oder den Wunsch, sich bei der Macht einzuschmeicheln, zum Schweigen bringen.
- Lasst euch nicht von dem Wunsch leiten, euch der Masse anzupassen.
- Hütet euch vor dem Einfluss von »bösen Händlern« – vor Menschen, deren einziges Motiv die Geldgier ist. Sie sind immer darauf aus, etwas zu verkaufen, auch wenn das, was verkauft wird, völlig wertlos ist.

Die Geschichte über *Des Kaisers neue Kleider* ist eindringlich, weil sie diese Punkte durch die Dramatik und den Humor einer Fiktion deutlich macht, die so einfach ist, dass selbst ein kleines Kind sie verstehen kann. Und sie hat eine besondere Bedeutung für alle, die sich mit Überzeugungen oder Erfahrungen außerhalb des Mainstreams identifizieren.

Der Druck, nur das zu sehen, was andere in der eigenen Gruppe sehen wollen, kann sehr stark sein.

Ich möchte hier das Beispiel eines Freundes anführen, der in der Seelsorge tätig ist. Einige Mitglieder seiner Gemeinde hatten UFO-Nahbegegnungen erlebt, die sie sehr beunruhigten. Als er sich bei seinem Bischof erkundigte, wie er am besten helfen könne, wurde ihm gesagt, er solle nie wieder über diese Begegnungen sprechen. UFOs und ETs haben im gemeinsamen Weltbild des Klerus keinen Platz. Es gibt durchaus eine Reihe von paranormalen Phänomenen, über die seine Pfarrerkollegen sich austauschen dürfen, was aber die beunruhigenden UFO-Erlebnisse seiner Gemeindemitglieder anging, wurde ihm dringend geraten, zu schweigen. Folglich muss er auf sich allein gestellt eine seelsorgerische Antwort finden. Natürlich wurde ihm auch auf subtile Art nahegelegt, dass er in der Achtung der anderen sinken und man ihm in Zukunft die kalte Schulter zeigen könnte, wenn er es wagt, sich zu diesem Thema zu äußern. Es ist immer die gleiche Dynamik.

Niemand möchte ungebildet erscheinen oder verachtet werden, daher können Behauptungen, die als offizieller akademischer Konsens gelten, selbst auf besonders nachdenkliche und selbstbewusste Gelehrte einschüchternd wirken. Ich habe mir in Ägypten die Hieroglyphen angeschaut und in Mittel- und Südamerika die Reliefs und Skulpturen. Ich habe mir angehört, wie die offizielle Wissenschaft mühsam die offensichtlichen Darstellungen von Weltraumhelmen, Bluetooth-Geräten und Raumschiffen im alten Ägypten und Mittelamerika wegzuerklären versucht. Die Fachwelt ist sich einig, dass diese Skulpturen und Hieroglyphen »nur so aussehen«. Die Ähnlichkeit ist rein zufällig und bedeutungslos. Mit anderen Worten: »Betrachte sie nicht als so etwas, die Experten tun's ja auch nicht.« Da ist wieder dieser Druck. Er besagt: »Lass dich lieber überreden, die offizielle Sichtweise zu akzeptieren, sonst stehst du dumm da und machst dich lächerlich.«

Das gleiche Gebot gilt, wenn es darum geht, das Offensichtliche in verschiedenen Kunstwerken der westlichen Tradition nicht zu benennen, auch wenn die Fliegenden Untertassen und andere anomale Technologien eigentlich nicht zu übersehen sind. Es ist leicht, sich einschüchtern zu lassen und so zu tun, als gäbe es diese eigentlich recht auffälligen Artefakte gar nicht. Oder man bezeichnet sie einfach nicht als das, was sie doch augenscheinlich sind.

Eines der faszinierendsten Beispiele für eine künstlerische Anomalie ist für mich ein Artikel und ein Holzschnitt, die 1561 auf einem deutschen Flugblatt verbreitet wurden. Der Artikel berichtet von einem ungewöhnlichen Ereignis – einer Massensichtung von UAPs, unidentifizierten atmosphärischen Phänomenen, über der Stadt Nürnberg. Der Holzschnitt zeigt ein abgestürztes Objekt, das explodiert ist, sowie eine Reihe von Objekten unterschiedlicher Form, die den Luftraum über der Stadt durchqueren.

In dem Artikel, verfasst von Hans Glaser, einem ortsansässigen Drucker, wird der Vorfall folgendermaßen beschrieben:

> »Am Morgen des 14. April im Jahre 1561, bei Tagesanbruch zwischen vier und fünf Uhr … wurde eine schreckliche Erscheinung gesichtet zu Nürnberg in der Stadt, vor dem Tor und auf dem Land – von vielen Männern und Frauen … Zwei blutrote, halbrunde Bögen … eine runde Kugel, teils matt, teils schwarz, eisenfarbig … andere Kugeln in großer Zahl, drei in einer Reihe sowie vier in quadratischer Anordnung, auch einige für sich allein … einige wenige blutrote Kreuze, und zwischen diesen blutrote Streifen … zu den Enden hin dicker und vorne biegsam … und bei ihnen zwei große Stäbe … und zwischen diesen und weiteren kleineren Stäben … weitere Kugeln … Zwischen all diesen entbrannte nun ein Gefecht … Die Kugeln flogen umeinander und

prallten gegeneinander, in einem heftigen Kampf, der über eine Stunde dauerte. Und als ... sie erschöpft waren ... fielen sie alle brennend auf die Erde nieder und vergingen mit gewaltiger Rauchentwicklung.«

Interessanterweise empfiehlt Glaser den Lesern, sie sollten über diese Phänomene nicht »spöttisch reden« und sie nicht »in den Wind schlagen«, nicht weil er hier Außerirdische am Werk sieht, sondern weil er die Ereignisse für eine Art göttliche Warnung hält. Als Reaktion darauf rät Glaser den Menschen, sich gottesfürchtig zu verhalten. »Seid gute Bürger!«, sagt er. »Seid gute Christen!« Die Menschen sollten sich den weltlichen und religiösen Autoritäten unterordnen, um in solch unsicheren Zeiten beschützt zu sein. Allerdings hat Hans Glaser der Nachwelt einen großen Gefallen getan, indem er klar zwischen seiner eigenen Interpretation und dem, was tatsächlich gesehen wurde, unterschied. Was fangen wir heute, so lange Zeit danach, mit dem an, was damals gesehen wurde?

In Brügge kann man einen berühmten Wandteppich aus dem Jahr 1538 besichtigen, der den Titel *Triumph des Sommers* trägt. Auf diesem Kunstwerk ist der Himmel mit »fliegenden Kardinalshüten« übersät – die Ähnlichkeit mit gewissen Flugobjekten ist unverkennbar. Ein weiteres anomales Kunstwerk befindet sich in der Kirche des Dominikanerklosters in Sighişoara, Rumänien. Es gibt in der Kirche eine Wandmalerei, die wohl im frühen sechzehnten Jahrhundert entstand. Auch hier sieht man eine Fliegende Untertasse, die über einem Gebäude – möglicherweise dem Kloster selbst – schwebt. Ein Lichtstrahl ist von dem Objekt aus in den Himmel gerichtet.

Um es deutlich zu sagen: Hans Glaser und die Schöpfer der anderen erwähnten Kunstwerke hatten sicherlich nicht die

Vorstellung, dass es sich bei dem, was sie darstellten, um Luft- oder Raumfahrzeuge handelte. Sie interpretierten das Gesehene religiös. Eine solche Brille hatten die Autoren der alten vedischen Geschichten Indiens offenbar nicht auf. Die Literatur der Veden, die vom Hinduismus kuratiert wurde, enthält viele Geschichten über Luftschlachten unter Indiens »Königen« der alten Zeit. In den Veden werden Fluggeräte namens Vimanas beschrieben, die Teil der königlichen Luftstreitkräfte waren. Es heißt, dass es sich um mit Quecksilber betriebene Flugmaschinen handelte, die weltraumtauglich waren. Bezeichnend an den vedischen Texten mit ihren Luftschlachten ist, dass die Beschreibungen der Himmelsphänomene nicht mit Mahnungen zu Umkehr und Frömmigkeit verknüpft werden. Wenn es sich demnach bei diesen beschreibenden Texten nicht um metaphorische oder moralische Geschichten handelt, was genau wird uns dann gezeigt?

Als wir Indien besuchten, reisten wir auch in den Bezirk Raisen in Madhya Pradesh. Unweit des Dorfes Sadlatpur fand der Archäologe Dr. Wasim Khan in den Phulsari-Felsen einen noch älteren indischen Hinweis auf anomale Raumschiffe und ET-Phänomene. Dort ist in die Wand einer Höhle eine Glyphe eingraviert, die er auf ein Alter von etwa viertausend Jahren datiert. Sie zeigt eine humanoide Gestalt mit einem großen Kopf und großen mandelförmigen Augen. Die Figur steht vor einem untertassenförmigen Raumschiff, und im Hintergrund ist etwas dargestellt, das wie ein Wurmloch aussieht. Nun könnte man sagen, dass Humanoide, Fliegende Untertassen und Wurmlöcher alles Konzepte sind, die dem antiken Künstler wohl kaum bekannt waren. Das mag sein oder auch nicht, aber wir können uns trotzdem vor diese Bilder stellen, sie mit unseren eigenen Augen betrachten und uns fragen:

»Was wäre, wenn die Künstler einfach zeichneten, was sie sahen? Und wenn ja, was sahen sie?«

Im Jahr 2014 machte der indische Archäologe J. R. Baghat die Welt auf die Felszeichnungen von Charama im Bezirk Chhattisgarh aufmerksam. Sie scheinen ein untertassenförmiges Raumschiff mit einem dreibeinigen Fahrwerk zu zeigen. Daneben steht eine Gestalt im Anzug, die einen Helm mit Antennen trägt und eine Art Sonde mit sich führt. Das vielleicht auffälligste Element der Felsmalereien von Charama ist das Auftreten von Figuren mit länglichen Köpfen, schmalem Kinn, breiten Schädeln und großen mandelförmigen Augen. Für einen Betrachter des einundzwanzigsten Jahrhunderts ist es unmöglich, die typischen Merkmale kleiner grauer Außerirdischer – von Greys – *nicht* zu erkennen. Wenn dieser Künstler einfach malte, was er sah, dann steht eigentlich außer Frage, worum es sich handelt. Und J. R. Baghat scheut sich auch nicht, das Offensichtliche zu benennen: »Die Ergebnisse deuten darauf hin, dass die Menschen in prähistorischer Zeit möglicherweise Wesen von anderen Planeten gesehen oder sie sich zumindest vorgestellt haben, die bis in die heutige Zeit Neugierde wecken, selbstverständlich auch bei Wissenschaftlern.«

Was hielten diese Künstler in ferner Vergangenheit für die Nachwelt fest? Erinnerten sie sich an etwas Erdachtes oder an etwas, das wirklich geschah?

Einige ebenso faszinierende Höhlenmalereien gibt es in der Tassili n'Ajjer, einer Gebirgskette im algerischen Teil der Sahara. Dort ist eine Gestalt abgebildet, die offenbar einen Raumanzug mit Helm trägt. Im Hintergrund führen mehrere untertassenförmige Raumfahrzeuge Flugmanöver durch, begleitet von kleineren kugelförmigen Objekten. Auch hier stellt sich die Frage: Wenn es stimmt, dass die Künstler einfach darstellten, was sie sahen, was sagt uns das?

Im Nationalmuseum von Guatemala gibt es eine ganze Abteilung mit Menschenskulpturen, die alle etwas tragen, bei dem unser modernes Auge gar nicht anders kann, als darin Astronautenhelme und Bluetooth-Geräte zu sehen. Die herkömmliche Erklärung lautet, das sei die Kleidung der antiken Priester bei ihren Gedenkfeiern und Zeremonien gewesen. Meiner Meinung nach führt diese Erklärung jedoch automatisch zu einer anderen Frage: »Warum?« Warum sehen ihre zeremoniellen Kopfbedeckungen so aus? Wem wollten die Träger damit ähneln? Und warum wurden gerade diese Motive zum Symbol für höhere Macht und höhere Intelligenz?

Wenn ich mir erlaube, mit meinen eigenen Augen zu sehen und meinem eigenen Urteil zu vertrauen, dann ist es doch offensichtlich so, dass die bildende Kunst weltweit einige faszinierende Geschichten zu erzählen hat – Geschichten, die mit der schriftlichen Überlieferung und der offiziellen Geschichtswissenschaft nicht übereinstimmen.

Ein weiteres Beispiel ist die *Verkündigung*, ein Gemälde des italienischen Renaissancekünstlers Carlo Crivelli aus dem Jahr 1648. Das Gemälde stellt ein Ereignis aus dem Lukasevangelium dar, die übernatürliche Empfängnis Jesu. Auf dem Bild ist die Jungfrau Maria mit einer ungewöhnlichen Kopfbedeckung auf der Stirn dargestellt. Auf einen Kristall in ihrer Kopfbedeckung ist ein Laserstrahl gerichtet, der von einem hoch am Himmel schwebenden scheibenförmigen Objekt ausgeht. Das Objekt weist eine verblüffende Ähnlichkeit mit dem UFO-artigen Gebilde auf, das auf dem ein Jahrhundert zuvor entstandenen Wandgemälde in der Kirche des Dominikanerklosters in Sighişoara, Rumänien, zu sehen ist. Es genügt zu sagen, dass dieses von Crivelli dargestellte Objekt im Text des Lukasevangeliums nicht erwähnt wird. Was stellt der Künstler also dar?

Und woher stammt diese Idee? Handelt es sich um eine zufällige kreative Ausschmückung? Oder hat Crivelli allen aufmerksamen Betrachtern eine Botschaft hinterlassen? Handelt es sich um eine alternative Erklärung für die Empfängnis Jesu?

Ein ähnliches Motiv findet sich in einem Gemälde des niederländischen Künstlers Aert de Gelder, das im Jahr 1710 entstand. Sein Gemälde hält einen weiteren bedeutenden Moment in der Geschichte Jesu fest. Es zeigt, wie Jesus von seinem Cousin Johannes getauft wird. Über der Szene schwebt hoch am Himmel ein riesiges, scheibenförmiges Objekt, das vier Laserstrahlen hinab auf die Körper von Johannes und Jesus richtet. Wieder einmal scheint der Künstler etwas anderes darzustellen als die bekannte biblische Version der Geschichte. Bietet de Gelder dem Betrachter vielleicht eine alternative Erklärung für die besonderen Fähigkeiten Jesu an?

Natürlich wird der Skeptiker sagen: »Das ist kein Raumanzug. Es sieht nur so aus«, oder: »Gebildete Menschen wissen, dass es sich lediglich um eine Moralgeschichte handelt«, oder: »Diejenigen, die qualifiziert sind, dieses Gemälde zu kommentieren, wissen, dass übernatürliche Ereignisse traditionell so dargestellt werden«, und so weiter. Aber gestatten Sie mir eine persönliche Bemerkung: Wieder einmal befinden wir uns im Reich von *Des Kaisers neue Kleider*. Als ich zum ersten Mal die anomalen Schnitzereien und Gemälde sah, die ich Ihnen gerade beschrieben habe, dachte ich auch, es handele sich um Fälschungen. Doch alle Artefakte, die ich erwähnt habe, sind öffentlich zugänglich. Sie können sich also selbst ein Bild machen.

Nun, an dieser Stelle fragen Sie sich möglicherweise, wie es sein kann, dass Künstler wie Carlo Crivelli oder Aert de Gelder anscheinend über geheime oder privilegierte Informationen verfügten. Warum sollte ein Künstler mehr wissen als andere Leute? Um diese Frage zu beantworten, denken Sie noch einmal an die Momente in der Geschichte, in denen Regierungen durch eine Invasion, einen Staatsstreich oder eine neue Gesetzgebung selbst entschieden haben, was Nachrichten und was Fake News sind, was Information und was Desinformation ist. Denken Sie an den Moment, als Kaiser Theodosius der christlichen Orthodoxie kaiserliche Macht verlieh und jede Gruppe, die eine andere Meinung vertrat, unterdrückte. Denken Sie an den Moment, als die katholische Invasion in Mittel- und Südamerika zur Hinrichtung der dortigen Priesterschaft und zur Verbrennung oder dem Vergraben der indigenen heiligen Texte führte. In solchen Momenten der Unterdrückung wird das verbotene Wissen an zwei Orte gebracht. Zum einen wird es in den Bibliotheken und Gewölben von Kaisern und Päpsten archiviert und bleibt so den politischen und religiösen Eliten vorbehalten. Zum anderen werden die Verfolgten es zu ihrem eigenen Schutz verbergen und vergraben, wie zum Beispiel die gnostischen Evangelien in der Wüste bei Nag Hammadi. Zu diesem vergrabenen Schatz hat die zweite Gruppe Zugang: die Untergrund-Priester und Geheimgesellschaften, die das Versteck kennen.

Von ihnen ausgehend, sickert das verbotene Wissen der Welt oft in den künstlerischen Kanon der Welt ein. Manchmal sind die betreffenden Künstler selbst Mitglieder solcher esoterischen Gesellschaften. In anderen Fällen wird den Künstlern der Zugang zu Artefakten oder Informationen angeboten, die sie in ein Gemälde, eine Schnitzerei, einen Roman oder ein Filmdrehbuch einarbeiten können. Auf diese Weise gelangen Ideen, wie die der gnostischen Evangelien, noch lange nach ihrem Verbot, ihrer Verbrennung und ihrem Begräbnis wieder an die Oberfläche. Irgendwo gibt es immer jemanden, der das verbotene Wissen am Leben erhält und es, eine Idee nach der anderen, wieder an die Öffentlichkeit gelangen lässt. Auf diese Weise werden esoterische Botschaften über die Jahrhunderte hinweg weitergegeben, damit sie von Menschen mit Scharfblick entdeckt werden können.

Gerade als ich dachte, diese seltsame Welt der verschlüsselten Kunst und verborgenen Botschaften durchschaut zu haben, eröffnete sich für mich durch ein Gespräch mit einem renommierten Wissenschaftler in Kasachstan hinsichtlich der geheimen Botschaften aus der Vergangenheit eine ganz neue Dimension. Im nächsten Kapitel wird uns dieser hochrangige Forscher auf dem Gebiet der Astrobiologie und Astrophysik auf Forschungen des einundzwanzigsten Jahrhunderts hinweisen, die belegen, dass esoterische Botschaften nicht nur von früheren Generationen, sondern auch von früheren Zivilisationen an uns weitergegeben wurden – und diese Wesen kamen von anderen Planeten, die andere Sterne umkreisen.

9

Wir waren schon einmal hier

Kasachstan – 2013

»Es geht nicht um Außerirdische!«

Maxim Makukov muss erst einmal mit dem enormen Medieninteresse klarkommen, das nach der Veröffentlichung seiner sensationellen Forschungsergebnisse in der Wissenschaftszeitschrift *Icarus* einsetzte. Die fragliche Forschung hat er in Zusammenarbeit mit Vladimir Shcherbak vom Astrophysikalischen Institut Fessenkow und der Kasachischen Nationalen Al-Farabi-Universität durchgeführt. Kasachstan ist ein riesiges Land. Tatsächlich ist es das größte Binnenland der Welt. Dennoch ist es nicht oft auf den Titelseiten der westlichen Presse zu finden. Die Forschungen von Makukov und Shcherbak haben es jedoch in die Schlagzeilen gebracht, und die Auswirkungen ihrer Erkenntnisse sind bahnbrechend.

Der Film *Contact* aus dem Jahr 1997 – ein Roman des Astrophysikers Carl Sagan – beruht auf der Idee, dass eine wohlwollende Nachbarzivilisation ein Signal an die Erde senden könnte, in das mathematische Muster eingebettet sind, die nicht zufällig entstanden sein können. So soll den Empfängern unmissverständlich mitgeteilt werden, dass es sich bei der Quelle der Sendung um eine außerirdische Intelligenz handelt. Makukovs und Shcherbaks Ergebnisse, so argumentieren die beiden Forscher, beweisen zweifelsfrei, dass ein solches Signal bereits gesendet wurde. Es ist in unseren genetischen Code eingebettet. Nur vier Jahre nach der Aufforderung des Vatikans, »einen außerirdischen Bruder oder eine außerirdische Schwester« zu umarmen, stürzen sich die Zeitungen natürlich auf dieses Thema. Einige stürzen sich auf die Arbeit von Makukov und Shcherbak als Beweis für Gott und Kreationismus. Andere behaupten, sie sei ein Beweis für Außerirdische und die Evolution. Zu meiner Überraschung sind die Medien durchaus positiv eingestellt, wenn auch mit der einen oder anderen hochgezogenen Augenbraue. Aber sie loben den Mut dieser beiden kasachischen Wissenschaftler, die offenbar dreizehn Jahre lang das menschliche Genom untersucht haben. Dieses letzte Detail stellte sich jedoch als unwahr heraus.

Canberra, Australien – August 2020

Makukov und Shcherbak haben nicht am menschlichen Genom gearbeitet. Nicht einmal ein Jahr lang, geschweige denn dreizehn Jahre, wie ich damals in unzähligen Zeitungsberichten gelesen hatte. Deshalb habe ich mich 2020 mit meinen Fragen direkt an die Quelle begeben, mit der Mütze in der Hand, um Maxim Makukov selbst zu Füßen zu sitzen und aus erster Hand zu hören, was er und sein Mitarbeiter Vladimir Shcherbak in all der Aufregung vor nunmehr sieben Jahren eigentlich vorhatten.

»Das ›Signal‹ befindet sich im genetischen Code«, erklärt Maxim. »Das ist etwas ganz anderes als das Genom.« Das bedeutet, dass alles Leben auf der Erde denjenigen zu verdanken ist, die es auf der Erde aussäten. Maxim nennt sie eine übergeordnete »Zivilisation ... eine ET-Intelligenz« – nicht Aliens!

»Schon das Wort ›Aliens‹ [Fremde] ist eine falsche Bezeichnung«, sagt er, »denn die Aussender und die Nachkommen der ausgebrachten Saat haben eine gemeinsame zelluläre Abstammung.«

Ich werde hellhörig, wenn ich das höre. Maxims sehr präzise Sprache erinnert an die Aussagen von Dr. Guy Consolmagno anlässlich des Kolloquiums im Jahr 2009. Auch er betonte, dass wir den Begriff »Aliens« nicht verwenden sollten, wenn wir über unsere kosmischen Nachbarn sprechen. Schließlich seien wir Geschöpfe derselben Schöpfung, Kinder desselben himmlischen Vaters. Maxim vertritt denselben Standpunkt, allerdings nicht auf theologischer Grundlage. Er spricht lediglich über das, was er und sein Mitarbeiter in den mathematischen Mustern unserer genetischen Kodierung beobachtet haben. Er hat sogar eine Idee, mit welchem Mechanismus die Saat des Lebens in unserer Galaxis verbreitet worden sein könnte. »Die Aussaat im Gebiet von Proto-Sternhaufen«, sagt er, »könnte effizienter sein als die Aussaat auf einzelnen Planeten. Wenn das der Fall war, ist es wahrscheinlich, dass die Sterne, die im selben Sternhaufen wie die Sonne entstanden sind, ebenfalls Leben beherbergen.«

In meiner Vorstellung beschwört das eine Vision des Universums im Stil von *Star Trek* herauf: Die Vereinigte Föderation der Planeten setzt sich aus einer Reihe von Spezies zusammen, die einander größtenteils verdächtig ähnlich sehen: aufrecht, zwei Beine, zwei Arme, ein Hals und ein Kopf mit einem Paar

Augen, einem Paar Ohren, einem Mund und einem Paar Nasenlöcher. Ich hatte immer angenommen, dass diese Ähnlichkeit etwas mit dem begrenzten Budget für Kostüme und Make-up zu tun hatte, mit dem das Desilu-Studio bei der Produktion der *Raumschiff-Enterprise*-Fernsehserie auskommen musste. Was Maxim sagt, deutet auf ein reales Szenario hin.

»Also, Maxim, wenn wir auf zellulärer Ebene mit allen Lebensformen auf Planeten, die um verwandte Sterne kreisen, verwandt sind, wie leicht zu erkennen sollte dann unsere genetische Verwandtschaft sein?«

»Das ist schwer zu beantworten«, sagt er, »denn es ist ja gar nicht sicher, ob sie sich überhaupt zu einer höheren Form entwickelt haben. Derzeit gibt es darauf keine Antwort, nur intuitive Vermutungen. Ich möchte jedoch anmerken, dass viele Evolutionsbiologen heute die ›konvergente Evolution‹ als einen wichtigen Faktor betrachten. Nach dieser Auffassung ist es wahrscheinlich, dass sich unsere intelligenten kosmischen Verwandten‹ nicht allzu sehr von uns unterscheiden – was das Aussehen betrifft.«

Konvergente Evolution ist die Theorie, dass die gleiche genetische Kodierung letztlich zu ähnlichen Lebewesen für ähnliche Nischen führt. Als Australier sehe ich das Ergebnis der konvergenten Evolution überall um mich herum. Zum Beispiel gibt es bei uns keine Murmeltiere. Wir haben Wombats, die bessere Version, aber als Beuteltier. Murmeltiere und Wombats sind nicht miteinander verwandt. Sie haben nur eine etwas ähnliche Form für eine ähnliche Nische entwickelt. In Australien haben wir auch keine einheimischen Hunde. Was wir aber bis 1938 hatten, war der Tasmanische Tiger, der für das ungeschulte Auge ein hundegroßes Raubtier war, das sich von einem Hund nicht unterscheiden ließ. Nur war er das definitiv nicht. Er war ein Beuteltier. Ein weiteres Beispiel: Anstelle von Vielfraßen gibt es Tasmanische Teufel, anstelle von Stachelschweinen gibt es Schnabeligel, und anstelle von Flughörnchen gibt es Zuckergleiter. Ich könnte noch mehr aufzählen.

In gewisser Weise ist Australien ein gutes Beispiel dafür, was passieren könnte, wenn die gleiche genetische Aussaat, die auf der Erde gelandet ist, auf einem Planeten mit ähnlichen Bedingungen landen würde. Aus diesem Grund sollten wir vielleicht nicht überrascht sein, wenn interstellare Nachbarn auftauchen, die ziemlich menschlich aussehen.

Im Wesentlichen haben Makukov und Shcherbak mit ihren Ergebnissen eine Theorie untermauert, die bereits von Francis Crick, dem Nobelpreisträger und Mitentdecker der DNA-Doppelhelix, vertreten wurde. Wie auch andere bedeutende Wissenschaftler und DNA-Forscher vertrat Francis Crick (1916-2004) die Ansicht, dass alles Leben auf der Erde letztlich außerirdischen Ursprungs ist und dass der genetische Code für bewusstes, intelligentes Leben zumindest in diesem Teil des Kosmos absichtlich ausgesät wurde. »Ich bin eher skeptisch«, meinte Maxim, »was die Möglichkeit einer außerirdischen Intervention in die irdische Evolution angeht, ungeachtet all der Parallelen in alten Schriften. Ich sage nicht, dass es völlig ausgeschlossen ist.«

Wenn ich Maxim richtig verstehe, bestand der Zweck des ganz und gar nicht zufälligen Codes, der im Kosmos ausgesät wurde, darin, eine Fortsetzung und Ausbreitung nicht nur von Leben, sondern insbesondere von Leben mit Bewusstsein und Intelligenz sicherzustellen – was Maxim als »Intelligenz plus Erfahrung« beschreibt.

»Es bereichert meine Erfahrung«, sagte er, »das Wissen, dass es anderswo eine technologieorientierte Kultur gab, noch bevor die Erde entstand.«

Maxims Sprache ist betont präzise. Er beachtet sorgfältig die Grenze zwischen objektiven Erkenntnissen und persönlichen Spekulationen. Ich bin gespannt, ob unser Gespräch bei mir ein weiteres »Aha!« auslöst.

»Maxim«, frage ich ihn, »wenn eine außerirdische Intelligenz den Code entwickelt hat, der dann auf dem Planeten Erde ausgesät wurde, bedeutet das, dass unsere genetische Kodierung eine Momentaufnahme in einer Kette alter Zivilisationen ist, die neue Zivilisationen hervorbringen? Und haben Sie irgendetwas gefunden, das auf einen Nullpunkt oder eine ultimative Quelle hinweist, da unser Universum doch anscheinend einen endlichen Anfang hat?«

»Nein«, antwortet er. »Nichts, was wir gefunden haben, deutet auf eine Kette hin, aber ... es schließt sie auch nicht aus. Meine persönliche Vermutung, die sich auf die verfügbaren astrophysikalischen Daten stützt, ist, dass wir die Zweiten in der Reihe sind. Es ist weitaus wahrscheinlicher, dass unsere direkten Vorfahren selbst der Nullpunkt waren, also die ursprünglichen Säer, und nicht ebenfalls aus einer Aussaat stammten.«

Ich bin Maxim für seinen Mut und seine wissenschaftliche Präzision dankbar. Und ich mache mir eine gedankliche Notiz, dass die Ankunft dieser genetischen Kodierung auf der Erde so lange zurückliegt, dass sie durchaus auch Zivilisationen hervorgebracht haben könnte, die lange vor den uns bisher bekannten existierten. Was das betrifft, so ist, laut unserem Schulwissen, das Gilgamesch-Epos die älteste Erzählung über die älteste bekannte irdische Zivilisation. Aus dem Text selbst geht jedoch eindeutig hervor, dass das Gilgamesch-Epos aus einer Quelle zitiert, die noch älter als es selbst ist.

In der Türkei finden sich Hinweise darauf, dass es vor den uns bekannten Anfängen der menschlichen Zivilisation auf der Erde schon andere Zivilisationen gegeben haben könnte. 1998 schickten die Fachhochschule Norwegen und das Kölner Max-Planck-Institut ein Team unter der Leitung von Professor Manfred Heun in die Bergregion Karacadağ im Südosten der Türkei. Dort erforschten sie Zeugnisse einer weltverändernden Technologie aus der Zeit der letzten Eiszeit. Am Wendepunkt der Menschheitsgeschichte, als die Eisschilde zurückgingen, machte ein Stamm, oder sogar nur eine einzige Familie, wie Manfred Heun vermutet, eine Entdeckung, die sozusagen die Saat für unsere heutige Zivilisation legte. Die Menschen dort lernten, Landwirtschaft zu betreiben. Bauernhöfe produzieren Überschüsse. Überschüsse führen zu sozialer Spezialisierung. Daraus ergibt sich die Fähigkeit, komplexe, stabile Gesellschaften zu entwickeln und Städte zu bauen. Das war ein unglaublicher Sprung nach vorn!

Um Ihnen ein Gefühl für die Größenordnung zu geben, möchte ich Ihnen sagen, dass ich eine Zeitlang auf der Farm im Südosten Australiens gewohnt habe, auf der einst William Farrer (1845-1906) den berühmten »Federation-Weizen« züchtete. Angesichts der fortschreitenden Urbanisierung am Ende des neunzehnten Jahrhunderts benötigte Australien dringend eine Weizensorte, die unter den rauen Bedingungen des australischen Klimas Saison für Saison zuverlässig große Ernten lieferte. William Farrer war Wissenschaftler und Sohn eines Landwirts. Er kombinierte sein Wissen als Farmer mit den neuen wissenschaftlichen Erkenntnissen des ausgehenden neunzehnten Jahrhunderts, und so gelang es ihm, Weizenstämme genetisch zu verändern, bis er eine Sorte entwickelt hatte, die auf australischem Boden als Nutzpflanze angebaut werden konnte. Für dieses Zuchtprojekt benötigte er zwanzig Jahre. Die »Familie« in Karacadağ vor zehntausend Jahren, die durch Manfred Heuns Forschungen identifiziert werden konnte, musste das, was Farrer tat, elf Mal wiederholen, um die dort natürlich vorkommenden Pflanzen in kultivierbare Nutzpflanzen zu verwandeln. Irgendwie verbreitete sich das von dieser rätselhaften Familie eingeführte Agrarwissen dann – und zwar sehr schnell – über den ganzen Planeten. Offensichtlich haben wir es hier mit einer sehr talentierten Familie zu tun, denn sie entdeckte nicht nur, wie man diese elf Pflanzen genetisch verändert, sondern erfand außerdem noch die Kunst der Viehzucht. Das Team von Manfred Heun hat mit diesen Entdeckungen der Welt eine Menge Stoff zum Nachdenken gegeben!

Kurioserweise finden sich nur ein paar Stunden von Karacadağ entfernt Überreste aus einer noch früheren Epoche. Göbekli Tepe ist eine hochentwickelte megalithische Stätte, von der man vermutet, dass sie, wenn sie einmal vollständig ausgegraben sein wird, etwa fünfzig Mal größer als Stonehenge ist. Felsreliefs und Skulpturen künden von bemerkenswerten astronomischen Kenntnissen der Erbauer und weisen auf internationale Verbindungen zu anderen frühgeschichtlichen Bauwerken hin. Das Alter Göbekli Tepes wird auf zehntausend Jahre geschätzt. Noch merkwürdiger ist, dass diese Stätte offenbar vor etwa achttausend Jahren sehr sorgfältig vergraben wurde, um sie für die Nachwelt zu erhalten. Es gibt dort in der Südosttürkei also zwei nur wenige Stunden voneinander entfernt liegende Orte, von denen der eine vom Ende einer megalithischen Kultur zeugt, während der andere offenbar die Wiege einer neuen Kultur war. Die zeitliche und örtliche Nähe bringt mich zu der Frage, ob die Familie in Karacadağ vielleicht ein wenig Unterstützung von ihren Vorfahren in Göbekli Tepe erhielt – Geburtshilfe bei der Gründung der heutigen Zivilisation.

In der mündlichen Überlieferung der Mohikaner aus dem oberen Hudson River Valley wird über eine solche Hilfe von außen berichtet. Vor langer Zeit, so berichten die Mohikaner, zwang eine Katastrophe ihre Vorfahren dazu, in höher gelegene, weniger lebensfreundliche Gebiete zu fliehen. In dieser rauen und für sie ungewohnten Umgebung war ihr Überleben ernstlich gefährdet. Aus dieser Not wurden die Mohikaner durch plötzlich auftauchende »Andere« gerettet. Diese Fremden zeigten ihnen landwirtschaftliche Techniken und Methoden zur Heilung von Krankheiten, so dass sie von da an wieder gute Zukunftsaussichten hatten. Ich frage mich, ob unsere Freunde in Karacadağ vielleicht von einer ähnlichen Intervention profitiert haben, als ihr Überleben auf dem Spiel stand.

Während es nicht allzu schwer ist, sich eine Abfolge irdischer Zivilisationen vorzustellen, dürfte es manche Leute sehr viel mehr Überwindung kosten, Makukovs und Shcherbaks Modell einer interstellaren Vorgänger-Zivilisation zu übernehmen. Doch auch diese Idee ist in den indigenen Überlieferungen der Menschheit enthalten. Ob wir nun zu Füßen des Dogon-Volkes in Mali, Westafrika, sitzen und ihren Geschichten über das Sirius-Sternensystem lauschen oder zu Füßen des Efik-Volkes in Nigeria, wenn sie ihre Geschichte von Abassi und Atai erzählen – stets wird in diesen Überlieferungen von einer interstellaren Aussaat berichtet, die vor vielen Jahrtausenden geschah. Auch die Zulu besitzen eine mündliche Überlieferung, wonach das Leben aus dem Weltall auf die Erde kam. Unkulunkulu, der erste Mensch, landet zusammen mit allen Lebewesen in Form von Samen auf der Oberfläche des Planeten. Die Neuankömmlinge entwickeln sich in diesen Samenkapseln auf dem fruchtbaren Boden der Erde, bis sie bereit sind, hervorzusprießen und die Oberfläche des Planeten zu bevölkern. Es ist eine wunderbare, filmreife Version der Panspermie. Die Idee einer interstellaren Mutterzivilisation ist also keineswegs neu.

Wir sollten akzeptieren, dass wir nicht die erste Zivilisation sind, weder im All noch auf unserem eigenen Planeten. Wir sind offenbar nur die jüngste von vielen.

Meine Deutung der Genesis legt nahe, dass wir es in der biblischen Schöpfungserzählung, den Versen 1 bis 11 der Genesis, vermutlich mit drei verschiedenen Neuanfängen der Zivilisation auf globaler Ebene zu tun haben:

- In Genesis 1 und 2 ist der Planet nach einer Katastrophe überflutet und in Dunkelheit gehüllt. Dann wird er durch Terraforming wiederbelebt.
- In Genesis 6 wird die Geschichte einer Flut erzählt, die jegliches Leben auf der Erde an den Rand der Ausrottung brachte. Die Menschen, die den Planeten vor dieser Flut bevölkerten, hatten eine um ein Vielfaches längere Lebensspanne als ihre Artgenossen nach der Sintflut. Dieses Detail findet sich übereinstimmend auch in den älteren sumerischen Texten.
- In Genesis 11 ist von einem Angriff auf eine technologisch fortschrittliche menschliche Zivilisation die Rede, der so verheerend war, dass die Überlebenden danach ihre Sprachfähigkeit wieder neu entwickeln mussten.

Es ist möglich, dass diese drei Erzählungen unterschiedliche Erinnerungen an ein und denselben planetarischen Neustart wiedergeben. Oder es könnte sich um Erinnerungen an drei verschiedene Katastrophen handeln.

Wie dem auch sei, eine traumatische Erinnerung hat sich tief in das Gewebe der Genesis eingegraben und offenbart uns, dass wir nicht die erste Zivilisation auf der Erde sind. Wir wissen das also schon sehr lange. Wir sind auch nicht die erste technologische Menschenzivilisation auf diesem Planeten. Wenn man die

Genesis und die sumerischen Keilschriften parallel liest, wird deutlich, dass es sich bei der Technologie, die in der Erzählung vom Turmbau zu Babel von den Mächtigen angegriffen wird, um Raumfahrttechnik handelt.

Etymologisch gesehen bedeutet das Wort *Babel* »Tor für die Mächtigen«. In der Genesis wird das hoch aufragende Bauwerk von Babel als »Brücke zum Himmel« beschrieben. In den sumerischen Texten heißt es, dass fünfzig Techniker von diesem Bauwerk aus dreihundert »Beobachter« zu »Stationen zwischen den Sternen« schickten, die wir heute sicherlich »Raumstationen« nennen würden. Diese Erzählungen und die indischen Veden sowie Reliefs und Skulpturen auf der ganzen Welt zeigen uns, dass es auf der Erde schon in weit zurückliegenden Zeiten Astronauten gab. Jetzt, im einundzwanzigsten Jahrhundert, werden Fotos von anomalen Artefakten auf der Marsoberfläche veröffentlicht. Wenn endlich die erste bemannte Mission der Menschheit auf dem Mars landet, werden wir also höchstwahrscheinlich feststellen, dass vor uns schon mindestens eine andere Zivilisation den Boden unseres Nachbarplaneten betrat. Öffnen wir uns für die Möglichkeit, dass unsere weltweiten Schöpfungsmythen uralte Erinnerungen enthalten, dann sollte uns ein solcher Fund auf dem roten Planeten nicht überraschen.

Zurück auf der Erde bestätigen jüngste archäologische Funde eine noch unbekannte Vergangenheit auf unserem eigenen Planeten. Vor den Küsten Indiens, Japans, Maltas und Kubas liegen in bis zu sechsunddreißig Metern Wassertiefe die megalithischen Überreste von Städten, die mindestens zehntausend Jahre alt sein müssen, denn so lange liegt es zurück, dass diese Gebiete nicht überflutet waren. Und doch steht in unseren Schulbüchern immer noch, dass die Zivilisation erst vor siebeneinhalbtausend Jahren begann, in der Region des fruchtbaren Halbmonds.

Aber in der Archäologie mehren sich die Stimmen, die von einem deutlich früheren Beginn der menschlichen Zivilisation ausgehen. Neue Technologien wie das Bodenradar und die Analyse der Bodenmagnetisierung enthüllen die Existenz vergessener Städte, die unter den Dschungeln von Kambodscha und Amazonien begraben liegen. Es handelt sich dabei nicht um prähistorische Städte. Sie erlebten ihre Blütezeit während der bekannten Menschheitsgeschichte. Dennoch hat die Natur sie bis vor wenigen Jahren vor unseren Augen verborgen, was belegt, wie schnell die Spuren einer Zivilisation unsichtbar werden können. Als zum Beispiel im Jahr 1915 Machu Picchu in den peruanischen Anden zum ersten Mal fotografiert wurde, waren die Ruinen dieser Stadt von dichter Vegetation überwuchert und kaum zu erkennen. Siebzig Jahre später brachten Ausgrabungen die wunderschöne megalithische Baukunst der Inka zum Vorschein, deren Kultur sich über die südamerikanischen Anden bis nach Mittelamerika ausgebreitet hatte.

Im Jahr 1977 veröffentlichte die niederländische Anthropologin Maria Scholten *La Ruta de Viracocha* (»Die Viracocha-Route«). Sie wies in dieser wissenschaftlichen Arbeit nach, wie hoch entwickelt die megalithischen Kulturen der Anden waren, und zeigte, dass es viele Hinweise auf eine gemeinsame noch ältere Mutterkultur gibt, die all diesen vorausging. Die Inka-Städte sind an sich schon faszinierend. Die ganze Anlage von Tiahuanaco zeugt von einer fortschrittlichen Stadtplanung, die sich an den Sternen orientiert. Und die phänomenale Gusstechnik, die für die großen Steinblöcke von Sacsayhuamán in Cusco verwendete wurde, ist zum Inbegriff für geheimnisvolle, ehrfurchtgebietende Fähigkeiten geworden, die den heutigen Bauingenieuren verloren gegangen sind. Maria Scholten hat in ihrer Arbeit nachgewiesen, dass die großen Inka-Städte Tiahuanaco, Pukará, Cusco, Ollantayambo, Machu Picchu und Cajamarca in präzisen Abständen entlang eines Nordwest-Südost-Vektors errichtet wurden, der genau 45 Grad von der Nord-Süd-Achse abweicht. Die Fähigkeit der antiken Baumeister, ihre Bauten über einen Vektor von 1.500 Kilometer durch die Anden so genau zu koordinieren, ist absolut verblüffend. Darüber hinaus verbindet die Achse – die sogenannte *Ruta de Viracocha* – nicht nur die Städte, sondern schneidet obendrein noch perfekt die Diagonalen der wichtigsten Tempel jeder Stadt!

Maria Scholten war auch in der Lage, die Maßeinheit der vergessenen Mutterkultur der Anden zu identifizieren. Diese »Andeneinheit« bildete das 3,34-fache der Einheiten des heutigen metrischen Systems. Bei Stoffen und Keramik belief sie sich auf 3,34 Zentimeter. Bei Gebäuden waren es 3,34 Meter, und bei Entfernungen betrug sie 3,34 Kilometer. Diese Korrelation bestätigt uns, dass die Mutterkultur der Anden ihr Maßsystem an der Größe des Planeten orientierte – was in unserer Zivilisation erst 1795 eingeführt wurde. Die *Anden-einheit* basierte auf einem Dreißigstel eines Millionstels der Entfernung zwischen dem Äquator und den Polen der Erde. Offensichtlich war die andine Mutterkultur in der Lage, die Größe des Planeten zu messen. Darüber hinaus sind die Städte und Bauwerke entlang der *Ruta de Viracocha* genau auf die Sterne der Milchstraße ausgerichtet. Das hoch entwickelte astronomische Wissen, für das die Inkas bekannt sind, ging also offenbar auf die unbekannte Mutterkultur der Anden zurück – jene Zivilisation, deren Erben sie waren.

Die Nachfahren der Inka von Cusco erzählen eine Geschichte über die Ursprünge der Mutterkultur. Diese Geschichte wurde dem spanischen Linguisten Juan Diez de Betanzos in den 1550er Jahren überliefert. In seiner *Erzählung der Inkas* wird ein mächtiges Wesen namens Viracocha beschrieben, das eines Tages zum ersten Mal über den Wassern des Titicacasees erscheint. Viracochas Eingreifen in die Geschichte des Planeten Erde weist viele Parallelen zum *Popol Vuh* und den Erzählungen über Kukulkan/Q'uq'umatz/Quetzalcoatl auf. Auch Viracocha tauchte in jener geheimnisvollen Epoche auf, als der Planet Erde in Dunkelheit gehüllt war. Auch ihm missfallen seine frühen Versuche, einen geeigneten *Homo sapiens* zu schaffen. Genau wie die Ingenieure in der Maya-Geschichte tötet Viracocha seine missratenen Menschenschöpfungen durch eine verheerende Flut.

Die *Erzählung der Inkas* geht jedoch noch weiter und schreibt Viracocha nicht nur die endgültige Erschaffung des *Homo sapiens* zu, sondern auch die Ausbildung der Menschheit in Landwirtschaft, Medizin, Technik und den Grundlagen des Städtebaus. Gleichzeitig scheinen bestimmte Aspekte Viracochas, wie er in der von de Betanzos überlieferten Schöpfungserzählung der Inkas beschrieben wird, mit der kosmischen Figur des Gottes Saturn zu verschmelzen. Dadurch wird Viracocha mit einer mächtigen kosmischen Gottheit assoziiert.

Im Jahr 1907 gab ein anderer spanischer Gelehrter, Pedro Sarmiento de Gamboa, weiter, was ihm Einwohner von Cusco erzählt hatten. Nach de Gamboas Version der Ereignisse kam Viracocha – der als »der Schöpfer« bekannt war – in einem bereits existierenden Südamerika an, das allerdings in Dunkelheit gehüllt war und Licht und Terraforming benötigte. Hier ist bemerkenswert, dass dieser Viracocha als Mann von mittlerer Größe und heller Haut beschrieben wird. Er brachte ein »Buch der Weisheit« mit, trug weiße Gewänder und hatte eine Art Zauberstab bei sich. Er wirkte also recht menschlich – nicht gerade die kosmische Göttergestalt, die man erwartet hätte. Leider machte diese indigene Erinnerung an Viracochas Aussehen die Nachfahren der Inkas ziemlich verwundbar gegenüber den katholischen Truppen, die im fünfzehnten und sechzehnten Jahrhundert einmarschierten: Die europäischen Invasoren brachten ein Buch mit heiliger Weisheit mit und waren hellhäutig. Ihre Offiziere trugen weiße Gewänder und »Zauberstäbe«, aus denen sie tödliche Kugeln abfeuerten. Die Übereinstimmungen wirkten so offensichtlich, dass die Einheimischen den Konquistador Francisco Pizarro, der 1532 in der Bucht von San Mateo an der peruanischen Küste landete, für den endlich zurückgekehrten Viracocha hielten – eine (für Pizarro!) glückliche Verwechslung.

Die katholischen Volkserzieher übernahmen die gut etablierte Viracocha-Mythologie und integrierten sie in die christliche Historie, um so die bestehenden religiösen Loyalitäten der indigenen Bevölkerung für ihre Zwecke zu nutzen. Die Ähnlichkeiten zwischen den Andengeschichten über Viracocha und den biblischen Schöpfungserzählungen waren offensichtlich. Die biblische Geschichte ließ sich also gut mit einer Geschichte verknüpfen, an die die Einheimischen bereits glaubten. Die Behauptung, Viracocha sei in Wahrheit der christliche Gott, war ein bequemer Weg, die Evangelisierung des Volkes zu beschleunigen.

Dieser theologische Taschenspielertrick ist für uns ein eindrucksvolles Lehrstück. Genauso wie die Redaktoren der Bibel Gott mit den *Elohim* gleichsetzten und ihm damit alle Gewalt und Brutalität der »Mächtigen« zuschrieben, setzten die spanischen Missionare des sechzehnten Jahrhunderts Gott mit Viracocha gleich und schrieben so dem christlichen Gott den Völkermord an den Vorfahren der Inka zu, an den deren Überlieferungen erinnerten. Diese Verwechslung verankerte die Vorstellung von einem gewalttätigen, bedrohlichen Gott, den man besser nicht in Frage stellt, in den Köpfen der Menschen – ein Bild, das den Interessen der mit Bibeln und Gewehren ausgestatteten Invasoren bestens diente. Gleichzeitig verdeckte die Gleichsetzung von Viracocha mit Gott die heikle Frage, was für eine Art Wesen Viracocha denn tatsächlich war. Das hatte weitreichende Auswirkungen.

Stellen Sie sich vor, was mit dem Herzen und Verstand eines Kindes geschieht, das bei einem gewalttätigen, alkoholkranken Elternteil aufwächst, einem Elternteil, das man beschwichtigen und umschmeicheln muss. Dadurch werden Lebensglück und Selbstwertgefühl dieses Kindes zerstört. In dem Maße, in dem wir ein Universum für real halten, in dem GOTT ein gewalttätiges, völkermordendes Wesen ist, das niemals in Frage gestellt werden darf, setzen wir die gesamte Menschheit der toxischen Atmosphäre eines solchen von Gewalt und Angst geprägten Haushaltes aus. Man muss sich fragen, welche Folgen das für die Psyche der Menschen hatte. Deshalb ist die Verwechslung GOTTES mit anderen Wesenheiten, sei es Viracocha, seien es die *Elohim*, Himmelswesen oder Ingenieure, ein so folgenreicher Fehler.

Wenn wir auf die Geschichte zurückblicken, die dieser unglücklichen Verwirrung vorausging, dann fasziniert, dass das Volk der Inka in seiner Mythologie eindeutig von der Intervention einer aus dem Weltall kommenden nichtmenschlichen Entität berichtet. Diese Wesen, so erklären es die Inka, vermittelten ihren Vorfahren die grundlegende Fähigkeit zum Aufbau einer Zivilisation. So wie die Nähe von Göbekli Tepe zu Karacadağ in der Südosttürkei auf die Möglichkeit hinweist, dass eine frühere Kultur eine neue in ihrer Anfangsphase unterstützte, bezeugen die alten Völker der Anden, dass es auf der Erde eine frühere Zivilisation gab, deren Ursprung nicht auf der Erde lag, sondern im Weltall.

Platon vertrat die Auffassung, dass die Erde bereits die Heimat einer ganzen Serie von Zivilisationen war. Durch die Lektüre alter ägyptischer Quellen gelangte er zu der Überzeugung, dass im Durchschnitt alle fünftausend Jahre ein Objekt aus dem Weltall auf der Erde einschlägt und die menschliche Zivilisation wieder auf den Nullpunkt zurückwirft. Die Zeugnisse aus den Anden und aus der Südosttürkei, aber auch die versunkenen Städte vor unseren Meeresküsten legen nahe, dass Platon Recht hatte.

Was wäre, wenn die Geschichte der planetarischen Neustarts sogar noch weiter zurückreicht, bis in gewaltige geologische Zeiträume? Können wir denn überhaupt herausfinden, ob möglicherweise bereits in enorm weit zurückliegenden geologischen Zeiträumen Zivilisationen auf der Erde existierten? Genesis 11 deutet auf eine Zeit hin, in der die Erde nur eine einzige Landmasse besaß und damit nur eine einzige Küstenlinie hatte. In Genesis 10 wird die Generation Pelegs als die Zeit genannt, in der sich die Kontinente der Erde zum ersten Mal trennten. Auch die australischen Aborigines erzählen davon, dass die Kontinente Australien und Indien sich trennten. Nach heutiger Vorstellung reicht die Zeitlinie des *Homo sapiens* nur zweihunderttausend Jahre in die Vergangenheit – was viel kürzer ist als der Zeitrahmen geologischer Abenteuer, zum Beispiel der Kontinentaldrift. Es ist jedoch durchaus möglich, dass die Geschichte der irdischen Zivilisationen viel länger und interessanter ist als alles, was wir bislang ausgraben konnten. Wenn es nämlich lange vor uns, lange vor den Dinosauriern und vor der kambrischen Explosion, eine technologische Spezies auf der Erde gegeben hätte, dann wären alle materiellen Beweise für eine solche Zivilisation in den Mineralien der felsigen Sedimente unseres Planeten auf Millimeterdicke komprimiert. Gäbe es keine anderen Informationsquellen, würden wir schlichtweg niemals davon erfahren.

Was unsere eigene Geschichte angeht, so haben die vielen Konflikte zwischen Imperien, die um Territorien kämpften, und die Kriege zwischen Kolonisatoren und indigenen Völkern tiefe Narben in der Seele der heutigen Zivilisation hinterlassen. In der Tat ist der Konkurrenzkampf der Kulturen heute so lebendig wie eh und je. Aber was ist der Kern dieser Konflikte?

Die älteste heute noch existierende Kultur auf unserem Planeten ist jene der Aborigines, der australischen Ureinwohner. Ihre engsten Verwandten sind nach neuesten DNA-Forschungen die indigenen Völker Süd-, Mittel- und Nordamerikas. Und es gibt faszinierende kulturelle Parallelen in der Art, wie all diese traditionellen Kulturen in Harmonie mit dem Land leben. Wie ihre amerikanischen Vettern und Kusinen berichten auch die australischen Aborigines, dass Besucher von den Plejaden ihre Vorfahren gelehrt hätten, im Einklang mit der Erde zu leben. Man geht davon aus, dass die Anwesenheit der Aborigines auf australischem Boden mehr als sechzigtausend Jahre zurückreicht. Daher können wir von ihnen sicher am meisten über Nachhaltigkeit lernen, über ein Leben im Einklang mit der Natur.

Der Eingriff, der vor zehntausend Jahren die Landwirtschaft in der Südosttürkei hervorbrachte, geht in eine andere Richtung. Er beginnt mit der Veränderung von Genen in einem natürlich vorkommenden Gras, um es in Weizen für den massenhaften Anbau umzuwandeln. In Karacadağ begann eine Form der Landwirtschaft, die zu einer Spezialisierung innerhalb der

Gesellschaft, zur Entwicklung von Städten und schließlich zur Industrialisierung führte.

Die Geschichte Australiens verdeutlicht den Unterschied zwischen diesen beiden landwirtschaftlichen Herangehensweisen. Britisch-Australien brauchte William Farrers »Federation-Weizen« – eine genetische Anpassung in der Tradition von Karacadağ –, um Städte europäischen Ausmaßes ernähren zu können. Währenddessen lebten die australischen Ureinwohner seit mehr als sechzigtausend Jahren ganz entspannt und nachhaltig auf dem Land und nutzten die natürlich vorkommenden Gräser Australiens zur Herstellung von Mehl und Brot. Wir haben es also mit zwei verschiedenen Ansätzen, zwei verschiedene Lebensweisen zu tun.

Aufgrund der Lage der Karacadağ-Region in der Südosttürkei ist es gut vorstellbar, dass jenes dort vor zehntausend Jahren plötzlich aufkeimende landwirtschaftliche Wissen aus der gleichen Quelle stammen könnte, die, der babylonischen Mythologie zufolge, unsere mesopotamischen Vorfahren mit Wissen über Bankwesen, Geld- und Rechtssysteme, Verträge, Zeitmessung und Buchführung versorgte. Das bringt mich ins Grübeln, wenn ich die heutigen Konflikte zwischen der industriellen, auf Gentechnik setzenden, petrochemischen Landwirtschaft (verkörpert durch Konzerne wie Monsanto) und den traditionellen Ansätzen von Landwirten auf der ganzen Welt sehe, die natürliches biologisches Saatgut verwenden und die ökologischen Synergien von Gemischtanbau und Fruchtfolge nutzen. Sind diese Konflikte in Wahrheit das unvermeidliche Ergebnis zweier gegensätzlicher Landwirtschaftsmodelle, die durch zwei ganz unterschiedliche Eingriffe in unsere zivilisatorische Entwicklung vermittelt wurden – wobei der jüngere vor zehntausend Jahren erfolgte, kurz nach der letzten planetaren Katastrophe, und der ältere nach dem vorletzten Kataklysmus vor über sechzigtausend Jahren? Stecken wir heute in einem Wettbewerb der Kulturen fest, dessen Ursprünge weit jenseits der Welt unserer irdischen Vorfahren liegen?

Wenn unsere Weltmythologien wirklich eine Erinnerung an prähistorische Lehrer von den Sternen enthalten, frage ich mich, wie diese Besucher aussahen, denn sie übten ja offensichtlich eine große Anziehungskraft auf die damalige primitive menschliche Bevölkerung aus. Warum löste der Anblick dieser Besucher bei unseren Urahnen eher Respekt als Abscheu, eher Bewunderung als pure Angst aus? Um diese Frage zu beantworten, führt uns unsere Reise zunächst in die Levante, in die frühe Eisenzeit, und von dort zu einer beunruhigenden Begegnung in der englischen Stadt Chichester.

10

Begegnung mit den Himmelswesen

Das Westjordanland – 1250 v. Chr.

Wir befinden uns auf einer Anhöhe im Schutz eines bewaldeten Bergrückens und blicken über das fruchtbare Land der Levante. Die Menschen, die dort leben, sind sehr groß. Daher bezweifeln die von einer Aufklärungsmission zurückkehrenden Späher, dass eine Invasion überhaupt ratsam ist. Ihr Bericht ist beunruhigend: »Wir fühlten uns klein wie Grashüpfer.«

Warum sind die Menschen dort so riesig? Es handelt sich um *Anakim*. Diese Volksgruppe, deren Geschichte bis in die Anfänge der Menschheit zurückreicht, entstand, als die *benej elohim* sich Menschenfrauen nahmen.

Daraus gingen die Riesen hervor, die wir *Nephilim* nennen. Seitdem also sind die *Anakim* unter uns.

Falls Sie sich etwas verwirrt fühlen: Wir befinden uns im Buch Josua und hören, wie der Schreiber die hebräische Erinnerung an eine Hybridisierung bekräftigt – eine Kreuzung zwischen

Menschen und den *Mächtigen* (den *benej elohim*). Die Tatsache, dass mit dem Namen *Anakim* dieser hybriden Abstammung ein Denkmal gesetzt wird, ist auffällig. Das Wort *Anakim* ähnelt beunruhigend dem sumerischen Namen für jene Außerirdischen, die einst den Menschen erschufen: *Anunnaki.* Nach der hebräischen Tradition ist *Anak* der Stammvater der riesigen *Anakim.* Im Islam hat *Anak* ein weibliches Gegenstück namens *Anaq.* Sie ist die Mutter des Riesenkönigs *Uj.* In den hebräischen Texten wird *Uj* als *Og* bezeichnet. Er herrschte über das Volk von Baschan. Beide religiösen Traditionen behaupten, dass er ein Riese war. Tatsächlich war, laut der hebräischen Erzählung, *Og* alias *Uj* so gigantisch, dass sein Bett ganze ein Meter achtzig breit und vier Meter lang war. In ähnlicher Weise berichtet die griechische Mythologie von einem Herrscher namens *Anax*, der über ein riesiges Volk herrschte, das als die *Anactorianer* bekannt war. Sie waren angeblich viereinhalb Meter groß.

Die Assoziation solcher einander sehr ähnlichen Namen mit den Legenden über riesenhafte Menschen ist ein faszinierender Hinweis darauf, dass diese Geschichten auf realen Erinnerungen unserer Vorfahren an Riesen beruhen, die tatsächlich einmal existierten.

Geschichten über Riesen finden sich weltweit in allen Mythologien. Keltische, nordische, hinduistische, indianische und australische indigene Überlieferungen berichten von Riesen, die gemeinsam mit unseren fernen Vorfahren den Planeten bewohnten. Wenn diese in unseren Ahnenerinnerung verwurzelten Geschichten einen wahren Hintergrund haben, müssten logischerweise auch einige Überreste solcher Riesen gefunden – und untersucht – worden sein.

Und wirklich gibt es Funde anomal großer menschlicher Überreste – am häufigsten in Amerika.

In den USA wurden zwischen 1819 und 1959 in Ohio, West Virginia, Iowa, Missouri, Kalifornien und Pennsylvania Überreste von Menschen ausgegraben, die zwischen 2,13 und 3,65 Meter groß gewesen sein müssen. Es gibt über diese Entdeckungen Presseberichte, und eine Zeitlang wurden einige der Überreste im Smithsonian Institute in der Hauptstadt Washington aufbewahrt. Die Skelette wiesen zusätzliche Finger, Kiefer mit zusätzlichen Backenzähnen und andere anatomische Anomalien auf. Das schreit förmlich nach Analysen und DNA-Tests, um herauszufinden, was das für eine Spezies war, die damals zusammen mit dem *Homo sapiens* Nordamerika bewohnte. Die Frage bleibt jedoch bis heute ungelöst, da offenbar alle diese Riesen-Gebeine gemäß dem Native American Graves Protection and Repatriation Act, dem »Gesetz für den Schutz und die Wiederherstellung der Grabstätten nordamerikanischer Ureinwohner«, zurückgegeben und erneut bestattet wurden. Die Rückgabe und abermalige Beisetzung dieser sterblichen Überreste ist sicherlich ein respektvoller Akt, aber in Ermangelung von DNA-Tests müssen wir uns fragen, ob diese riesenhaften Wesen wirklich einfach nur sehr große und ungewöhnliche Exemplare des *Homo sapiens* waren oder nicht vielleicht zu einer ganz anderen Gattung gehörten.

Die gleiche quälende Frage gilt für eine Gruppe geheimnisvoller Besucher, die im zweiten Jahrtausend vor Christus in der Levante auftauchten. Die Umstände dieser Begegnung – beschrieben in Genesis 18 – beziehen sich auf die Empfängnis eines Kindes namens Isaak, Sohn von Abraham und Sara – den Stammeltern der hebräischen Kultur. Abraham und Sara stammten aus einer Kultur mit sumerischen Wurzeln. Sie sprachen wahrscheinlich Akkadisch, die Verkehrssprache der Tochterkulturen Sumers. Also wuchsen sie mit den sumerischen

Schöpfungsgeschichten auf – den Geschichten über die *Himmelswesen*. Wie wir bereits wissen, hatte die von Abraham und Sara begründete Tradition ihren eigenen Namen für die *Himmelswesen*. Die Israeliten nannten sie »die Mächtigen«.

Das Auftauchen des heiligen Namens JHWH in Genesis 18 weist den Leser sofort darauf hin, dass die abrahamitische Geschichte von einem Schreiber aus der Zeit nach Mose neu erzählt wurde. Wir können sicher sein, dass *Elohim* das Wort in der ursprünglichen Erzählung war, das mit JHWH »überklebt« wurde. Die Bedeutung dieses Moments in Genesis 18 besteht darin, dass Abraham und Sara drei dieser *Elohim* begegnen, und zwar von Angesicht zu Angesicht. Es ist eine Begegnung, die uns zeigt, wie die Mächtigen/*Himmelswesen* tatsächlich aussahen.

Die Geschichte beginnt wie folgt: »Einige Mächtige erschienen Abraham bei den Eichen von Mamre, während er in der Hitze des Tages am Eingang des Zeltes saß. Er schaute auf, siehe, da standen drei Männer vor ihm.«

Offensichtlich handelt es sich bei dem, was Abraham sehen kann, um drei Männer. Zu diesem Zeitpunkt gibt es keine weitere Beschreibung, keine anomale Größe oder Form. Sie sehen einfach wie Männer aus. Abraham begegnet seinen drei Besuchern mit jener herzlichen Gastfreundschaft, die zu den schönen Eigenschaften der Levante-Kulturen gehört. Er spricht seine drei Gäste mit »Herren« an, und dann bereiten er und seine Frau etwas zu essen für sie zu. Nach dem Essen nimmt das Gespräch eine ungewöhnliche Wendung. Die Besucher sagen, dass sie in genau einem Jahr wieder zu Besuch kommen werden und dass er und Sara dann ein Kind gezeugt haben werden. Sara kann sich ein Lachen nicht verkneifen, und Abraham reagiert ebenfalls verblüfft, denn er und seine Frau sind so alt, dass sie schon lange keine Kinder mehr bekommen können. Wer oder was sind diese »Männer«, die eine so unrealistisch erscheinende Behauptung aufstellen? Im Übrigen weiß der Leser, dass Abraham und Sara innerhalb eines Jahres tatsächlich ein Kind bekommen werden.

Bezeichnend ist, dass Abraham und Sara bei dieser Begegnung mit den *Elohim/Himmelswesen* drei offenbar völlig normal wirkende Männer sahen. Anscheinend sehen die Himmelswesen so aus. Sie sehen menschlich aus. Nach ihrer Abreise müssen sich Abraham und Sara aber gefragt haben: »Was ist da gerade geschehen?« Doch vielleicht fragten sie sich auch erst, was es mit diesen seltsamen Besuchern auf sich hatte, als Sara tatsächlich schwanger wurde.

Nach ihrem rätselhaften Besuch bei Abraham und Sarah setzen die drei *Himmelswesen* ihre Reise in Richtung der unglückseligen Stadt Sodom fort, um Abrahams Verwandte zu besuchen. Im folgenden Bericht werden die Männer als »Engel« bezeichnet, wobei das Wort »Engel« eigentlich nichts weiter bedeutet als »Bote« oder »Gesandter«. Es sagt nichts über Biologie oder Geschlecht der Gesandten aus. Wiederum bezeichnet der Bearbeiter der Sodom-Geschichte die *Himmelswesen* einfach als »Männer«. In dieser Textpassage hat der Bearbeiter ihre Zahl auf zwei reduziert. Ich frage mich, ob das vielleicht dazu dient, den heiligen Namen JHWH von den bevorstehenden schamvollen Ereignissen zu trennen. Als die *Himmelswesen* in Sodom eintreffen, erfahren wir auch etwas mehr über ihr Aussehen. Sie sind offensichtlich enorm attraktiv – was, in Sodom, leider zum Problem wird. Als ein gewalttätiger Mob das Haus stürmen will, um sich sexuell an den *Himmelswesen* zu vergehen, die dort zu Gast sind, fliehen sie, nehmen Abrahams Verwandte mit und demonstrieren noch etwas, was die *Himmelswesen* von den Durchschnittsmenschen unterscheidet: Sie zerstören die Stadt mit Hilfe einer Waffentechnologie von verheerender Gewalt, ein in der Welt Abrahams bislang ungesehener Schrecken. Diese dramatischen Momente spielen eine zentrale Rolle in der größeren Erzählung von Abraham und den abrahamitischen Völkern. Aber wenn wir diese beiden *Elohim*-Erzählungen als Träger einer alten Erinnerung akzeptieren können, dann gestatten sie uns einen physischen Blick auf die Mächtigen/*Himmelswesen*. Offenbar sehen sie ziemlich menschlich aus und sind sexuell sehr attraktiv.

Mehr als anderthalb Jahrtausende später erzählt das Lukasevangelium die Geschichte eines betagten jüdischen Priesters namens Zacharias, ein Nachkomme von Abraham und Sara, der im Jerusalemer Tempel Weihrauch verbrennt. Während sich die Gläubigen außerhalb des Heiligtums versammeln, erscheint ein ungewöhnlicher Bote im Heiligtum. Die Art und Weise, wie der Bote in den Raum kommt, erschreckt den alten Priester. »Hab keine Angst«, sagt der Bote. »Dein Gebet ist erhört worden. Deine Frau Elisabeth wird einen Sohn zur Welt bringen. Nenne ihn Johannes und befolge die Anweisungen, die ich für dich habe. Dein Sohn wird eine besondere Aufgabe haben.«

Die Ankunft des Johannes ist eine weitere anomale Geburt in der jüdisch-christlichen Tradition. Seine Eltern, Zacharias und Elisabeth, sind genau wie ihre Vorfahren Abraham und Sara weit über das gebärfähige Alter hinaus. Und natürlich hatte Johannes eine besondere Aufgabe. Als der berühmte Johannes der Täufer hatte seine prophetische Stimme in der religiösen und politischen Welt des ersten Jahrhunderts in Judäa ein Gewicht, das kaum zu überschätzen ist. Tatsächlich nimmt die Geschichte um die Geburt des Johannes im Lukasevangelium mehr Raum ein als die Geburt Jesu. Und Johannes' Anziehungskraft ging weit über die religiöse jüdische Welt seiner Zeit hinaus. Der

Ruf von Johannes dem Täufer war sogar so groß, dass, als das öffentliche Wirken seines Cousins Jesus von Nazareth begann, viele glaubten, Jesus sei eine Reinkarnation des Johannes. Nach der Hinrichtung des Täufers glaubten viele fest daran, dass Johannes wieder auferstehen würde. Jesus schätzte seinen Cousin Johannes sehr und bezeichnete ihn als den größten Menschen, der je geboren wurde. Das ist ein ziemliches Lob, wenn es von Jesus Christus kommt!

Natürlich können wir bei einer historisch so bedeutsamen Persönlichkeit einen großen Auftritt erwarten. Aber ich finde es merkwürdig, dass die Geburt von Johannes dem Täufer seinem Vater durch eine Nahbegegnung angekündigt wird, die so sehr dem rätselhaften Besuch der *Himmelswesen* bei Abraham ähnelt. Nach dem Lukasevangelium sucht derselbe ungewöhnliche Bote anschließend Elisabeths Cousine Maria auf, um ihr mitzuteilen, dass auch sie einen Sohn zur Welt bringen wird. Auch hier handelt es sich um eine künstlich herbeigeführte Empfängnis, die durch einen Nahkontakt mit einem Himmelswesen angekündigt wird, und genau wie bei Elisabeth und Sara wird kein Geschlechtsverkehr erwähnt.

Sicherlich ist es durchaus möglich, dass Lukas diese Geschichten einfach erfunden hat. Auffallend ist, dass es in den anderen drei kanonischen Evangelien keine Parallele zu ihnen gibt. Wenn sie eine bloße Erfindung des Lukas sind, dann beruht seine Schilderung aber doch zumindest ganz eindeutig auf den typischen Nahkontakt-Erlebnissen mit den *Himmelswesen*. Die andere Möglichkeit ist, dass sowohl Elisabeth als auch Maria im Zusammenhang mit ihren jeweiligen Schwangerschaften tatsächlich persönliche Begegnungen mit *Himmelswesen* hatten.

Die Geschichte von der Hybridisierung der Menschen durch die »Sky People« oder *Himmelswesen* ist wohl das älteste und weltweit in Mythen und Volksmärchen am häufigsten anzutreffende Motiv. Dieses Phänomen existiert seit der Antike bis zum heutigen Tag. Die Familie der Mami-Wata-Erzählungen bei den afrikanischen Völkern und die Feen-Tradition der keltischen Völker Europas erhalten eine sich bis heute ununterbrochen fortsetzende Erzählung über anomale Schwangerschaften aufrecht. Die Geschichten über die Geburten von Isaak, Johannes dem Täufer und Jesus passen alle in dieses Muster – ein narratives Phänomen, das weit älter und umfassender ist als die jüdisch-christliche Tradition. Abrahamitische, griechische, ägyptische, nordische, keltische, indische und chinesische Kulturen – um nur einige zu nennen – kennen zahlreiche solche Geschichten über *Sternenkinder*.

Laotse, der Philosoph und Begründer des Taoismus, Kaiser Taizu von Liao und der Gelbe Kaiser sind Beispiele für *Sternenkinder* in der chinesischen Mythologie. Bei jedem dieser drei Fälle sollen die Mütter schwanger geworden sein, nachdem sie seltsame Begegnungen mit Lichtobjekten hatten, die sie von den Sternen aus anstrahlten. Diese Geschichten beschreiben in Worten genau das, was Carlo Crivelli in seinem Gemälde aus dem Jahr 1648 als UFO darstellte, dessen Laserlichtstrahl auf die seltsame Kopfbedeckung der Jungfrau Maria gerichtet war. Von Mitra in der indischen Mythologie – Mithras in der griechisch-römischen Tradition – wird Ähnliches erzählt. In Indien zeigt sich genau das gleiche Muster auch bei Krishna und bei Vipassi, dem zweiundzwanzigsten Buddha im Buddhavamsa. In all diesen Berichten ist von Kindern die Rede, deren Empfängnis stattfand, nachdem ihre Mütter Nahbegegnungen erlebt hatten – also Kontakterfahrungen mit außerirdischen Phänomenen.

Natürlich kann man sich leicht vorstellen, dass solche Geschichten in der Antike erfunden wurden, um einer religiösen Autorität oder einem König oder Prinzen eine mystische Aura zu verleihen. Diese Rationalisierung fällt jedoch in sich zusammen, wenn es sich bei jenen, die von solchen Erfahrungen berichten, um ganz alltägliche Menschen handelt. Als beispielsweise Akua aus Anloga ihrer Familie ihre Mami-Wata-Erfahrung anvertraute oder Jane Pooley im australischen Fernsehen über ihre ET-Befruchtung berichtete, erwarteten beide keinen Ruhm für ihre Geschichte. Ganz im Gegenteil. Denn wie gehen wir mit den Menschen um, die von solchen Erlebnissen berichten? Was vor drei Jahrtausenden den Lebenslauf eines Philosophen mit einem Hauch von Mystik versah, wird im einundzwanzigsten Jahrhundert eher dazu führen, dass einer Mutter eine Behandlung mit Psychopharmaka nahegelegt wird. Es gibt also wenig Gründe, mit solchen Erlebnissen an die Öffentlichkeit zu gehen.

Für das moderne Ohr mag die Sprache der *Sternenkinder*, die manche als *Indigokinder* bezeichnen, nach Märchen und Magie klingen. Aber das trifft nicht zu. Denken Sie an *In-vitro-Fertilisation, künstliche Besamung, Gentechnik, Mikrochirurgie im Mutterleib* oder *Hybridisierung*. Wir haben heute ein Vokabular für medizintechnische Verfahren, die unseren Ahnen wie Zauberei erscheinen mussten. Die Frage ist: Wenn wir in den alten Texten der Menschheit von vergleichbaren Phänomenen lesen, glauben wir dann, dass dort etwas für die Menschen damals sehr Reales geschildert wird? In einem späteren Kapitel werde ich Ihnen John aus Kalifornien vorstellen. John ist ein dreieinhalbjähriger Junge, und der Wortschatz, mit dem er seine Geschichte vorträgt, ist die Sprache eines Dreieinhalbjährigen.

Wenn Sie seine Geschichte hören, werden Sie sich, wie ich, fragen, ob Sie ihm glauben sollen. Aber wenn Sie ihm glauben, was folgt daraus im Hinblick auf die historischen Persönlichkeiten, die ich Ihnen in diesem Kapitel genannt habe?

The Pig and Whistle, Canberra, Australien – September 2020

»Wenn du das Wort ›Aliens‹ benutzt, löst das im Kopf alle möglichen Cartoon-Bilder aus. Aber in Sodom gibt es zwei Himmelswesen, die im Stadtzentrum herumlaufen und eindeutig als Menschen durchgehen könnten. Und nicht nur das: Sie sind so enorm attraktiv, dass die Einheimischen sie regelrecht umschwärmen und unbedingt Sex mit ihnen haben wollen! Ich meine, stell dir die Art von hysterischem Mob vor, den internationale Popmusik-Ikonen oder Filmstars anlocken, dann hast du, glaube ich, die Reaktion, die hier beschrieben wird. Was hältst du davon?«

»Nun, Paul, jedenfalls erklärt es, wie diese Himmelswesen es schafften, unsere Vorfahren zu überreden, mit ihnen zu hybridisieren!«

Brad macht sich über mich lustig. Er und ich genießen einen Abend mit Bier und Außerirdischen in unserem Lieblings-Wasserloch im Australian Capital Territory. Brad und ich sind schon seit dreißig Jahren befreundet. Er ist jemand, der in jede Diskussion nüchterne Logik und trockenen Humor einbringt. Außerdem ist er ein guter Trinkkumpel. Heute Abend tue ich mein Bestes, um die Möglichkeit, dass wir kosmische ET-Nachbarn haben, in Brads Weltbild einzubauen, aber ich glaube nicht, dass ich ihn überzeugt konnte.

»Paul, diese Geschichte aus der Genesis ist so bizarr, dass man ihr nichts abgewinnen kann. Ich meine, in der Geschichte von Sodom gibt es einen Vater, der dieser tollwütigen Menge die eigenen Töchter anstelle seiner Gäste anbietet. Also wirklich, womit haben wir es hier zu tun? Was für eine Geschichte ist das?!«

In diesem Punkt muss ich zustimmen. Die Moral der Sodom-Geschichte ist wirklich bizarr, und nur ein genialerer Prediger als ich könnte aus diesem Text eine positive Botschaft herauslesen.

»Ich stimme dir zu, Brad, aber sagt dir diese Absurdität nicht, dass das, was wir hier lesen, keine Moralgeschichte sein kann? Es preist nicht die Großartigkeit einer königlichen Familie oder die besondere Abstammung von jemandem. Ich meine, niemand kommt in dieser Geschichte gut weg! Nicht einmal die Himmelswesen. Wenn es also nicht diese Art von Geschichte ist, was ist es dann? Was ist, wenn dieser Text eine Erinnerung enthält? Viele Mythen über den Ursprung der Menschheit sind so – ob man nun in der Bibel, in den sumerischen Texten oder anderswo sucht. Wenn ich sie lese, erscheinen sie mir wie die Rückblenden eines Patienten mit Amnesie. Man hat all diese Erinnerungs-Flashes und kurzen Eindrücke, kann aber nicht wirklich erkennen, wie sie zusammenhängen – und doch sind es echte Erinnerungen. Und wenn die einzige Besonderheit der Himmelswesen im Vergleich zum Rest von uns darin besteht, dass sie besser aussehen – wenn das ihr einziges Erkennungsmerkmal wäre, würden wir sie dann als Außerirdische erkennen, wenn sie uns im Alltag begegnen?«

Dieses Argument lässt Brad zumindest einen Moment lang nachdenklich werden. Das nächste Glas Hefeweizen bringt ihm etwas mehr Klarheit.

»Paul, wäre es nicht möglich, dass diese Geschichten über *Sternenkinder* nur ein Weg sind, das besondere Charisma von Menschen wie Buddha, Johannes dem Täufer oder Laotse zu mythologisieren, um die Gefühle der Menschen ihnen gegenüber sozusagen zu dramatisieren? Wenn wir diese Art von Charisma erleben oder wenn wir sehen, was solche besonderen Menschen in Gang setzen, kann da nicht das Bedürfnis entstehen, Geschichten zu finden oder zu erfinden, um ihre besondere Wirkung auf andere zu erklären? Sie müssen also unter einer Sternschnuppe oder bei dieser oder jener Konjunktion oder Konstellation geboren worden sein. Oder sie müssen halb Mensch, halb Gott sein.

Ich meine, haben die Römer nicht genau diese Art von Geschichten benutzt, um die normalen römischen Bürger dazu zu bringen, die Kaiser zu verehren? Sie hörten wahrscheinlich Geschichten über die Götter anderer Kulturen und dachten sich: ›Das ist eine gute Geschichte! Lasst sie uns verwenden. Wir können sie anpassen und damit das Image unseres Reichs aufpeppen.‹ In China wurde das doch auch so gemacht, oder nicht? Die chinesischen Kaiser galten als göttliche Wesen. Ist es nicht wahrscheinlicher, dass die Idee der *Sternenkinder* oder *Indigokinder* daher stammt? Oder vielleicht auch das genaue Gegenteil: eine Geschichte, um gewöhnlichen, nie im Rampenlicht stehenden Menschen das Gefühl zu geben, trotzdem etwas Besonderes zu sein?«

Ich muss zugeben, dass das eine gewisse Logik hat.

»Ich gebe zu, da ist etwas dran, Brad. Aber was ist mit den Jane Pooleys dieser Welt, die überhaupt nichts davon haben, wenn sie sagen: ›Mir ist etwas Komisches passiert, kurz bevor ich schwanger wurde oder während ich schwanger war?‹ Das passt doch nicht in dein Schema, oder? Wenn wir wirklich bereit wären, innezuhalten und zuzuhören, ohne zu urteilen, und einfach mal ermitteln, wie viele Frauen auf der ganzen Welt solche Geschichten zu erzählen haben, dann glaube ich nicht, dass wir das so einfach wegerklären können. Mir fallen spontan Menschen ein, die ich auf drei verschiedenen Kontinenten kenne und in deren Familien es solche Erfahrungen gibt. Aber sie machen nichts aus ihrer Geschichte. Sie prahlen nicht damit. Sie machen sie nicht zu Geld. Tatsächlich sprechen sie kaum darüber, weil sie wissen, dass die Leute sie für verrückt halten würden. Der kleine Junge, den ich erwähnt habe, John aus Kalifornien zum Beispiel, heißt nicht einmal wirklich so. Er ist nicht auf Publicity aus. Er profitiert nicht von seiner Geschichte.«

Nach kurzem Nachdenken kommt Brad zu einer philosophischen Betrachtung.

»Letzten Endes«, sagt er, »ist die Welt voll von ziemlich vielen ziemlich verschiedenen Leuten. Wir können nicht immer die Geschichten der anderen verstehen oder verstehen, warum sie diese Geschichten erzählen – und das ist eine Tatsache. Ich meine, ich habe viele wunderschöne Menschen getroffen, die ich faszinierend fand. Ich kann nicht immer erklären, warum. Und vielleicht bedeutet es auch gar nichts, aber ich bin vielleicht davon besessen, wer diese oder jene Person war, was ihre Geschichte war und was hätte passieren können, wenn ich den Mut aufgebracht hätte, sie anzusprechen. Das muss aber nicht bedeuten, dass sie ein ET ist, oder?«

Während ich mit der Stadtbahn vom *Pig and Whistle* nach Hause fahre, bin ich nachdenklich. Brad ist gut darin, mich auf dem Boden zu halten, und ich habe kein Problem damit, seine Argumente zu akzeptieren, die alle sehr vernünftig sind. Ich bin sogar sehr dankbar dafür, dass unsere unterschiedlichen Weltanschauungen unsere Freundschaft in keiner Weise getrübt haben. In einer Zeit, in der in der Öffentlichkeit wütend und polarisiert diskutiert wird, finde ich es etwas ganz Besonderes, einen Freund zu haben, mit dem man anderer Meinung sein kann.

Doch der Hauptunterschied zwischen mir und Brad besteht darin, dass ich seit der Veröffentlichung von *Flucht aus Eden* jede Woche die persönlichen Erlebnisse von Menschen höre, die überhaupt keinen Vorteil aus diesen sonderbaren Erlebnissen ziehen. Ganz im Gegenteil, in vielen Fällen empfinden sie ihre anomalen Begegnungen als sehr belastend und fühlen sich dadurch isoliert, weil sie wissen, dass ihre Freunde und die eigene Familie nicht damit umgehen könnten, wenn sie mit ihnen darüber sprechen würden. Daher schweigen sie und machen alles mit sich allein aus, was eine zutiefst schmerzhafte Sache ist. Noch schmerzhafter ist es, wenn man etwas erlebt hat, das man selbst nicht versteht. Meine eigene Weltanschauung hat sich verändert, einerseits, weil ich durch mein Studium der Mythologie gezwungen war, einige ungewohnte Dinge zur Kenntnis zu nehmen, und andererseits, weil ich einen Weg finden muss, die große Menge an Erfahrungen aus erster Hand zu verarbeiten, mit denen ich nun konfrontiert bin.

Während ich mit der Stadtbahn durch die Straßen der nordöstlichen Vororte Canberras fahre, denke ich wieder an die gewalttätige Bevölkerung von Sodom und wie sie ihre Besucher wahrnahm. Sie erblickten zwei äußerst attraktive Menschen, die durch ihre Stadt gingen, aber bei all der Anziehungskraft übersahen die Bewohner von Sodom völlig, dass diese schönen Wesen zwar sehr menschenähnlich aussahen, aber keine Menschen waren. Etwas an dieser Geschichte erinnert mich an einen Abend in meiner Jugend. Es ist Frühling und ich bin zwanzig Jahre alt.

Chichester, England – März 1985

Die Nacht ist dunkel, aber für die Jahreszeit ungewöhnlich warm. Ich bin in Chichester, um meine Freunde Rich und Trace zu besuchen. Auf dem Weg zu ihrer Studentenbude muss ich bei *Holland & Barrett*, dem örtlichen Naturkostladen, Wein und ein paar supergesunde Snacks besorgen. Der Laden ist erstaunlich voll. Ungefähr zehn Leute stehen in dem einfachen U der Verkaufsfläche verteilt. Aber zwei von ihnen haben etwas sehr Eigenartiges an sich. Wie ein Magnet wird meine Aufmerksamkeit sofort von diesen zwei sehr großen Personen angezogen. Tatsächlich sind sie ein Paar, und die Frau schiebt einen Kinderwagen. Sie sind beide hellhäutig, blond und unglaublich attraktiv. Als zwanzigjähriger Mann bin ich normalerweise nicht von der Attraktivität verheirateter Paare mit Kleinkindern angetan, aber diese drei sind einfach die vollkommensten Menschen, die ich je gesehen habe, mit einem athletischen, perfekt geformten skandinavischen Aussehen. Sie sind nicht nur körperlich atemberaubend, sondern alle drei strahlen eine enorm starke Aura von Ruhe, Frieden und Leichtigkeit aus und … Ich kann es nicht wirklich in Worte fassen, aber das Gefühl, das von ihnen ausgeht, ist erhebend.

Während ich gar nicht anders kann, als sie fasziniert zu beobachten, fällt mir etwas sehr Merkwürdiges an der Art und Weise auf, wie sie einkaufen. Die Frau ist vorausgegangen, nimmt Dinge aus dem Regal und legt sie in einen Korb. Der Mann tut auf der anderen Seite des Ladens das Gleiche. Sie sprechen nie miteinander, und doch scheinen sie ihren Einkauf irgendwie zu koordinieren. Und sie suchen nicht in den Regalen herum, um die gewünschten Waren zu finden. Sie greifen beide sofort zielsicher nach jedem Artikel, scheinbar ohne hinzuschauen oder nachzudenken, und kommen schließlich zeitgleich an der Kasse an. So kauft man nicht ein! Es ist fast so, als würden sie entweder ohne Worte kommunizieren oder als würden sie nur so tun, als kauften sie ein, während sie die ganze Zeit diese unglaubliche … *Energie* ausstrahlen. Ich beobachte sie, völlig gefesselt, und verstehe nicht, warum. Warum wirken sie so auf mich? Was macht sie so besonders? Was ist ihr Geheimnis?

Für einen flüchtigen Moment kommt mir der Gedanke, dass diese außergewöhnlichen und schönen Menschen vielleicht gar keine Menschen sind. Was dann? Könnten es *Engel* sein? Dieser Gedanke währt nicht länger als den Bruchteil einer Sekunde, denn die Anwesenheit des Kleinkindes macht diese Theorie sofort zunichte. Ich habe jedenfalls noch nie von einem Engel im Kleinkindalter gehört. Ich vermute, dass es sich einfach um sehr große, schöne, strahlende, heitere und charismatische Menschen handeln muss. Dennoch werde ich das Gefühl nicht los, dass etwas an ihnen völlig *anders* ist. Der Mann bezahlt ihre Einkäufe, ohne ein Wort zu sagen, und sie verlassen den Laden. Ich bin der Nächste in der Schlange, also kaufe ich so schnell wie möglich ein und überlege, ob ich ihnen nachgehen und sie fragen soll, wer sie sind und warum sie so ... nun, was auch immer dieses Besondere an ihnen sein mag. Am Ende entscheide ich aber, dass das wirklich zu komisch wäre. Und da die drei schönen Fremden in der Abenddunkelheit verschwunden sind, kommt ein solches Gespräch auch gar nicht mehr in Frage.

Es war ein wirklich sonderbares Erlebnis. Wenn man es erzählt, hört es sich nach nichts an, und bevor ich es Ihnen gerade erzählt habe, erwähnte ich es kaum jemals, eben weil es sich nach nichts anhört. Ich meine, was habe ich Ihnen erzählt? Ich beobachtete vor vielen Jahren ein großes, blondes Paar mit Kind, und diese Menschen lösten in mir, warum auch immer, ein sonderbares Gefühl aus. Das ist wohl kaum eine Schlagzeile wert! Doch nun gehe ich hin und füge all diese Puzzleteile zu einem Gesamtbild zusammen: die hebräischen Geschichten von Abrahams geheimnisvollen Besuchern und dem Untergang der Stadt Sodom, die Geschichten von *denen, die anders sind als wir* oder den *anderen Leuten* sowie heutige Berichte über sonderbare Begegnungen mit *großen Weißen* oder *Nordischen*, die mich von vielen Leuten erreichen, zum Beispiel meiner Freundin Patricia in Massachusetts. Dadurch wird mir klar, dass es in der großen Vielfalt eines bevölkerten Universums wahrscheinlich noch ein paar andere Wesen gibt als nur *Menschen* oder *Engel*.

Das ist keine Option, die ich vor der Achterbahnfahrt der Recherche und des Schreibens von *Flucht aus Eden* überhaupt je in Betracht gezogen hätte. Selbst jetzt zögere ich, es zu erwähnen, weil jeder vernünftige Leser sagen könnte: »Paul, wenn du bereit bist, in Betracht zu ziehen, dass man Außerirdische nicht von großen, blonden Skandinaviern unterscheiden kann, dann lebst du eindeutig in einer Welt, in der alles möglich ist!«

Und wenn Sie jetzt so reagieren, kann ich das sehr gut verstehen. Aber es gibt zwei Gründe, warum ich Ihnen diese Geschichte erzähle, die sich nach nichts anhört. Der erste Grund ist, dass so viele mutige Männer und Frauen mir gegenüber das Risiko eingegangen sind, von Dingen zu berichten, wegen denen sie befürchten müssen, als dumm, ungebildet, leichtgläubig oder verrückt abgestempelt zu werden.

Wenn so viele bereit sind, sich mir zu öffnen und das Risiko einzugehen, verletzt zu werden, dann bin ich auch bereit, mich ihnen gegenüber zu öffnen und Verletzlichkeit zuzulassen. Ich habe damals etwas gesehen, das ich nicht verstand, und ich verstehe es bis heute nicht. Der zweite Grund, warum ich bereit bin, Ihnen eine Geschichte zu erzählen, die sich nach nichts anhört, ist, dass ich Sie persönlich dazu ermutigen möchte, über eigene ähnliche Erfahrungen nachzudenken – Erlebnisse, die Sie bis heute nicht verstehen oder fassen können.

Was wäre, wenn Sie es wagten, Ihre Geschichte Ihrer Familie oder Ihrem Freundeskreises zu erzählen? Kann es sein, dass andere sich dann ebenfalls öffnen und sich trauen, eigene ungewöhnliche Erfahrungen mit Ihnen zu teilen? Je mehr wir einander erlauben, unsere jeweiligen Geschichten zu erzählen, und je mehr wir bereit sind, mit offenem Ohr zuzuhören, desto mehr wird sich zeigen, dass wirklich kein Mangel an real existierenden rätselhaften Phänomenen herrscht, die die vertrauten Grenzen unserer konventionellen Erklärungen eindeutig sprengen! Wenn Sie nach dem Teilen und Zuhören feststellen, dass in Ihrem Weltbild kein Platz für die Anomalien ist, die Sie oder ein Familienmitglied oder ein enger Freund erlebt haben, dann halten Sie einmal inne und fragen Sie sich, welche Grenze Ihres Weltbildes denn durch diese Erfahrungen in Frage gestellt werden. Welche Möglichkeiten haben Sie bislang nicht in Betracht gezogen?

In der Vergangenheit gab es in meinem Weltbild einfach keine Begriffe für die drei Anomalien, die ich erlebte, als ich zwanzig Jahre alt war. Ich glaubte, wir seien allein im Universum, also war es mir unbegreiflich, was ich in jener Nacht in meiner Wohnung in Bath sah. Ich hatte noch nie etwas von »fehlender Zeit« gehört und konnte nur rätseln, was es mit diesen beiden für mich so untypischen Erinnerungslücken in jenem Jahr auf sich hatte. Darüber hinaus waren die einzigen *Nordischen*, von denen ich je gehört hatte, echte Skandinavier. Also blieb dieses Erlebnis im Naturkostladen *Holland & Barrett* für mich einfach eine Nicht-Geschichte, mit der ich mich besser nicht beschäftigte. Der dänische Philosoph Søren Kierkegaard schrieb: »Das Leben wird vorwärts gelebt und rückwärts verstanden.« Ich glaube, er hat Recht. Wenn wir am Ende unseres Lebensweges immer noch die gleiche Weltsicht haben, die wir einst in der Schule lernten, dann waren wir unterwegs ganz offensichtlich unaufmerksam.

Ohne eine solche Reise und ohne die Offenheit, die aus der Erfahrung erwachsen sollte, hätte ich überhaupt nicht gewusst, was ich mit dem persönlichen Zeugnis von John aus Kalifornien anfangen sollte. John ist ein dreieinhalbjähriger Junge mit einer Geschichte, die Ihnen einen Schauder über den Rücken jagen wird. Aber das gehört in ein anderes Kapitel.

11

Die Worte finden

Cape Canaveral – Februar 1994

Der Lärm der Motoren dröhnt über das Wasser zu uns herüber und trifft uns mit voller Wucht. Ich spüre die Vibrationen in meinem Bauch, so wie ich nur wenige Jahre zuvor die Kraft der Horseshoe-Wasserfälle spürte, als ich oben an der Felswand stand, über die der Niagara-Fluss in die Tiefe stürzt. Es ist ein beunruhigendes Gefühl des physischen Kontakts mit den Frequenzen einer immensen Energie. Mein Körper schwingt in der gleichen erschreckenden Weise mit, als sich das Space Shuttle *Discovery* auf seiner Rauch- und Feuersäule von der Startrampe in den kalten Morgenhimmel erhebt.

Acht Jahre sind vergangen, seit die Welt die Tragödie der *Challenger* beweinte, und obwohl eine gewisse Zuversicht in das Unternehmen zurückgekehrt ist, Nutzlasten und Personal zwischen der Erde und der Erdumlaufbahn zu befördern, zweifelt wohl niemand von uns in der Menge an der grundlegenden Gefahr dessen, was wir hier sehen. Die *Discovery* ist die Raumfähre, die 1988 auf die unglückselige *Challenger* folgte, um das amerikanische Raumfahrtprogramm wiederzubeleben. Während wir sie heute Morgen betrachten, sind wir uns alle des unglaublichen Mutes ihrer Besatzung bewusst. Jedes Besatzungsmitglied ist bereit, gewissermaßen in unmittelbarer Nähe einer gewaltigen Explosion zu sitzen. Wie sich diese lang anhaltende, kontrollierte Explosion wohl von innen anhört? Es ist sowohl inspirierend als auch beängstigend, so etwas mitzuerleben. Aus Sicherheitsgründen sitzt das Bodenpersonal, das dem Startplatz am nächsten ist, fast fünf Kilometer entfernt in einem Gebäude aus Stahlbeton. Wenn Sie sich der Startrampe noch weiter nähern oder keinen schützenden Stahlbeton vor sich haben, ist es vermutlich das Letzte, was Sie sehen.

Den Planeten zu verlassen ist offenbar der schwierigste Teil der Gleichung, und die grundlegende Technologie, die wir dafür einsetzen, ist inzwischen mehr als siebzig Jahre alt. Es verblüfft mich, dass wir diese brutale und potenziell tödliche Technologie nach so langer Zeit immer noch nutzen. Und doch gibt es, wie mir meine mythologischen Reisen gezeigt haben, in unseren alten Texten Hinweise, dass eine Technologie, die, was Aussehen und Lärm angeht, auf unheimliche Weise unserer Raumfahrttechnik gleicht, in Wahrheit sehr viel älter ist, als wir es uns je vorgestellt haben. Sie findet sich in dem Erbe antiker Reliefs und Skulpturen in Ägypten, in Mittel- und Südamerika, und begegnet uns auch auf den Seiten der hinduistischen Veden. Solche Hochleistungstechnologie in der Bibel zu entdecken, mag für viele Menschen ungewohnt sein. Doch wenn ich von der Genesis zum Exodus übergehe, stelle ich fest, dass es nur eine Frage der richtigen Übersetzung ist, und schon springt sie uns förmlich ins Auge!

Sprache und Linguistik waren meine erste Liebe. In der Schule und an der Universität lernte ich Englisch, Französisch,

Latein, Italienisch, Portugiesisch und Griechisch für das Neue Testament und begeisterte mich für Übersetzungen und Interpretationen. Mit der Zeit verschaffte mir dieser sprachliche Hintergrund eine nützliche Grundlage, um die faszinierenden Texte der hebräischen Schriften und des griechischen Neuen Testaments zu erkunden. Auf der Grundlage dieser Quellen habe ich dreiunddreißig Jahre lang mit Freude gepredigt, obwohl ich dabei immer wieder auf Anomalien stieß. Diese Anomalien scheinen einer Welt zu entstammen, die weit von den Überzeugungen und Interessen des orthodoxen Judentums und Christentums entfernt ist. Nachdem ich mir nun die Mühe gemacht habe, die hebräischen Schriften erneut zu lesen und dabei das Wort *Elohim* im Plural zu übersetzen, lassen sich die Anomalien leichter als das erkennen, was sie sind. Zum Beispiel:

- Eine *Elohim*-Geschichte über einen Völkermord ist eine Geschichte über Völkermord – nicht über ein göttliches Strafgericht.
- Die Ankunft eines *Ruach* über dem überfluteten Planeten ist eine UFO-Begegnung – nicht der Geist Gottes.
- Bei den Konflikten des »Sündenfalls« in Genesis 3 geht es nicht um Äpfel und Schlangen, nicht um Sünde und Strafe und darum, dass Gott unfähig war, das Offensichtliche vorherzusehen. Es geht um einen Streit zwischen Gentechnikern darüber, wie intelligent der Mensch sein soll.
- Bei der Zerstörung von Babel geht es nicht um eine göttliche Strafe für die Verletzung alter Bauvorschriften. Es geht um die Vernichtung einer technologischen, raumfahrenden Zivilisation durch eine außerirdische Macht.
- Im Buch Hiob spielen zwei *Elohim* mit dem Leben eines Menschen, um zu testen, wie stark die Macht des älteren *Elo-*

him ist. Es ist nicht die Geschichte eines liebenden Gottes. Es ist eher so, als würde man ungezogenen Jungs dabei zusehen, wie sie mit Lupen Ameisen verbrennen. Der völlige Mangel an Empathie ist genau derselbe.

- Die Schlachten des Alten Testaments sind keine Geschichten von Anbetung und Abtrünnigkeit. Sie handeln von den Konflikten außerirdischer Machthaber, die über einzelne menschliche Kolonien herrschen und untereinander um Einfluss und Territorien streiten.
- Wenn JHWH im Buch der Könige das Wort *Elohim* benutzt, um sich selbst zu beschreiben, und auf den Namen eines benachbarten *Elohim* spuckt, wird uns ein Einblick in die Welt der alten Hebräer gewährt, bevor der Monotheismus kam und dafür diese frühere Welt übermalt wurde.

Als weiteres Beispiel möchte ich Ihnen etwas über das Wort »Herrlichkeit« erzählen. Damit wird das hebräische Wort *Kbud* übersetzt. In der Welt von Synagoge oder Kirche sind wir daran gewöhnt, das Wort so zu hören, als ob es den strahlenden Glanz der Gegenwart Gottes bedeutet. Doch jeder, der schon einmal über das Buch Hesekiel gepredigt hat, weiß, dass diese Geschichte noch eine ganz andere Ebene hat! Im Buch Hesekiel gibt der Autor ein Datum an: irgendwann im sechsten vorchristlichen Jahrhundert. Dann erzählt er uns, wie das *Kbud* aussieht, als es am Fluss Kebar landete.

Als er das *Kbud* zum ersten Mal bemerkt, schwebt es am Himmel, umgeben von strahlendem Licht, blinkenden Lichtern und einer Rauchwolke. Hesekiel hat so etwas noch nie gesehen und tut sich schwer, es mit irdischen Begriffen zu beschreiben. Was er direkt beschreiben kann, sind Feuerfontänen, Räder, Metall und Glas. Er erzählt uns auch von dem Geräusch, das es verursachte. Wenn sich das *Kbud* bewegte, machte es ein Geräusch wie ein mächtiger Wasserfall.

Das Wort, zu dem Hesekiel greift, um den Piloten des *Kbud* vorzustellen, ist das Wort *Echie.* Es bedeutet »Lebensform« oder »Tier«. Als die Lebensform ihn in das Fahrzeug zieht (*Ruach* auf Hebräisch), sieht sich Hesekiel den ungewöhnlichen Piloten genauer an. Er sagt nun, der Pilot sei »wie ein Mensch«. Der Pilot spricht Hesekiel seinerseits mit »Mensch« an und unternimmt mit ihm einen Rundflug über dem Irak. Die menschenähnliche Lebensform ist offensichtlich sehr an der Religion und der Politik in Hesekiels Welt interessiert und bespricht beides, während sie von Ort zu Ort fliegen. Schließlich setzt er Hesekiel wieder in Tel Abib ab. Auf festem Boden angekommen, ist Hesekiel so überwältigt von der Erfahrung, dass er nach der Begegnung eine ganze Woche lang nicht sprechen kann.

Heute haben wir Begriffe für die Erfahrung, die Hesekiel beschreibt. Wir würden seine Begegnung eine *UFO-Nahbegegnung* nennen. Die Lebensform – den menschenähnlichen Piloten – würden wir als *ET* bezeichnen, und die Reise als *Entführung.* Hesekiels Leben ist danach nie mehr dasselbe.

Dieser Abschnitt im Buch Hesekiel enthält von allen hebräischen Geschichten die klarste Beschreibung eines *Kbud.* Hesekiel schildert es seinen Lesern in anschaulichen Details. Etymologisch gesehen ist ein *Kbud* ein »schweres Ding«. Von Hesekiel erfahren wir, dass dieses besondere, schwere Objekt mindestens zwei Menschen tragen und durch die Luft fliegen kann. Es ist ein *Ruach,* ein Schiff, und Hesekiel benutzt dieses Wort auch, um das *Kbud* zu beschreiben. Seine sehr detaillierte physische Beschreibung des Fahrzeugs bestätigt die hier sehr materielle Verwendung des Wortes *Ruach,* indem er uns sagt, dass das *Ruach* auf Rädern steht und Menschen transportiert.

Tatsächlich sind die Einzelheiten, die Hesekiel über die Räder des *Ruach* liefert, so präzise, dass Josef Blumrich, der Leiter der Entwicklungsabteilung der NASA, das Design für die NASA patentieren ließ. Das Patent, US3789947A, wurde am 5. Februar 1974 erteilt. Es trägt den Namen *Omnidirektionales Rad* und wird bis heute von der NASA verwendet.

Sanskrit-Texte aus der altindischen Welt der Veden scheuen sich nicht, die Vimanas in technologischer Hinsicht eindeutig als Fluggeräte zu beschreiben, welche sowohl in der Luft als auch im Weltraum fliegen können. Ein aus der Zeit zwischen 1000 und 1055 nach Christus stammender Text, das *Samarangana Sutradhara*, verfasst von König Bhoja von Dhar, beschreibt die Fähigkeiten und das Antriebssystem der Vimanas. Im Mahabharata ist von Vimanas die Rede, die fliegen, schallsuchende Raketen abschießen und Ziele mit etwas zerstören können, was wir als Laser bezeichnen würden. Auch hier greifen die alten Schriftsteller zu Metaphern, um eine unbekannte und mächtige Technologie mit den damaligen irdischen Begriffen zu beschreiben. Einige Vimanas werden in Begriffen beschrieben, die irdischen Palästen entsprechen. Es wird jedoch nicht versucht, mechanische Geräte oder physikalische Technologien als etwas Ätherisches oder Spirituelles darzustellen. In diesem Licht gelesen, bekommt das Erscheinen von JHWHs *Kbud* auf dem Berg Sinai eine andere Bedeutung.

Im Buch Exodus, Kapitel 33, wird uns berichtet:

> »Der Berg Sinai war in Rauch gehüllt, denn JHWH war im Feuer auf ihn herabgestiegen. Der Rauch stieg vom Berg auf wie Rauch aus einem Schmelzofen. Der ganze Berg bebte gewaltig, und der Klang der Posaune wurde immer lauter und lauter. Da sprach Mose, und die Stimme des *Elohim* antwortete ihm.«

Was dann folgt, ist ein Gesetzeskodex, mit dem das hebräische Volk künftig von dem besagten *Elohim* regiert werden soll.

Am Ende eines langen Gesprächs fragt Mose, ob er einen Blick auf JHWHs *Kbud* werfen darf. JHWH antwortet Mose, dass es tödlich wäre, das »schwere Ding« aus der Nähe zu sehen. Stattdessen, so sagt JHWH, werde er »die guten Dinge« (im Hebräischen »Wanne«, in den deutschen Übersetzungen »seine Güte«) vor Mose vorüberziehen lassen. JHWH verwendet »die guten Dinge/Güte« auch als Bezeichnung für sein *Kbud.* Mose kann dann zusehen, wie das *Kbud* davonfährt oder -fliegt. Um jedoch nicht getötet zu werden, muss Mose in einer Felsspalte Schutz suchen und von JHWHs »Hand« oder »Pfanne« beschützt werden.

Dieser so faszinierende Vorgang wird in den herkömmlichen Übersetzungen dergestalt wiedergegeben, dass Mose Gottes »Rücken« sehen darf, nicht jedoch Gottes »Angesicht«.

Die herkömmliche Übersetzung wirft weit mehr Fragen auf, als sie beantwortet. Was genau ist damit gemeint, die »Güte« oder die »Herrlichkeit« »von hinten« zu sehen? Wieso wird Mose, der sich seit einigen Tagen mit JHWH von Angesicht zu Angesicht unterhält, nun plötzlich gesagt, es wäre tödlich, in JHWHs Angesicht zu schauen? Offensichtlich muss hier etwas anderes gemeint sein.

Die Erklärung, die JHWH Mose gibt, ist, dass er das *Kbud* sehen darf, wenn es nicht *paneh* ist. Die frühen Verwendungen des hebräischen Wortes *paneh* zeigen, dass es »an der Oberfläche« oder »im Freien« bedeutet. Nach dieser Auslegung wird uns gesagt, dass Mose, wenn sich das *Kbud* bewegt, nicht *»ungeschützt«* oder *»im Freien«* sein darf, denn sonst besteht Lebensgefahr. Angesichts der dramatischen physikalischen Effekte, die bei der Landung des *Kbud* auf dem Berg auftreten, macht diese Warnung durchaus Sinn, und der Ablauf der Ereignisse bestätigt diese Übersetzung. Genau das ist der Grund, warum Mose sich in der Felsspalte verstecken muss, wenn das *Kbud*, das »schwere Ding«, sich bewegt.

Was hier in Exodus aufgezeichnet wurde – und was die Übersetzer absichtlich oder unbeabsichtigt verschleiert haben –, sind die Sicherheitsanweisungen für den Start eines großen Raumschiffs, der im dreizehnten vorchristlichen Jahrhundert stattfand. Generationen von Übersetzern haben offenbar diesen Bericht in die Geschichte einer Gottheit verwandelt, die so heilig ist, dass jeder Mensch sterben muss, der ihr Angesicht erblickt – außer Mose, der offenbar von Angesicht zu Angesicht mit ihr sprechen kann – außer, wenn er es einmal doch nicht kann. Und wenn er es kann, darf er lediglich Gottes »Güte« sehen – wenngleich nur »von hinten«. Ergibt das einen Sinn? Jeder Leser, der auf eine solche Übersetzung stößt, wird sofort wissen, dass etwas nicht stimmt. Meiner Meinung nach ist das, was man nicht von Angesicht zu Angesicht sehen darf, nicht GOTT, sondern ein großes, schweres Raumschiff, das bei Start und Landung mit explosiver Kraft Feuer und Rauch spuckt. Doch irgendwie haben uns die Übersetzer und Bibellehrer dazu gebracht, Technik nicht zu erkennen, auch wenn sie offenkundig beschrieben wird.

Wir reisen nun vier Jahrhunderte in die Zukunft und kommen irgendwann im neunten vorchristlichen Jahrhundert im Westjordanland an. Hier werden wir eine weitere Nahbegegnung mit JHWH erleben – diesmal aus der Sicht des Propheten Elija und seines Augenzeugen Elischa. In 1. Könige 19 heißt es, dass JHWH bei seiner Ankunft ein gewaltiger Wind vorausgeht, der die Berge zerreißt und die Felsen auf seinem Weg zerschmettert. Die Berghänge erbeben und Feuer schießt aus dem *Was-auch-immer*, in dem JHWH anreist. Ein paar Kapitel später wird Elija in das Gefährt gebracht, mit dem JHWH so geräuschvoll gelandet ist. In 2. Könige 2 wird beschrieben, wie Elija in einem »feurigen Wagen« in den Himmel hinaufgetragen wird, und zwar durch etwas, das seinem Freund wie ein Wirbelsturm vorkommt. Ich wage zu behaupten, dass wir im einundzwanzigsten Jahrhundert eine Sprache für so etwas haben. Wie wäre es mit: *UFO, Wurmloch, Entführung …*

Die vielleicht berühmteste Begebenheit in den hebräischen Schriften betrifft Henoch, den Urgroßvater Noahs. In einem rätselhaften Vers in Genesis 5 heißt es: »Henoch wandelte mit den Mächtigen. Dann war er nicht mehr da, denn die Mächtigen hatten ihn genommen.«

Drängt sich das Wort *Entführung* hier nicht förmlich auf?!

Meine Erfahrung als Prediger ist, dass man, wenn man biblische Texte nur zur religiösen Erbauung und Belehrung nutzt, dazu neigt, seltsame Momente wie diese zu übergehen oder eine Art »Moral von der Geschichte« zu finden, die man auf das Leben seiner Zuhörer anwenden kann. Es ist jedoch nur eine Frage der Zeit, bis die Unvereinbarkeit der religiösen Sprache mit außerirdischen und technologischen Phänomenen nicht mehr zu übersehen ist. Zumindest habe ich das festgestellt, als ich mich entschloss, den Fehdehandschuh aufzunehmen, den der leitende Astronom des Vatikans, Pater Dr. Guy Consolmagno, uns hinwarf, indem er uns dazu aufforderte, die Bibel mit einer Geisteshaltung zu lesen, die offen ist für die Existenz Außerirdischer. Wenn wir Außerirdische, UFOs, ET-Nahbegegnungen, Entführungen und Hybridisierung nicht in unsere Interpretation einzubeziehen, wirken die biblischen Erzählungen undurchsichtig und verwirrend. Und werden sie gar mit Geschichten über das Wirken Gott verwechselt, sind sie beängstigend und zutiefst verstörend. Lässt man den außerirdischen Aspekt hingegen zu, sind die in der Bibel geschilderten Phänomene vielleicht schwer zu glauben, aber nicht schwer zu verstehen.

Für mich sind diese Punkte inzwischen ganz offensichtlich, und das macht mich nachdenklich. Wenn ein herausragender Hebräisch-Übersetzer wie Mauro Biglino in der Lage ist, antike Technologien im biblischen Vokabular zu erkennen, dann muss es doch sicher auch andere Hebräisch-Gelehrte geben, selbst innerhalb der Mauern der kirchlichen Orthodoxie, die wissen, was er weiß. Wissen sie es im Geheimen und stimmen sie ihm im Geheimen zu, während sie immer noch die alten, vergeistigten Übersetzungen herausgeben? Die Antwort auf diese Frage erreichte mich von einer überraschenden Seite.

Canberra, Australien/Yorkshire, England/ Interlaken, Schweiz – September 2020

»Unser heutiger Gast ist nichts weniger als eine lebende Legende. Er wurde in Peru und Brasilien mit Auszeichnungen geehrt und erhielt für sein Lebenswerk die Ehrendoktorwürde der Universität von Bolivien. Nach seiner ersten Veröffentlichung in Der Nordwesten *– einer deutschsprachigen kanadischen Zeitung – im Jahr 1964 befinden sich seine Werke inzwischen seit sechsundfünfzig Jahren ununterbrochen in Druck. Seitdem hat er einundvierzig Bücher geschrieben, die in zweiunddreißig Sprachen übersetzt wurden und sich weltweit mehr als zweiundsiebzig Millionen Mal verkauften. Er ist der legendäre Erich von Däniken.«*

Wir sind bei *The 5th Kind TV* live miteinander verbunden und hoffen, dass die Technologie, die Canberra in Australien mit England und mit Interlaken in der Schweiz verbindet, stabil bleibt und unser Interview mit dem bisher berühmtesten

Gast des Senders aufzeichnet. Ich bin etwas unsicher, weil ich nicht weiß, wie Erich George Noorys Beschreibung meines Buches aufgenommen hat: »Das *Erinnerungen an die Zukunft* unserer Generation.« Im Jahr 2020, im Alter von fünfundachtzig Jahren, ist Erich von Däniken immer noch eine Naturgewalt, und es besteht kein Zweifel, dass *er* der Erich von Däniken dieser Generation ist!

Meine Angst erweist sich als völlig unbegründet. Erich ist so warmherzig, ermutigend und ansteckend enthusiastisch wie eh und je. Ich beginne unser Gespräch mit Erichs ersten Ausflügen auf außerirdisches Terrain. Als junger, gläubiger Katholik besuchte er eine Jesuitenschule, wo er im Rahmen des Sprachstudiums biblische Texte aus einer Sprache in eine andere übersetzen musste. Bei diesen Übungen prägten sich Erichs jungem Geist bestimmte anomale Wörter ein.

»Es gibt etwa zehn Schlüsselwörter in der Bibel«, sagt er, »die, wenn man sie mit einer wörtlicheren Bedeutung zurückübersetzt, den Kontext völlig verändern und die außerirdische Geschichte enthüllen.«

Meine eigenen Studien der Genesis und der hebräischen Schriften führten mich zu genau dem gleichen Schluss. Warum gibt es dann immer noch die alten, spiritualisierten Übersetzungen? Liegt es nur an der geschlossenen Weltanschauung der Übersetzer? Oder glaubt Erich von Däniken, dass der etymologischere Ansatz vermieden wird, um verbotenes Wissen zu verbergen? Vermeiden die ehemaligen Kollegen von Mauro Biglino in Rom absichtlich technische Übersetzungen? Mit anderen Worten: Weiß der Vatikan mehr, als er zugibt?

»Die Übersetzer der Vergangenheit waren brillante Menschen«, sagt Erich. »Hochgebildet. Menschen mit Integrität. Aber es war eben nicht der Zeitgeist von heute. Sie übersetzten die Texte entsprechend der Denkweise ihrer Zeit. Doch jetzt ist die Zeit reif dafür, die Art und Weise zu ändern, wie wir die alten Texte übersetzen.«

Für Erich von Däniken geht es bei der allmählichen, tröpfchenweisen Enthüllung durch die katholische Kirche eigentlich nur darum, das zu enthüllen, was die Öffentlichkeit bereit ist zu akzeptieren, wenn das allgemeine Verständnis der Gesellschaft fortschreitet. Frühere Generationen hatten gar nicht die Vergleichsmöglichkeiten, um Hinweise auf fortschrittliche Technologie in der Bibel erkennen zu können. Im Gegensatz dazu kennen wir im einundzwanzigsten Jahrhundert Raumfahrt und Planetenbahnen, wir wissen von Wurmlöchern, Asteroideneinschlägen, künstlicher Befruchtung, genetischer Veränderung, Hybridisierung, Telekommunikation, Übersetzungsprogrammen, Bluetooth und Raumanzügen. All das ist heute vertrauter Bestandteil unserer Welt. Folglich verfügen wir über Kenntnisse, die es uns ermöglichen, Phänomene zu verstehen, die von unseren fernen Vorfahren mit ihren Begriffen beschrieben wurden und von früheren Übersetzergenerationen gar nicht richtig verstanden werden konnten. Es ist nicht respektlos gegenüber diesen früheren Übersetzern, das offen anzusprechen.

Für jeden gläubigen Menschen ist die Begegnung von Mose mit einem JHWH, der sich einer rauchigen, feurigen Technologie bedient, eine von mehreren biblischen Anomalien, die auf eine Frage mit weitreichenden Konsequenzen hinweisen. Wenn ein für die biblische Geschichte so zentraler Moment sich als etwas anderes als eine Geschichte über GOTT entpuppt; wenn der JHWH des Mose lediglich derjenige unter den Mächtigen/*Elohim* ist, der über Israel herrschte, wo taucht dann auf den Seiten der Bibel der wirkliche GOTT auf – wenn überhaupt? Diese Frage ist nicht leicht zu beantworten. Die Redaktoren der hebräischen Geschichte aus dem sechsten Jahrhundert vor Christus haben das Alte Testament bewusst so gestaltet. Der ganze Zweck ihrer Endredaktion bestand darin, die Vielfalt der Geschichten, die im hebräischen Kanon versammelt sind, wie eine nahtlose Geschichte über GOTT – den Ursprung aller Dinge – erscheinen zu lassen, die bis in die turbulenten Zeiten der Schöpfung zurückreicht.

Der ehemalige Übersetzer des Vatikans, Mauro Biglino, behauptet jedoch, dass GOTT auf den Seiten des Alten Testaments überhaupt nicht auftaucht. Für ihn ist das gesamte Alte Testament die Geschichte der Unterdrückung der Menschen durch die *Elohim*, die uralten Mächtigen.

Nun möchte ich Ihnen sagen, wo ich mit meinen Überlegungen angelangt bin. Wo immer ich in der Bibel JHWH als Person in Erscheinung treten sehe, die eine aktive Rolle spielt, glaube ich, dass wir es mit einem *Elohim* zu tun haben. Er agiert oft strafend und brutal, manchmal unberechenbar, und kann äußerst unerbittlich und unversöhnlich sein. In diesen Texten scheint JHWH die Stämme Israels auf dieselbe Weise zu regieren wie die anderen *Elohim* ihre Menschen. Dennoch gibt es im hebräischen Kanon Einblicke in etwas Höheres. Amos zum Beispiel war ein jüdischer Prediger aus dem achten vorchristlichen Jahrhundert. Seine Vision von GOTT (den der Text JHWH nennt) ist die einer liebenden Intelligenz, der schöpferischen Quelle des Universums, mit einer Vision von Liebe und Gerechtigkeit, die sich auf die gesamte Menschheit erstreckt – einschließlich der Feinde Israels. Für mich klingt das weniger nach den brutalen *Elohim*-Herrschern, sondern mehr nach dem GOTT – der harmonischen Quelle aller Dinge –, den Jesus »Vater« nannte.

Im Johannesevangelium finden wir dieselbe Vorstellung von GOTT als kosmischer Quelle bekräftigt. Das Evangelium beginnt: *»Im Anfang war das Wort und das Wort war bei GOTT und das Wort war GOTT. Dieses war im Anfang bei Gott. Alles ist durch das Wort geworden … In ihm war Leben und das Leben war [und ist] das Licht der Menschen.« (Johannes 1,1-4)*

Der Apostel Paulus äußerte sich im ersten Jahrhundert nach Christus in ähnlicher Weise, als er sagte: *»Ich spreche zu euch über GOTT – die Quelle des Kosmos und von allem, was in ihm ist.«* (Apostelgeschichte 17,23-24)

Wo also sieht Jesus diesen kosmischen GOTT in der hebräischen Geschichte? Wenn wir bei Jesus nach Bestätigung für die Behauptungen über GOTT suchen, die in der monotheistischen Geschichte des hebräischen Kanons aufgestellt werden, so ist das weit weniger ergiebig, als man erwarten könnte. In den Evangelien von Matthäus und Markus sagt Jesus oft: *»Ihr habt gehört, dass gesagt wurde … ich aber sage euch …«* Oder: *»Mose hat euch dies erlaubt … ich aber sage, dass …«* Damit distanziert sich Jesus mit seiner Vision deutlich von den alten Geschichten.

An einer Stelle bekräftigt Jesus ein Gebot aus dem Exodus als Wort GOTTES. Es ist das Gebot, sich um seine alten Eltern zu kümmern. Das ist eine der wenigen Äußerungen, in denen sich Jesus auf den Gott seiner Zuhörer in einer Weise bezieht, die deren gesamten theologischen Rahmen sprengt. Einfach ausgedrückt: Er zitiert die eigene Theologie seiner Zuhörer gegen sie. Meiner Meinung nach wird jeder, der annimmt, Jesus hätte »den Gott des Alten Testaments« oder »das hebräische Gottesbild« vorbehaltlos unterstützt, in den Evangelien dafür viel weniger Anhaltspunkte finden, als er vielleicht erwartet.

Das ist die Neuausrichtung, die für mich nach meiner Reise in die Tiefen der Genesis notwendig wurde. Während ich in meiner Seecontainer-Hütte im Grünen neben unserer Auffahrt saß, umgeben von den Texten der Bibel und den parallelen Berichten so vieler Kulturen durch die Jahrhunderte, nahm das Bild, das ich auf diesen Seiten skizziert habe, für mich Gestalt an. Ich begann zu begreifen, dass ich, wenn ich für meine Erkenntnisse eintreten wollte, wirklich mein Leben selbst in die Hand nehmen musste. Ich durfte nicht länger danach streben, in konservativeren religiösen Kreisen akzeptiert zu werden, sondern musste bereit sein, mit den Auswirkungen auf meinen Ruf zu leben, die meine Schlussfolgerungen unweigerlich nach sich ziehen würden.

Und um ganz ehrlich zu sein, noch immer muss ich jedes Mal eine echte Peinlichkeitsschwelle überschreiten, wenn ich Begriffe wie *Außerirdische*, *Nahbegegnungen* und *Entführungen* gebrauche. Der Impuls, sich um der gesellschaftlichen Akzeptanz willen selbst zu zensieren, ist tief verwurzelt. Ich kann also nicht umhin, mir bewusst zu machen, dass jeder Zuhörer wahrscheinlich über meinen Geisteszustand urteilen wird, sobald ich solche Worte in einen Satz einfüge. Dennoch hat mir die Auseinandersetzung mit diesen so kontroversen Begriffen geholfen, das kulturelle Gedächtnis, das in unseren alten heiligen Texten bewahrt wird, besser zu verstehen. Nachdem ich Dr. Consolmagnos Herausforderung angenommen habe, stelle ich fest, dass der Pater völlig Recht hat. In der Bibel sind die Außerirdischen wirklich von Anfang bis Ende präsent.

Aber jetzt kratze ich mich am Kopf. Mein Bildungsniveau entspricht dem bei Pastoren üblichen Durchschnitt – ein guter Bachelor-Abschluss. Die Gelehrten, aus deren Arbeit unsere Bibeln und Bibelwörterbücher hervorgehen, können stets mehrere Masterabschlüsse und Doktortitel vorweisen. Doch wo sind diese Wissenschaftler bei diesem Thema? Wenn ich außerirdische und technologische Aspekte in der Bibel erkennen kann, wenn ein hochqualifizierter Übersetzer wie Mauro Biglino sie erkennen kann, wenn ein bedeutender jesuitischer Gelehrter, ein hochrangiger Theologe des Vatikans wie Guy Consolmagno sie erkennen kann, wenn ein jugendlicher Schüler in der Schweiz namens Erich von Däniken sie erkennen kann, dann muss es sicherlich hochqualifizierte Akademiker geben, die sie hinter verschlossenen Türen ebenfalls erkennen können. Warum aber liest und hört man dazu nichts von ihnen? Verstecken sie sich alle im Schrank? Bei meinem Interview mit Erich von Däniken nutze ich die Gelegenheit, ihn zu fragen, ob er jemals von Akademikern angesprochen wurde – Akademikern, die privat zugeben, dass sie die außerirdischen und technologischen Interpretationen religiöser Texte plausibel finden, aber, aus welchen Gründen auch immer, nicht bereit sind, damit an die Öffentlichkeit zu gehen.

Er antwortet mir mit strahlendem Lächeln: »Paul, ja, es sind viele Akademiker zu mir gekommen – vor allem diejenigen, die im Ruhestand sind. Wenn wir beim Wein zusammensitzen, gestehen sie mir: ›Erich, ich bin ganz ähnlicher Meinung wie du, aber aufgrund meiner beruflichen Stellung konnte ich das nie öffentlich zugeben.‹ Einige haben mir Material zur Veröffentlichung gegeben, und ich habe gesagt: ›Danke, lieber Professor. Das ist großartig. Ich werde diese Informationen gerne in meinem nächsten Buch verwenden und natürlich werde ich dich als Autor nennen.‹ Doch dann hieß es: ›Nein, Erich, bitte nicht! Bitte meinen Namen nicht erwähnen! Das würde meinem wissenschaftlichen Ruf schaden. Ich würde meinen Job verlieren.‹«

Ich frage Erich, ob es ihn frustriert, dass ihm seine Theorien zwar im Geheimen bestätigt werden, doch die Leute nicht bereit sind, sich öffentlich dazu zu bekennen.

Er antwortet: »Nein, denn ich habe auf diese Weise sehr viele wertvolle Informationen erhalten, die meine Position unterstützen. Wenn Behördenmitarbeiter oder wissenschaftliche Autoritäten mir sagen: ›Ich werde Ihnen diese Informationen geben, aber bitte erwähnen Sie meinen Namen nicht‹, respektiere ich das immer. Andernfalls würde das die Beziehung zerstören. Diese Art von Diskussion kann nur von Außenstehenden in die akademische Wissenschaft getragen werden. Dann kann darüber diskutiert werden – aber die Idee, der Denkanstoß muss immer von außen kommen.«

Ich finde es faszinierend, dass Erich keine Kritik an dem Monolithen der römisch-katholischen Orthodoxie äußert. Ganz im Gegenteil. Tatsächlich, so erzählt er mir, war einer seiner jesuitischen Lehrer der Erste, der ihm – Erich war damals noch ein Teenager – den Rat gab, bezüglich seiner extraterrestrischen Fragen doch einmal das Buch Henoch zu lesen.

»Die Jesuitenbrüder, die mich unterrichteten«, sagt er, »hatten alle mindestens einen Doktortitel, und sie waren geistig sehr, sehr offen. Wir haben uns nicht gestritten. Später, als *Erinnerungen an die Zukunft* auf den Markt kam, waren viele meiner früheren Lehrer im Ruhestand. Einige von ihnen kamen zu meiner Buchpräsentation. Nach meinem Vortrag saßen wir zusammen bei einem Glas Wein, und sie alle gratulierten mir zu meinem Erfolg!«

Mehr als ein halbes Jahrhundert später erhält Erich Glückwünsche von noch viel höherer Stelle. Voller Begeisterung zeigt er mir einen Brief – ein wunderschönes Pergament, auf dem das große Wachssiegel von Papst Franziskus prangt. Es ist ein päpstliches Geschenk zu Erich von Dänikens fünfundachtzigstem Geburtstag. Eine wirklich schöne Überraschung. Doch irgendwie weckt diese herzliche und großzügige Geste des Papstes in mir umso mehr die Frage: »Was wissen sie, das sie uns nicht sagen?«

12

Der Beginn der Erinnerung

Canberra, Australien – Mai 2020

»Ich finde bemerkenswert, was du sagst, Paul – und diese drei Dinge, die du erlebt hast, als du zwanzig warst, sind interessant …«

Es ist ein Vergnügen für mich, mit einem so fleißigen, hochintelligenten und fundierten Forscher wie Richard Dolan zu sprechen. Er ist ein Gentleman, sehr liebenswürdig und höflich, aber sicherlich keiner, der sich auf Spekulationen und unbewiesene Argumente einlässt. Wir sprechen über die jüngsten Enthüllungen des amerikanischen Verteidigungsministeriums, der Marine und dergleichen mehr. Wer aufmerksam genug ist, kann in den Nachrichtenmedien bestätigt finden, dass sogenannte Metamaterialien außerirdischen Ursprungs gefunden und geborgen wurden. Wir haben uns eingehend mit diesem Thema befasst. Nun wendet sich unser Gespräch einem persönlicheren Bereich zu.

Richard sagt: »Diese Wesen in deinem Zimmer – wie ich dich verstanden habe, hast du sie sehr klar und deutlich sehen können. Du warst dir sicher, dass du nicht träumst, und deshalb erzählst du es jetzt. Solche Dinge haben mir auch andere Menschen erzählt, Kinder ebenso wie Erwachsene.«

Es ist aufregend für mich, einem Experten meine eigenen mysteriösen Erlebnisse zu schildern, an die ich mich während meiner Arbeit an *Flucht aus Eden* immer wieder erinnerte, sodass sie zu Begleitern dieser Entdeckungsreise wurden. Richard vergleicht das, was ich ihm berichtet habe, mit den Erfahrungen eines Menschen aus seinem persönlichen Umfeld:

»Bei einem Fall, den ich sehr, sehr gut kenne, standen drei Wesen im Türrahmen. Meine Bekannte war damals ein Mädchen von elf Jahren. Sie sah die Silhouetten dreier Wesen in der Tür ihres Schlafzimmers stehen. Das Licht im Flur war eingeschaltet, und sie war sich vollkommen sicher, hellwach zu sein. Es war definitiv kein Traum. Sie schloss die Augen und wollte, dass sie verschwanden. Aber als sie ihre Augen öffnete, waren die drei Wesen immer noch da. Das geschah mehrmals hintereinander. Und dann muss noch etwas passiert sein, woran sie sich nicht erinnern kann. Jedenfalls wachte sie am nächsten Morgen mit einer dreieckigen Reihe von Nadelstichen an ihrem Handgelenk auf.

Wie du, Paul, dachte sie immer, dass es sich um irgendein dämonisches oder spirituelles Phänomen gehandelt haben muss. Erst viele Jahre später fragte sie sich: ›Moment mal, war das vielleicht ein ET-Kontakt?‹ Und wenn man berücksichtigt, dass eindeutig das Merkmal der fehlenden Zeit vorhanden ist, wie in deinem Fall, finde ich diese Annahme sehr naheliegend.«

Ich denke über das Muster ihrer Begegnung nach. Richards Bekannte sieht für kurze Augenblicke sonderbare Wesen. Dann muss etwas geschehen sein, woran sie sich nicht erinnern kann. Als Nächstes wacht sie mit einer Narbe auf. Das erinnert mich an Dean und seinen Bautrupp, die ein Raumschiff sahen und zwei Stunden ohnmächtig waren, und anschließend wachten sie auf, und eine der Frauen im Team hatte diese unheimlichen Markierungen auf dem Arm.

Dieses Phänomen, dass man sich nur bruchstückhaft an einige Momente erinnert und dann nicht mehr weiß, was als Nächstes passiert ist … Ich frage mich, ob das ein weit verbreitetes Phänomen ist. Barbara Lamb sagt: »Ja.« Tatsächlich war es eine massive Korrelation von derartigen Mustern, die die Aufmerksamkeit dieser gut geerdeten, sanftmütigen und liebenswürdigen Psychotherapeutin weckte. Barbara begab sich auf eine Entdeckungsreise, die schließlich ihr Leben und ihre Arbeit zutiefst veränderte.

San Diego, Südkalifornien – August 2020

Barbara Lamb ist eine hoch qualifizierte Psychotherapeutin und arbeitet seit mehr als vierzig Jahren in der Beziehungs-, Familien- und Kindertherapie. 1991 kam eine junge Frau mit einem beunruhigenden und peinlichen Problem zu ihr, das sie dringend mit einer fachkundigen Therapeutin besprechen wollte. Die Frau hatte ihr unabhängiges Leben als junge Wissenschaftlerin genossen. Doch nun war sie wieder bei ihren Eltern eingezogen. Es gab etwas, vor dem sie sich so sehr fürchtete, dass sie nur noch im Bett ihrer Eltern schlafen konnte.

Ihre Eltern erkannten, dass es so nicht weitergehen konnte, und überredeten sie zu einer Psychotherapie. Durch eine dieser seltsamen Synchronizitäten, die uns das Universum von Zeit zu Zeit schenkt, begegnete die Mutter der jungen Frau in einem Buchladen Barbara, von der sie wusste, dass sie als Rückführungstherapeutin arbeitete. Das war die Begegnung, durch die Barbara in den Fall hineingezogen wurde.

Als die junge Frau zu ihrem ersten Termin in Barbaras Praxis kam, versetzte Barbara sie mit Hilfe einiger Übungen zunächst in einen Zustand tiefer Entspannung. Nun tauchten in ihrem Geist Erinnerungen auf, die tief im Unterbewusstsein vergraben gewesen waren. Es handelte sich um nächtliche Besuche von nichtmenschlichen Wesen, die sie jedes Mal an einen Ort brachten, wo sie untersucht wurde, um anschließend wieder in ihr Zimmer zurückgebracht zu werden. Vor ihrer ersten Sitzung bei Barbara hatte sich die junge Frau nur an die ersten Sekunden dieser Kontakte erinnern können. Der Rest war eine Leerstelle gewesen. Doch schon das, woran sie sich erinnerte, hatte genügt, um sie in Angst und Schrecken zu versetzen.

Zum Glück hat die Geschichte ein glückliches Ende. Nach sechs Sitzungen kam die junge Frau zurück, um Barbara zu berichten, dass sie sich entspannt und glücklich fühlte und sich mit den seltsamen Begegnungen versöhnt hatte, von denen sie jetzt wusste, dass ihr dabei kein Schaden zugefügt worden war. Ihr Verhalten war dermaßen verändert und ihr Selbstvertrauen so vollständig wiederhergestellt, dass sie sogar bereit war, mit ihrem Partner in ein abgelegenes Haus auf dem Land zu ziehen, ohne Angst vor den wiedererlangten Erinnerungen zu haben.

»Das war der Anfang meiner Erfahrungen in der Arbeit mit Menschen, die ihre Erinnerungen an Begegnungen mit Außerirdischen wiedererlangen«, berichtet Barbara.

Die Methode, die Barbara Lamb anwandte, um ihrer jungen Klientin zu helfen – und allen, die seitdem mit ähnlichen Erinnerungen zu ihr kamen –, war derjenigen ihres Freundes und Kollegen Professor John Mack, Leiter der Abteilung für klinische Psychologie in Harvard, sehr ähnlich.

John verwendete eine Methode der kontrollierten, bewussten Atmung, um seine Klienten in einen Zustand tiefer Entspannung zu versetzen. Anschließend forderte er sie auf, sich gedanklich in die ersten Momente zurückzuversetzen, an die sie sich von der Nahbegegnung erinnern konnten, und fragte sie, was sie dann als Nächstes sahen.

Während jeder Klient berichtete, was er sah, hörte und fühlte, forderte er ihn auf, nach links, oben, unten und rechts zu schauen und ihm zu sagen, was er dort jeweils sah. In den Antworten auf diese Zusatzfragen bemerkte Professor Mack eine unerklärliche Korrelation von zufälligen Details. Unerklärlich – es sei denn, alle diese Klienten waren an sehr ähnlichen Orten gewesen und hatten sehr ähnliche Dinge erlebt. Es waren diese auffälligen Übereinstimmungen, die den Professor veranlassten, das Phänomen intensiver zu erforschen.

Barbara gehörte zu den vielen Akademikern und klinischen Therapeuten, die Unterstützerbriefe für John Mack an den Vorstand der Harvard-Universität schrieben, als dieser Mack wegen seiner Forschungen unter Druck setzte.

»John und ich waren echt gute Freunde.« Barbara strahlt bei der Erinnerung an ihn. »Wir verstanden die Arbeit des anderen sehr gut und tauschten uns oft darüber aus. Meine Arbeit war seiner in vieler Hinsicht enorm ähnlich. Ich bot diese Art von Rückführungstherapie an der Westküste an, und er machte Rückführungen an der Ostküste.«

Barbaras Ergebnisse waren äußerst erhellend. »Ab etwa 1991«, sagt sie, »beklagten sich immer mehr meiner Klienten darüber, dass sie nachts von recht ungewöhnlichen Wesen besucht und für kurze Zeit entführt wurden. Diese Erfahrungen beunruhigten sie sehr. Oft waren diese Klienten stark traumatisiert und in ihrem Leben an einem Punkt angelangt, wo sie endlich mehr über ihre Entführungserlebnisse herausfinden wollten – vor allem, ob es sich wirklich um eine reale Erfahrung handelte. Wenn sie sich dann während der Rückführung endlich an alles erinnern konnten – in manchen Fällen nach vielen Jahrzehnten –, war das immer sehr erleichternd.

Sie wunderten sich über diese merkwürdigen Erlebnisse, von denen vielleicht nur kurze Ausschnitte in ihrer Erinnerung aufblitzten. Aber sie hatten dieses Mysterium, dieses Unbehagen, die ganze Zeit mit sich herumgeschleppt. Wenn sie dann bei einer Rückführung die Bestätigung erhielten, dass sie diese Erfahrungen wirklich durchlebt hatten, verspürten sie ein Gefühl der Erleichterung. Was auch immer in ihrem Unterbewusstsein vergraben war, ist ihnen nun bewusst, und das bedeutet, dass sie sich bewusst damit auseinandersetzen, es verarbeiten können.«

Ich frage Barbara, wie viele ihrer Klientinnen und Klienten in den dreißig Jahren, seit damals die verängstigte junge Frau vor ihrer Tür stand, von solchen Erfahrungen berichtet haben. »Oh, inzwischen sind es schon über zweitausend!«

Barbara Lamb hat eine bisher unvergleichliche Menge klinischer Aufzeichnungen der von ihr therapierten Entführungsfälle erstellt. Seit der Veröffentlichung von *Flucht aus Eden* hat sich die Zusammensetzung der Klienten, die mich über meine Website kontaktieren und für ein persönliches Coaching aufsuchen, dramatisch verändert. Wie Barbara habe ich jetzt das Privileg, viele Menschen bei der Verarbeitung ihrer anomalen Erfahrungen zu begleiten. Einige der Erfahrungen, von denen sie mir berichten, liegen Jahrzehnte zurück – so groß ist die Macht des Tabus, dass uns daran hindert, offen über solche verstörenden Erlebnisse zu sprechen.

Ich lerne bei dieser Arbeit enorm viel. Auf diesem potenziell verwirrenden Terrain ist es meine Kenntnis der Weltmythologien, die mir Halt gibt und mir Einblicke eröffnet, die dazu beitragen, Kontext und Verständnis in unsere Gespräche zu bringen. Die Erinnerung an eine Erfahrung, die man nicht versteht, ist sehr schmerzhaft. In dem Moment, in dem man versteht, was passiert ist oder warum es passiert sein könnte, ist das Gefühl der Erleichterung groß – selbst wenn die Erfahrung Fragen und Unsicherheiten hinterlassen hat.

Nun fragen Sie sich vielleicht, wo das alles hinführt. Wenn wir an dem Punkt ankommen, an dem wir akzeptieren können, dass der ET-Kontakt oder die Entführung wirklich stattgefunden hat, was bedeutet das dann? Was hat es damit auf sich? Warum sollten außerirdische Wesen an einem mehr oder weniger geheimen Kontakt mit Menschen überhaupt interessiert sein? Welches Interesse sollten sie haben, Menschen zu entführen? Warum sollte eine andere, uns ähnliche Spezies mit uns Hybridwesen zeugen wollen?

Für einen Menschen des einundzwanzigsten Jahrhunderts mögen diese Dinge weit hergeholt erscheinen, doch wie wir auf unserer Reise um die Welt gesehen haben, ist das Hybridisierungs-Narrativ das vermutlich am häufigsten wiederkehrende Thema in den weltweit anzutreffenden Mythen über *Paläo-Kontakte*, also der ET-Kontakte in Frühgeschichte und Altertum. Als ich begann, das Buch Genesis auf Anzeichen für eine ET-Präsenz hin zu untersuchen, war die Hybridisierungsgeschichte aus Genesis 6 die einzige mir bekannte Episode, bei der möglicherweise eine außerirdische Beteiligung denkbar war. Die Welt kennt die Geschichte aus der griechischen, nordischen, indischen, chinesischen und keltischen Folklore – und natürlich aus den walisischen, philippinischen, karibischen und afrikanischen Kulturen, in denen Geschichten nach Art der Mami-Wata-Kontakte überliefert wurden.

Eine Sache, die mich auf meiner Entdeckungsreise überrascht hat, ist das Kaliber der Wissenschaftler, die bereit sind, Farbe zu bekennen und zu sagen, dass sie glauben, dass auch heute noch, in unserer Zeit, solche Dinge geschehen.

Canberra, Australien – Mai 2020

Als ich meine Recherchen mit denen eines fundierten Forschers wie Richard Dolan abgleiche, überrascht es mich, wie offen er zu dem folgenden Eingeständnis bereit ist: »Das Hybridisierungsprogramm, das Programm zur Gewinnung genetischen Materials von uns Menschen, ist meiner Meinung nach sehr weit verbreitet. Das könnte bedeuten, dass SEHR VIELE Menschen zu diesem Programm beitragen.«

Ein paar Wochen später, als ich Barbara Lamb für *The 5th Kind TV* interviewe, sagt sie vor laufender Kamera, was SEHR VIELE bedeuten könnte: »Ich denke, dass weltweit *Millionen von Menschen* diese Kontakterfahrungen machen. Die meisten wissen wahrscheinlich nur wenig darüber, wundern sich, was mit ihnen passiert, und sind deswegen wahrscheinlich stark beunruhigt. Sie fragen sich vielleicht, ob sie den Verstand verlieren, was natürlich zu ihrer Beunruhigung beiträgt. Es ist ein schreckliches Gefühl, wenn man glaubt, mit etwas so Unheimlichem allein zu sein und niemanden zu haben, an den man sich wenden kann.«

Es ist bestimmt eine sonderbare Art von Erfahrung. Ich frage Barbara, was die Motive der Aliens für diese Art von Hybridisierung sein könnten. Immerhin bezeugen schon die antiken mythologischen Texte die Existenz eines solchen Programms. Und heute ist es noch immer ein fester Bestandteil der ET-Kontakterfahrungen und ein zentrales Thema der modernen UFO-Forschung.

»Vieles davon ist bei meiner Arbeit zur Sprache gekommen«, antwortet sie. »Alles in allem gibt es etwa fünfzehn Gründe, die meine Klienten von den Wesen erfuhren, von denen sie kontaktiert und/oder entführt wurden. Der Grund, der am häufigsten genannt wurde, ist der, dass es sich bei den Außerirdischen, die Hybriden züchten, um eine Spezies handelt, die an einem Punkt angelangt war, an dem es für sie sehr schwierig wurde, die Reproduktion ihrer Art aufrechtzuerhalten. Ihre Zivilisation drohte auszusterben, und sie wollten ihre Art retten. Sie erkannten, dass sie sich mit einer anderen Spezies verbinden mussten, um überleben zu können.«

Aber es gibt noch einen weiteren oft genannten Grund: »Eine andere Spezies hatte die Menschen aus der Ferne kennengelernt und mochte einige unserer Eigenschaften. Obwohl sie sich darüber wunderten, gefiel ihnen die Tatsache, dass wir Gefühle haben. Die meisten Vertreter dieser Spezies haben eine sehr niedrige Gefühlskomponente oder kennen überhaupt keine emotionalen Reaktionen. Sie sind einfach nicht so beschaffen, und sie haben festgestellt, dass die Menschen eine ganze Reihe von Emotionen haben, die ihr Leben interessant, bunt und kreativ machen. Es gefällt ihnen, dass wir Menschen über eine große Palette von künstlerischen Ausdrucksformen verfügen, die unser Leben anregend und interessant machen.«

Und noch ein Grund: »Auch gibt es viele Spezies mit einer sehr schwachen körperlichen Konstitution. Sie sind geistig sehr weit entwickelt, aber ihr Körper ist schwach. Zu dem, was sie an uns Menschen mögen und womit sie sich gerne verbinden wollen, gehört unsere robustere Körperlichkeit.«

Das, was Barbara sagt, erinnert mich an einen interessanten Bibelvers. Es ist der Satz in Genesis 6, der die Episode der Entführung und Hybridisierung durch die *benej elohim* einleitet:

»Als die menschliche Bevölkerung auf der Erde wuchs und Töchter hervorbrachte, sahen die Mächtigen [*benej elohim*, Gottessöhne], wie schön die Menschentöchter waren. Und sie nahmen sich zu Frauen, welche sie wollten. Als die Gottessöhne zu den Töchtern der Menschen eingingen und sie ihnen Kinder gebaren, wurden daraus die Riesen [Nephilim]. Das sind die Helden der Vorzeit, die hochberühmten.« (Genesis 6,2-5)

Offensichtlich gab es etwas am Menschen, das diese »Mächtigen« besonders schön fanden. Ich frage mich, ob die Schönheit, die sie anzog, mehr als nur oberflächlicher Natur war. Was Barbara über Liebe und Kreativität sagt, ergibt für mich Sinn. Und die Geschichte der Genesis sagt uns, dass das Ergebnis dieser Zuchtwahl eine stärkere, robustere Spezies war.

Es fällt mir nicht schwer zu glauben, dass an der Menschheit etwas Besonderes ist. Die einzigartige Verschmelzung von animalischer Körperkraft, Gefühlsreichtum und hoher Intelligenzleistung, die das menschliche Bewusstsein zu etwas Seltenem und Kostbaren macht, könnte sehr wohl das Interesse anderer Wesen in einem mit intelligentem Leben bevölkerten Universum wecken. Wir brauchen den Menschen nur mit jeder anderen Spezies auf diesem Planeten zu vergleichen, um zu erkennen, dass die einzigartige Kombination von Merkmalen, die uns Menschen auszeichnet, wirklich erstaunlich ist. Das tierische Bewusstsein hat eine Gewandtheit und Fokussierung und das menschliche Bewusstsein eine Einzigartigkeit, die in ihrer Kombination die unglaubliche Spezies ausmachen, die wir sind und die zu solcher Liebe und Schönheit fähig ist. Ist es da ein Wunder, dass andere Spezies uns attraktiv finden?

Wer sich wegen eines Coachings an mich wendet, fragt sich das ganz bestimmt. Junge und alte Menschen, Wissenschaftler, Techniker, Mediziner, Polizisten, Soldaten, Geistliche – jeder, der solche Erfahrungen macht, fragt sich, was er erlebt hat, möchte verstehen, was ihm widerfahren ist. Sie fragen sich, ob sie das Erlebte richtig deuten, ob das Bild, das sie sich gemacht haben, in irgendeiner Weise mit dem übereinstimmt, was andere erlebt und welche Schlüsse sie daraus gezogen haben. Wie Barbara sagt, ist es schlimm, wenn man das Gefühl hat, mit einem Problem ganz allein dazustehen.

Ich betrachte es als Privileg, dass die Menschen mir ihre Kontakterfahrungen anvertrauen. Sie erzählen mir nicht des Geldes wegen oder aus Geltungsbedürfnis davon. Sie wenden sich an mich, weil sie manchmal noch Jahrzehnte nach ihrer Begegnung oder ihren Begegnungen mit ETs oder deren Fluggeräten verarbeiten müssen, woran sie sich erinnern, und große Mühe haben, damit klarzukommen.

In unseren ersten Gesprächen fragen mich die Klienten oft nach meinen eigenen Erfahrungen. Hatte ich selbst jemals eine Nahbegegnung? Habe ich Wissen aus erster Hand über eine Präsenz von Außerirdischen auf dem Planeten Erde oder in dessen Nähe? In diesem Zusammenhang bin ich gerne bereit, meine eigene Geschichte zu erzählen, selbst wenn sie nur ein Sammelsurium von vagen und bruchstückhaften Erinnerungen zu sein scheint. Noch immer, während ich diese flüchtigen Eindrücke mit Ihnen teile, die nichts weiter sind als Krümel auf dem Weg, setze ich das Bild für mich selbst zusammen, und um die Wahrheit zu sagen: Ich bin mir nicht sicher – vielleicht möchte auch ich lieber *nicht* herausfinden, wohin diese Krümel führen.

13

Wenn Raubtiere zur Beute werden

Canberra, Australien – Mai 2020

Die Begegnung in meiner Wohnung in Bath in jener Nacht belastet mich bis heute. Irgendetwas an ihr erschien mir immer lächerlich. Meine letzte Erinnerung an diese Begegnung war, dass ich mich unter meiner Bettdecke versteckt hatte, die kleinen grauen Wesen wie in *Der Exorzist* zurechtwies und mein Herz so heftig schlug, als würde es mir die Brust zerreißen. Wie war es möglich, dass ich in einem solchen Erregungszustand einfach einschlief? Das ist eine Frage, die ich nun Barbara Lamb stelle.

»Die meisten Menschen erinnern sich nur an die ersten Momente, in denen die Wesen da waren, und verstehen es nicht«, antwortet sie. »Diese Wesen sind in der Lage, uns, so nennen wir es, ›abzuschalten‹! Und wenn du zufällig mit jemandem zusammen bist – mit jemandem, der nachts bei dir im Bett liegt, wenn die Wesen kommen, oder mit dir im Auto sitzt oder wo auch immer, wenn es losgeht –, dann wird diese andere Person von ihnen komplett ausgeschaltet. Es ist dir dann nicht möglich, diese Person zu wecken oder ihre Aufmerksamkeit zu erlangen. Offenbar schalten sie also zuerst die Personen in unserer Umgebung aus – sie fügen ihnen keinen körperlichen Schaden zu, sondern machen sie nur bewusstlos. Die Person, die die Erfahrung macht, erlebt nur die ersten paar Momente der Begegnung bewusst, bevor auch sie ausgeschaltet wird. Deshalb kann man sich hinterher nicht erinnern, was passiert ist. Also, Paul, was du beschreibst, ist sehr typisch für diese Art von Erfahrung.«

In all den Jahren, in denen ich mich mit diesem seltsamen Flashback von 1985 beschäftigt habe, ist »typisch« kein Wort, das ich mit meiner Erinnerung in Verbindung bringen würde. In der Tat ist Barbaras Sprache überraschend mild, wenn sie die Erinnerungen ihrer Klienten an Nahbegegnungen und Entführungen schildert. Viele der »Experiencer«, wie die Betroffenen in der UFO-Szene genannt werden, sprechen in dieser nicht wertenden Art und Weise über ihre Entführer. Das ist rätselhaft. Die australische Krankenschwester Jane Pooley spricht sogar in warmen und liebevollen Worten über die Wesen, die sie, wie sie sagt, seit mehr als einem halben Jahrhundert immer wieder entführt haben. Ihre milde, unvoreingenommene Sprache steht in keinem Verhältnis zu dem Schrecken, den man bei dieser Art von Erlebnissen erwarten würde. Es gibt ein psychologisches Phänomen namens Stockholm-Syndrom. Es beschreibt, was passiert, wenn das Opfer einer Entführung sich in seinen Entführer verliebt. Manche Entführer nutzen dieses Phänomen bewusst aus, um ihre Gefangenen zu manipulieren und zu kontrollieren. Sind Jane Pooley und viele der zweitausend Menschen, die Barbara Lamb ihre Geschichten erzählt haben, also Opfer des Stockholm-Syndroms, wenn auch in einem noch dramatischeren Ausmaß?

Irgendwo in New South Wales – Juni 2019

Hugo ist kaum mehr als ein Kleinkind, als er entführt wird. Eben noch lebt er in kindlicher Unschuld in der Wärme seiner Familie, und im nächsten Moment wird er von einer Gruppe großer und mächtiger Wesen entführt. Verängstigt und desorientiert findet er sich in einem Fahrzeug wieder, in einer Ecke kauernd. Das Fahrzeug rast mit unvorstellbarer Geschwindigkeit durch eine Umgebung, die Hugo nie zuvor gesehen hat. In den ersten Tagen ist Hugo verwirrt und verängstigt und versucht verzweifelt, einen Weg zurück zu seiner Familie und der Welt, die er kennt, zu finden. Doch die Erfahrung verliert einen Teil ihres Schreckens, als eines der fremden Wesen zu ihm kommt und sich mit ihm anfreundet. Obwohl er die Sprache des Wesens nicht versteht, kann er seine Absicht spüren. Es ist sanft zu ihm und versucht, ihn zu trösten.

Was er nicht weiß, ist, dass seine Mutter eine Generation vor ihm genau denselben Prozess durchgemacht hat, ebenso wie ihre Mutter in der Generation davor. Diese Wesen mischen sich schon seit Generationen in das Leben von Hugos Familie ein, ohne dass dieses Wissen jemals wirklich von einer Generation zur nächsten weitergegeben wurde. Als Hugo sich an die Situation gewöhnt, stellt er fest, dass keines der Wesen an diesem seltsamen neuen Ort ihm wirklich etwas antut. Mit der Zeit spürt Hugo nicht nur, dass sie sich um ihn kümmern, sondern auch, dass sie sich um ihn sorgen. Manchmal ist das Gefühl ihrer Liebe und Fürsorge für ihn überwältigend. Auf einer telepathischen Ebene spürt Hugo, dass seine Entführer wollen, dass er glücklich ist. Eines Tages kommt der Moment, in dem Hugo erkennt, dass diese mächtigen, fortschrittlichen Wesen ihn vor die Wahl stellen, entweder bei seinen Entführern zu bleiben oder zu gehen. Er entscheidet sich für das Bleiben. Die Entführer sind zu seiner Familie geworden.

Hugo ist mein Kater. Ich bin eines der mächtigen, fortschrittlichen Wesen, die ihn aus seinem Elternhaus in New South Wales entführt haben. Wir wollten ihm nichts Böses, als wir ihn vom Züchter kauften. Wir haben ihn immer geliebt und sind sehr zuversichtlich, dass er uns lieben gelernt hat. Als Menschen erlauben wir uns zu glauben, dass wir nicht grausam waren, als wir ihn zu einem Teil unserer Familie machten. Das ist unsere Mentalität gegenüber Haustieren. Wir verstehen ein wenig von ihrer Emotionalität. Das ist in der Tat ein wichtiger Teil dessen, warum wir sie lieben. Doch gleichzeitig nehmen wir in Kauf, dass sie den Schmerz der Trennung von ihrer eigenen Art und ihrer eigenen Familie ertragen, um Teil unserer Familie zu werden.

Ist es vielleicht möglich, dass eine andere Spezies eine ähnliche Sichtweise auf uns Menschen hat? Betrachten uns einige unserer kosmischen Nachbarn als liebenswerte Haustiere, während wir für andere Nutzvieh oder bloßes Ungeziefer sind? Ist es möglich, dass es innerhalb des Spektrums außerirdischer Besucher Wesen gibt, die uns ausbeuten wie ein Rassehunde- oder Katzenzüchter – ohne im Geringsten das Gefühl zu haben, dass sie etwas Böses tun?

Ich weiß, dass ich mit diesem Vergleich viele Menschen vor den Kopf stoßen könnte. Ich bin mir der untröstlichen Trauer jeder Familie bewusst, die einen geliebten Menschen verloren hat, ohne zu wissen, was der Grund für das Verschwinden oder wer dafür verantwortlich ist. Ein Kind, einen Partner oder einen

Elternteil zu verlieren, das tut am meisten weh. Von etwas überwältigt zu werden, gegen das wir nichts ausrichten können und das wir nicht verstehen – das ist der größte Schrecken. Es gibt keine Umdeutung auf der Welt, die den Schmerz darüber lindern kann. Entführung ist Missbrauch. Nichts macht sie akzeptabel. Heute, im einundzwanzigsten Jahrhundert, fangen wir gerade erst an, das Ausmaß von Menschenhandel und Missbrauch auf der ganzen Welt zu begreifen. Es ist so entsetzlich, dass wir am liebsten wegschauen wollen. In meinen Jahren als Interimspfarrer und Erzdiakon wirkte ich in Gremien mit, die sich in Zusammenarbeit mit der Royal Commission (einem staatlichen Untersuchungsausschuss) damit befassten, wie öffentliche Institutionen in Australien mit Fällen von sexuellem Kindesmissbrauch umgingen. Diese Arbeit erforderte es, dass ich mich mit einigen dunklen Realitäten auseinandersetzte.

Der menschliche Aspekt davon ist äußerst beunruhigend. Nehmen Sie sich einmal die Zeit, die Zusammenhänge zu recherchieren: die immer wieder abgebrochenen polizeilichen Ermittlungen zu rituellem Missbrauch und elitären Pädophilenringen, die Skandale um Präsidenten, Royals, Hollywood-Mogule und all den Rest. Verbinden Sie das mit der verabscheuungswürdigen Praxis der Menschen- und Kinderopfer in religiösen Kulten des Altertums, von Mesoamerika über Mesopotamien bis nach Asien. Verbinden Sie es mit dem Epstein-Maxwell-Fall und damit, was die jüngsten Untersuchungsausschüsse in England und Australien ans Licht brachten. Dann werden Sie eine Ahnung davon haben, wie vernetzt, allgegenwärtig und uralt diese Entführungs- und Missbrauchsmuster in Wahrheit sind. Die Erkenntnis, dass es bei diesem Phänomen auch einen ebenso alten nichtmenschlichen Aspekt geben könnte, ist zugleich verstörend und erschreckend.

Einer der Gründe, warum die meisten Menschen die Möglichkeit einer nichtmenschlichen Beteiligung an dem Entführungsphänomen gar nicht erst in Betracht ziehen wollen, liegt darin, dass es unsere weithin anerkannte Erfahrung als Spezies ist, das Alpha-Raubtier unseres Planeten zu sein. Daher ist es für viele von uns ein völlig unwillkommener Gedanke, dass eine andere Spezies als wir das Alpha-Raubtier unserer Galaxis sein könnte oder dass irgendeine Präsenz uns als ihre Haus- oder Beutetiere betrachten könnte, die bedenkenlos benutzt oder entführt werden. Selbst die am wenigsten gewalttätigen Entführungsgeschichten verletzen unsere grundlegendsten psychologischen Grenzen, indem sie unsere Hoffnung zunichte machen, in unserem Leben eine Illusion von Sicherheit aufrechterhalten zu können.

Die Statistiken über die Menschen, die jedes Jahr weltweit als vermisst gemeldet werden, sind wirklich erschreckend. Ganz gleich, ob es sich bei den Geheimnissen hinter diesen Fällen um Unfälle, Serienmorde, rituellen Missbrauch, Sexhandel oder das Eingreifen nichtmenschlicher Wesen handelt, die beängstigend hohe Zahl der Vermissten müsste eigentlich ständiges Thema in den Nachrichten sein. Irgendwie scheint uns als Kultur der Mut zu fehlen, das Phänomen in den Blickpunkt der Öffentlichkeit zu rücken. Vielleicht sind das Ausmaß und die Ungewissheit einfach zu überwältigend. Aber manchmal liegt es auch an dem, was die, die zurückkehren, uns zu sagen haben. Wir wollen es nicht hören.

Nordkalifornien – 2. September 2011

John (nicht sein wirklicher Name) zeltet mit seinen Eltern und Großeltern auf dem Fowlers Campground, einem ihrer Lieblings-Campingplätze. Er liegt am McCloud River, in der Nähe des Mount Shasta. Das Gebiet ist bei Anglern beliebt, zum Fliegenfischen. Zur Abendbrotzeit, gegen 18 Uhr, bemerken Johns Eltern, dass ihr Junge verschwunden ist. Er war buchstäblich in der einen Minute noch da, und in der nächsten ist er weg. Johns Vater ruft sofort die Polizei und die Forstaufsicht an. Die örtliche Freiwillige Feuerwehr ist innerhalb von fünfundvierzig Minuten vor Ort, und bald sind mehr als hundert bezahlte und unbezahlte Such- und Rettungskräfte im Einsatz, die alle nach John suchen. Johns Vater ist verzweifelt und sucht immer weiter, bis er nach fünf Stunden erschöpft zusammenbricht und zurück zum Campingplatz getragen werden muss. Schon bald ist es im Wald stockdunkel, und die Gefahren der Umgebung, unter anderem Bären, werden immer größer. Die Überlebenschancen für ein dreijähriges Kind, das nachts allein in einem kalifornischen Wald unterwegs ist, stehen nicht gut.

Kurz vor ein Uhr morgens beschnüffelt die kalte, nasse Nase eines Holländischen Schäferhundes einen kleinen, verängstigten Jungen, der sich im Gebüsch versteckt hat. Der Hund heißt Tom und ist ein Suchhund des Sheriffbüros von Siskiyou County. Das Gebüsch, in dem John von Tom gefunden wurde, liegt unmittelbar neben dem Wanderweg, der zuvor fast sieben Stunden lang vergeblich abgesucht worden war.

Doch da ist John – unverletzt, aber verängstigt und benommen, als sie ihn bergen. Nach einer Untersuchung im örtlichen Krankenhaus nehmen Johns Mutter und Vater ihn erschöpft und unvorstellbar erleichtert mit nach Hause.

Aber damit ist die Geschichte noch nicht zu Ende. Ein paar Wochen später fügt John der Angelegenheit einen beunruhigenden Nachtrag hinzu, als er eines Tages mit seiner Großmutter Kathy spielt, die er »Kappy« nennt. Ganz unvermittelt blickt John auf und sagt zu seiner Oma: »Ich mag die andere Oma Kappy nicht!«

Kathy ist natürlich verwirrt und bittet John zu erklären, was er damit meint. John spricht davon, wie es war, als er sich im Wald verlaufen hatte. Er erzählt seiner Großmutter, dass er von einer Frau entführt wurde, die er für sie hielt. Er sagt: »Sie hatte die gleichen Haare wie du, deine Füße und sogar dein Gesicht.«

John beschreibt weiter, dass die »andere Oma Kappy« ihn in eine kühle, dunkle Höhle brachte. Er erinnert sich, dass er einige verstaubte alte Handtaschen auf dem Boden liegen sah und in der Nähe des Eingangs einige kleine Gewehre und andere Waffen. An den Wänden der Höhle standen bewegungslos Wesen, die für den Jungen wie Roboter aussahen. Seltsamerweise befand sich im Inneren der Höhle eine Leiter. Die »andere Oma Kappy« kletterte dann die Leiter hoch, um etwas zu holen, und während sie das tat, sah John, dass ihre Bewegungen sehr mechanisch wirkten. Da bemerkte er ein seltsames Licht, das von ihrem Kopf ausging. Nach und nach dämmerte es John, dass diese Gestalt nicht seine Oma Kappy war. Unsicher, was sie davon halten soll, fragt Kathy: »Was hat sie mit dir gemacht, Junge?«

»Sie zwang mich, mich hinzulegen, und schaute sich meinen Bauch an«, antwortet John. »Danach hat sie versucht, mich dazu zu bringen, auf ein klebriges Papier Aa zu machen, aber ich konnte nicht. Sie sagte mir, dass ich aus dem Weltall komme und dass sie mich in den Bauch meiner Mutter gesteckt haben. Dann brachte sie mich zurück zum Fluss und sagte, dass ich unter einem Busch warten soll, bis mich jemand findet.«

Zweifellos eine bizarre Geschichte. Ist es möglich, dass John in dem kalten, dunklen Wald eingeschlafen war und das alles nur geträumt hatte? Hat er vielleicht giftige Beeren gegessen und das Ganze nur halluziniert? An Fantasie mangelt es Dreijährigen ja nicht. Kathy hatte jedoch einen persönlichen Grund, Johns Aussage ernst zu nehmen – ihr war nämlich ein Jahr zuvor an der gleichen Stelle am Mount Shasta etwas ebenso Mysteriöses widerfahren.

Kathy verbrachte mit Freunden ein schönes, vergnügtes Wochenende auf dem Campingplatz. Damit war es aber vorbei, als Kathy morgens aufwachte und feststellte, dass sie mit dem Gesicht nach unten im Dreck vor dem Zelt lag, ohne sich daran zu erinnern, wie sie dorthin gekommen war. Sie fühlte sich schwach und krank, und ihr Nacken schmerzte. Als Kathys Freunde sie besorgt auf Anzeichen von Verletzungen untersuchten, stellten sie fest, dass die Haut an ihrem Nacken rot und geschwollen war und eine Einstichwunde in der Mitte des entzündeten Bereichs aufwies. Ein anderer Camper aus ihrer Gruppe, der in einem Wohnwagen auf dem Platz geschlafen hatte, wachte mit genau der gleichen Verletzung am Nacken auf. Es dauerte einige Wochen, bis beide wieder völlig gesund waren.

Noch etwas anderes hatte Kathy und ihre Freunde damals beunruhigt, und zwar dass sich an diesem Wochenende überhaupt keine Tiere am Campingplatz blicken ließen. Alle Vögel, Eichhörnchen und Schmetterlinge, die man dort normalerweise zahlreich antraf, waren auffällig abwesend. Allerdings bemerkte Kathys Gruppe in dieser Nacht einige rote Augen, die sie aus dem Wald heraus anstarrten. Damals dachten sie, dass es wohl die Augen von Hirschen gewesen sein mussten und dass die Einstichwunden von Spinnenbissen stammten. Kathy redete sich ein, das Gift des Spinnenbisses hätte bewirkt, dass sie verwirrt, wie eine Schlafwandlerin, aus ihrem Schlafsack und dem Zelt gekrochen und dementsprechend am Morgen draußen aufgewacht war. Doch jetzt, nach dem Erlebnis ihres Enkels am gleichen Ort und dem, was er ihr später erzählte, ist Kathy sich da nicht mehr so sicher.

Ich stieß zum ersten Mal auf Johns Fall, als Kathy zwölf Monate nach dem Vorfall in einem UFO-Forum über ihre Erfahrungen berichtete. Was hielt sie von Johns Geschichte, dass sein Bauch untersucht und er aufgefordert wurde, seinen Darm auf ein klebriges Papier zu entleeren? Und was ist mit dem *Sternenkind*-Aspekt von Johns Schilderung? Solche merkwürdigen Details aus dem Mund eines Dreijährigen zu hören, ist sehr befremdlich. Wie denkt Kathy darüber?

Sie meint dazu: »Ich rief meinen Sohn an [Johns Vater] und fragte: ›Was für einen Mist lasst ihr meinen Enkel im Fernsehen anschauen?‹ Und dann habe ich ihm erzählt, was John gesagt hat. Er sagte, dass John ihnen vor ein paar Tagen die gleiche Geschichte erzählt hatte, aber sie hatten es damit erklärt, dass sie das klügste, erstaunlichste Kind mit der größten Fantasie überhaupt haben.«

Aber für Kathy stimmte etwas an dieser Erklärung nicht. Denn John hatte jetzt Albträume. In diesen Träumen ging es nicht darum, sich im Wald verirrt zu haben. Sie handelten von Außerirdischen.

Kathy sagt: »Ich weiß, dass Kinder eine blühende Fantasie haben, aber … ich glaube, dass John versucht, uns zu erzählen, was passiert ist, und zwar so, wie er es versteht – oder wie er glaubt, dass wir es verstehen werden … Es war das Aa-Machen auf ein klebriges Papier, das mich wirklich stutzig machte. Ich habe noch nie eine Fernsehsendung gesehen, in der Aa-Machen auf Klebepapier erwähnt wurde [so dass John es von dort hätte aufschnappen können]. Es gab auch noch andere Details. Zu viele, um sie alle aufzuzählen.«

Kathys Erfahrungen mit ihrem Sohn, ihrem Enkel und ihrem eigenen sonderbaren Erlebnis zeigen, wie die natürliche und rationale Reaktion auf solche anomalen Erlebnisse aussieht. Wir versuchen, sie mit vertrauten und konventionellen Begriffen zu erklären – Albträume, Halluzinationen, kindliche Fantasie, wilde Tiere, Spinnenbisse, Vergiftungssymptome und so weiter. Hätte ich in früheren Jahren diese seltsame Geschichte eines kleinen Jungen gehört, hätte ich mich ebenso verhalten und mir eingeredet, dass der Junge sich das Ganze zusammenfantasiert, dass es ein lebhafter Traum war oder eine Reaktion auf ein Toxin. Aber nach allem, was ich in den letzten Jahren von glaubwürdigen Zeugen erfahren habe, muss ich mich fragen, wie viele von uns solche beunruhigenden Geschichten mit sich herumtragen, die wir uns mehr oder weniger befriedigend wegerklärt haben – und die doch halb verdrängt und unerlöst durch unsere Erinnerungen geistern.

Was würde geschehen, wenn wir uns gegenseitig erlauben, offen miteinander über diese halb verdrängten, halb wegerklärten Erfahrungen zu sprechen?

Das frage ich mich.

Wie würden wir mit dem Bild umgehen, das dabei entsteht?

Haben wir als Kultur den Mut, dieses Bild zu benennen und uns ihm zu stellen?

14

Das Schweigen beenden

San Diego, Kalifornien – 2020

Bei meinem letzten Besuch in San Diego war ich fünfzehn Jahre alt und ging mit meiner Familie in den Meeres-Themenpark SeaWorld. Heute bin ich auf einer Mission. Vielleicht war ich übereifrig in meinem Bemühen, meinen Termin um 14 Uhr nicht zu verpassen, denn ich bin volle vierzig Minuten zu früh dran. Nun blättere ich nervös in Wohnzeitschriften, während die Zeit viel zu langsam verstreicht.

Ich bin sehr nachdenklich. Dieser kleine Junge, John, und seine seltsame Begegnung am Mount Shasta … Mir fällt auf, dass Johns Begegnung mit der Anderswelt unheimliche Ähnlichkeiten mit der Erfahrung aufweist, die mein Freund Juan Perez vor so vielen Jahren in Argentinien machte.

- Juan beschrieb das Raumschiff auf der Farm seines Großvaters als »Hütte« und beschrieb die Wesen, die er in dem Rumschiff sah, als roboterhaft. John sprach von einer Höhle, in der roboterartige Wesen wohnten.

- Wie Johns Höhle war auch Juans »Hütte« seltsamerweise mit einer Leiter ausgestattet – nicht gerade die Technologie, die man mit einer uns weit überlegenen Spezies oder einer UFO-Begegnung in Verbindung bringen würde.
- John begegnete einem Wesen, das ihm vorgaukelte, seine Großmutter zu sein. Juan begegnete einem Wesen, das er für seinen verstorbenen Großvater hielt.
- Johns Großmutter hatte am gleichen Ort ebenfalls ein sonderbares Erlebnis. Auch Juans Mutter erlebte einen Nahkontakt.
- Johns Großmutter trug eine seltsame Einstichwunde mit rötlich entzündeter Haut davon. Juans Begegnung hinterließ bei ihm einen seltsamen roten Fleck – wie eine Impfung – auf seinem Oberarm.
- Sowohl Juan als auch John waren zum Zeitpunkt ihrer jeweiligen Begegnungen noch Kinder.

Die Details interessieren mich. Wie viel davon war objektiv? Wie zuverlässig waren Juans und Johns Erinnerungen? Sicherlich können Kinder eine lebhafte Fantasie haben. Aber sie können auch mit argloser Unschuld und Direktheit einfach nur wiedergeben, was sie sehen. Und die Nachwirkungen? Juan litt noch vierzig Jahre nach dem Ereignis unter PTBS, posttraumatischen Belastungsstörungen, und in einem Gespräch vier Jahre nach seiner Begegnung am Mount Shasta erzählte mir Johns Großmutter, dass der Junge immer noch Albträume hat. Ich glaube nicht, dass eine Geschichte, die sich ein Kind selbst ausdenkt, solche Folgen haben könnte.

Johns Beschreibung dessen, was die falsche Großmutter ihm über seine Empfängnis als *Sternenkind* sagte, bringt in der Sprache eines Kindes Themen zum Ausdruck, die wir von den Mami-Wata-Traditionen Afrikas und der Karibik, den Diwatas und Dili Ingon Nato der Philippinen sowie den Feen-Geschichten im keltischen Europa kennen – ein weltweites Narrativ der Entführung und Hybridisierung durch nichtmenschliche Wesen. Wenn unsere Weltanschauung keinen Platz für solche Wesen hat, dann ist jede solche Behauptung ein Angriff – eine »Beleidigung unserer Intelligenz«. Ich persönlich glaube nicht, dass John meine Intelligenz beleidigt.

Letztlich muss eine Weltanschauung immer wieder im Licht der vorhandenen Informationen überprüft und angepasst werden. Meine eigene Weltanschauung musste sich zweifellos all dem anpassen, was in den letzten Jahren auf meiner Entdeckungsreise ans Licht gekommen ist. Ich bin gespannt, welche weiteren Veränderungen sich aus der Sitzung von heute Nachmittag ergeben werden. Diese Sitzung ist Neuland für mich, so etwas habe ich noch nie ausprobiert.

Welche Enthüllungen könnten mich erwarten? Welche neuen Konsequenzen wird das für mich haben?

Noch zwanzig Minuten.

Die erste seismische Verschiebung meiner Weltanschauung in Bezug auf ETs, und auf Entführungsberichte wie die von Juan und John, geschah im Jahr 2009. Damals forderte eine für die Weltanschauung vieler Menschen maßgebliche Institution – der Vatikan – öffentlich dazu auf, sich auf die physische Präsenz außerirdischer Verwandter einzustellen. Das war meine erste rote Pille.

Als Nächstes kamen meine sprachlichen Entdeckungen im Buch Genesis und in unseren Weltmythologien, die das Eingreifen der Außerirdischen in die Menschheitsgeschichte bestätigen. Meine zweite rote Pille.

Die weltverändernden Behauptungen Platons zu entdecken und außerdem die Unterstützung der frühen Kirchenväter für Platon – das war meine dritte rote Pille.

Nimm drei rote Pillen, und es gibt keinen Weg mehr zurück in die Matrix!

Ich lauschte den Stimmen von Psychologen, Regierungsvertretern und Wissenschaftlern, die die Realität des ET-Phänomens unterstützten. Jeder dieser Befürworter lieferte einen weiteren Nagel für den Sarg meines altes Paradigmas – jenes Paradigmas, das da lautet: »Wir sind der Höhepunkt der Evolution, die Krone der Schöpfung, einzigartig und allein im Universum. Ende der Geschichte!«

Dass ich Ihnen nun hier in diesem Buch von meinem Weg erzählt habe, führte mir vor Augen, wie sehr ich mich glücklich schätzen kann, dass mir so viele Zeugen einer anderen Welt dabei halfen, all das besser zu verstehen. Ich denke an Alan Stivelman und Juan Perez und den Mut, den sie mit ihren atemberaubenden Filmen bewiesen haben; an Jane Pooley und ihr tapferes Outing im nationalen Fernsehen; an Luis Elizondo, Eric Davis, Chris Mellon, Alain Juillet und andere Stimmen aus dem Pentagon, die sich über die offizielle Beschäftigung mit UFO-Phänomenen geäußert haben; an Mauro Biglino und Maxim Makukov und ihr beherztes, kompromissloses Engagement für sorgfältige Detailarbeit in der Forschung; an Menschen mit ET-Kontakterfahrungen wie Patricia aus Massachusetts und Dean aus New South Wales, die mir ihre Geschichten anvertrauten; Forscher wie Richard Dolan, Erich von Däniken und meinen Mitstreiter bei *The 5th Kind TV*, Anthony Barrett, die mutig genug waren, bei den kontroversesten Themen Farbe zu bekennen; und an klinische Psychologen wie Barbara Lamb und den verstorbenen John Mack, die den Mut ihrer Klienten mit ihrem eigenen Mut belohnt haben. Ihr therapeutisches Engagement hat dazu beigetragen, ein Phänomen aufzudecken, über das wir uns alle Sorgen machen sollten. Mit ihrer beeindruckenden Arbeit haben sie vielen Menschen, die durch ihre UFO- und ET-Erfahrungen isoliert waren, eine helfende Hand gereicht und sie bei der Heilung ihrer Verletzungen unterstützt.

Noch fünfzehn Minuten.

Ich schaue auf die Abdrücke an meinem rechten Knöchel. Sie stammen von der Streckschiene, die ich nach meinem Unfall tragen musste. Ich lächle bei der Erinnerung daran. Ich bin dankbar für die Frisbee-Verletzung, die mich wochenlang außer Gefecht setzte. Das gab mir die Gelegenheit, mit den Recherchen zu beginnen, die mich zu *Flucht aus Eden* führten. Für mich war es also eine glückliche Synchronizität. Die darauf folgenden Entdeckungen eröffneten mir eine aufregende neue Welt, und die anschließende Reise zu *Die Narben von Eden* hat meinen Blickwinkel hinsichtlich unserer Ursprünge als Spezies und unseres Potenzials als menschliche Wesen noch mehr erweitert. Heute blicke ich mit frischer Begeisterung in die Zukunft und bin offen dafür, anderen zuzuhören, deren Erfahrungen sie auf unbekanntes Terrain geführt haben.

Noch zehn Minuten.

Mein Telefon summt. Es ist Jason aus Mount Washington, der einen Termin für ein Coaching bestätigt. Er ist ein Armee-Veteran, Ingenieur und Historiker. Er möchte mir etwas aus seiner Dienstzeit im Ausland erzählen und von einem ungewöhnlichen Erlebnis in seiner Kindheit. Beim Stöbern auf YouTube ist Jason auf den *Paul Wallis Channel* gestoßen, der ihn wiederum zu *The 5th Kind TV* und zu einem unserer längsten Dokumentarfilme geführt hat – einem Film über die sumerische Keilschrift und die faszinierenden Geheimnisse, die sich in ihr verbergen. Offensichtlich war Jason davon überwältigt. Er hat mir eine erstaunliche und ausführliche Nachricht geschrieben und kann es kaum erwarten, seine Erfahrungen mit mir zu teilen.

Noch fünf Minuten.

Ich stelle mein Handy auf stumm und tippe eine kurze Antwort ein. »Danke, Jason, für deine Nachricht. Ich freue mich auf unser Gespräch ...«

An der Zahl der Leute, die inzwischen Kontakt mit mir aufnehmen, erkenne ich, wie groß ihr Anteil in der Bevölkerung sein muss. All diese Menschen tragen Erlebnisse mit sich herum, über die sie bisher geschwiegen haben – Erlebnisse, die denen Jasons ähneln. Während sich die Welt weiter ins einundzwanzigste Jahrhundert hineinbewegt, erinnern sich die Menschen. Und stetig wächst das öffentliche Interesse an dem, woran sich unsere Zeitgenossen heute erinnern, so wie einst unsere fernen Vorfahren. Ich bin immer wieder erstaunt, wer sich inzwischen alles mit ETs und UFOs beschäftigt. Einige sind durch ihre Beschäftigung mit theologischen Fragen darauf gestoßen, andere durch eine Entdeckungsreise in die Archäologie, Paläobiologie, Mythologie, Literatur, Anthropologie, Psychologie oder Neurologie. In der Tat herrscht kein Mangel an roten Pillen für diejenigen, die bereit sind, die Anomalien als real anzuerkennen und den weißen Kaninchen zu folgen.

Heute spüre ich eine Welle der Entdeckungen und des Erwachens, was unsere Kontakte mit Außerirdischen angeht. Ich freue mich über dieses wachsende Interesse, denn wenn wir unsere Reisenotizen miteinander vergleichen, uns über unsere Erfahrungen offen austauschen, machen wir uns gegenseitig Mut für unsere Reise. Ich sehne mich danach, dass wir die verlorenen Erinnerungen an unsere Ursprünge als Spezies wiederfinden, denn wenn wir uns daran erinnern, wer wir sind und woher wir kommen, erwachen wir zu unserem wahren Potenzial. Die Zeit ist reif dafür, endlich die Tabus zu brechen, die staatliche Geheimhaltung zu beenden und die gesamte Menschheit vollständig über das UFO-Phänomen aufzuklären. Ich spüre, dass sich eine Dynamik in diese Richtung entwickelt.

Vor einem halben Jahrhundert, wenige Stunden bevor *Apollo 14* auf der *Saturn-V*-Rakete die Reise zum Mond antrat, erhielten Ed Mitchell und seine beiden Astronautenkollegen Alan Shepard und Stuart Roosa ein vertrauliches Briefing durch den berühmten Astrophysiker Carl Sagan. Ein gemeinsamer Freund erzählte mir, dass der *Apollo-14*-Crew dabei ein geheimes Codewort mitgeteilt wurde, das sie verwenden sollten, falls sie auf ihrem Weg zum oder vom Mond oder auf der Mondoberfläche von Außerirdischen begleitet würden. Offensichtlich war man sich fünfzehn Jahre nach unseren ersten Weltraummissionen und beim dritten erfolgreichen Mondflug im Klaren darüber, dass ein solches Codewort nötig war, und Carl Sagan lieferte es. Auf diese Weise konnte die NASA vollständig über Begegnungen mit Außerirdischen informiert werden, ohne dass die Öffentlichkeit jemals davon erfuhr.

Drei Jahrzehnte später äußerte sich Ed Mitchell dazu ganz unmissverständlich. Sein Herzenswunsch war die Enthüllung der Wahrheit. »Es ist jetzt an der Zeit«, sagte er, »die Geheimhaltung bezüglich der Präsenz von Außerirdischen zu beenden … jetzt, wo wir auf unserem Planeten ins Raumfahrtzeitalter eingetreten sind … denn wir sind wirklich kosmische Wesen … Wir haben in unserer Entwicklung einen Punkt erreicht, an dem wir Teil einer kosmischen Nachbarschaft von bewohnten Planeten werden müssen … Es ist notwendig, das zur Kenntnis zu nehmen und zu akzeptieren … Ich hoffe, dass wir künftig offen mit diesem Thema umgehen.«

So empfinde ich es auch.

In den letzten Jahren haben wir alle miterlebt, wie sich unsere Welt verändert hat, und vielleicht verstehen wir jetzt besser, wie entwürdigend es sein kann, wenn man in Bezug auf wichtige Informationen im Dunkeln gelassen wird. Dieses Muster, dass es zwei verschiedene Wahrheiten gibt, eine für die Privilegierten und eine für den Rest von uns, ist für mich nicht akzeptabel. Genau darum geht es bei der Bürgerbewegung für die Offenlegung von Informationen über UFO-Kontakte.

Doch ob mit oder ohne offizielle Enthüllungen über solche Kontakte in Vergangenheit oder Gegenwart – wenn alltägliche Menschen wie Sie und ich unsere Scham überwinden, das Tabu brechen und miteinander über dieses Thema sprechen, dann können unsere eigenen Netzwerke von Freunden und Familienangehörigen zu einer Basis-Bewegung werden, einer unaufhaltsamen Welle der UFO-Enthüllung. Die Erfahrung und die persönlichen Berichte darüber sind bereits mitten unter uns. Sie sind Teil unserer Vergangenheit und unserer Gegenwart. Wenn ich in die Zukunft blicke, freue ich mich auf den Tag, an dem die Menschheit in den Genuss all dessen kommen wird, was unsere Vorfahren so sorgfältig in unsere Mythologien eingebettet und für die Nachwelt bewahrt haben. Und ich möchte auch die Wahrheit über mich selbst erfahren.

Heute, hier in Barbara Lambs Wartezimmer, fühle ich mich bereit, tiefer in meinen eigenen Geist vorzudringen und alle verlorenen Erinnerungen wiederzufinden, die dort liegen und darauf warten, ans Licht gebracht zu werden. Und wenn diese Erinnerungen mir noch mehr Stoff zum Nachdenken geben und einige meiner bisherigen Schlussfolgerungen über den Haufen werfen, dann soll es so sein.

Das Wartezimmer ist freundlich und hell, angenehm von frischer Luft durchströmt, die mich in der warmen Nachmittagssonne wach hält. Welche Erinnerungen bringen die Menschen in diesen Raum? Von welchen Erfahrungen erzählen sie? Welche Narben kommen zum Vorschein? Und welche Wege der Heilung werden beschritten? Ich stecke mein Handy zurück in die Jackentasche und atme tief durch. Ich höre, wie sich die Tür am Ende des Flurs öffnet. Aus dem Sprechzimmer dringen Barbaras Stimme und die warmherzige Atmosphäre eines freundlichen Gesprächs. Ich schaue auf die Uhr. Noch eine Minute. Ich atme noch einmal durch, etwas tiefer. Okay. Ich bin bereit, hineinzugehen.

Danksagung

Vielen Dank an das gesamte Team des John Hunt Verlags für die großartige Arbeit und die mutige Investition in die englischen Originale von *Die Narben von Eden* und *Flucht aus Eden*, das erste Buch dieser Reihe, an Erich von Däniken, Ramon Zürcher, George Noory, Sean Stone, Maxim Makukov, Richard Dolan, Matthew LaCroix, Alan Stivelman, Juan Perez, Jaimie und Aspasia Leonarder, Kevin Shepherd, Etinosa Ewemade, Jeph Oro, Candid Rose, Steven und Evan Strong, Joshua, Audrey und Barbara Lamb; vielen Dank für unsere vielen Gespräche, online und offline. Ich stehe in eurer Schuld für all eure Ermutigung und Zusammenarbeit. Ich bin auch sehr dankbar für die tapferen Männer und Frauen, die sich jede Woche mit ihren persönlichen Erfahrungen und Begegnungen an mich wenden. Sie machen mir Mut für die Reise.

Meine Familie, Ruth, Evie, Ben und Caleb, die ich über alles liebe, hat mich einfach unglaublich unterstützt. Dieses Buch war in vielerlei Hinsicht eine Familienleistung. Ich liebe euch und danke euch. Mein Dank gilt außerdem meinen Eltern Rodney und Brenda, die mich ursprünglich in dieses

Thema eingeführt haben, und meinem Bruder Mark, der mich auf diesem Weg immer wieder begeistert und ermutigt hat. Ich danke Kofi und Patience, meinen Schwiegereltern, die mir zeigten, wo die Erzählungen der Vorfahren und unsere eigene Familiengeschichte sich kreuzen. Ein besonderes Dankeschön geht an Anthony Barrett, Erforscher des Paranormalen und Gründer von *The 5th Kind TV*, für seine Freundschaft und Zusammenarbeit. Meine tiefe Wertschätzung und mein Dank gehen an meinen Freund und Verleger Gavin (G.L.) Davies. Sein Mitgefühl und sein Mut auf unserem gemeinsamen Forschungsgebiet sind unübertroffen.

Um die Privatsphäre der Beteiligten zu schützen, habe ich einige Details geändert, um alle Hinweise auf persönliche Erfahrungen, die nicht bereits öffentlich bekannt sind, zu anonymisieren. Ich widme dieses Buch all jenen, die aufgrund des Tabus, das dieses Thema umgibt, mit ihren Kontakterfahrungen allein gelassen wurden und das tapfer durchgestanden haben. Ich applaudiere ihnen und freue mich mit ihnen auf den Tag, an dem unsere Welt eher bereit sein wird, diejenigen zu ehren, deren Erfahrungen unser Bild der Wirklichkeit auf die Probe stellen und transformieren.

Kontaktieren Sie mich gerne auf Englisch unter
www.paulanthonywallis.com.

Stimmen zum Buch

»Paul Wallis' außergewöhnliche Recherchen bringen Bescheidenheit und Erkenntnis in eines der am stärksten kontaminierten Forschungsgebiete – die Ufologie des einundzwanzigsten Jahrhunderts. Die Geschichte wird Pauls wichtige Werke als solide Grundlage für das Wissen um die Ursprünge der Menschheit anerkennen.« *Jaimie & Aspasia Leonarder*

»Großartiges Buch! Ein Muss für alle, die nach Antworten suchen! Paul beweist einmal mehr, dass menschliche Zivilisationen von Anfang an Besuch von den Sternen erhielten und von diesen Besuchern beeinflusst wurden.« *Matthew LaCroix*

»Ich habe gut und gern siebzig Seiten des Buches markiert. Es gibt so viel, was man daraus mitnehmen kann. Paul erzählt eine Geschichte, die sich ständig weiterentwickelt und einen enormen Einfluss auf die heutige Zeit hat. Ich kann nur allen empfehlen, sein neues Buch zu lesen.« *Regina Meredith*

Paul Anthony Wallis

ist ein internationaler Bestsellerautor, der in seinen Büchern die Weltmythologien und die Erzählungen unserer Vorfahren auf ihre Erkenntnisse über den menschlichen Ursprung, das menschliche Potenzial und unseren Platz im Kosmos hin untersucht. Er veröffentlichte auch Bücher über christliche Mystik und Spiritualität und war als Kirchenarzt und theologischer Ausbilder tätig. Als Erzdiakon in der anglikanischen Kirche bildete er Pfarrer in der hermeneutischen Auslegung von Texten für Predigten aus. Er ist ein beliebter Redner auf Gipfeltreffen und Konferenzen in aller Welt.

Paul wuchs in England auf, studierte in Großbritannien, Italien und Brasilien und lebte zehn Jahre lang in Kanada, bevor er nach Australien zog, wo er jetzt mit seiner jungen Familie wohnt. Sein 2020 erschienenes Buch *Flucht aus Eden* wurde von dem amerikanischen Radiomoderator George Noory als *Erinnerungen an die Zukunft* dieser Generation gefeiert, was Paul auf die internationale Bühne brachte und ihn zum führenden Experten auf dem Gebiet des Paläokontakts machte. Exklusiv für die deutsche Ausgabe verfasste Erich von Däniken ein Vorwort. Es folgten das ebenfalls von Däniken empfohlene Buch *Die Narben von Eden* sowie *Die Echos von Eden*, das bei AMRA in Vorbereitung ist. Pauls Interviews und Dokumentarfilme auf dem Paul Wallis Channel und The 5th Kind TV werden von Millionen Menschen weltweit gesehen.

www.youtube.com/c/The5thKind
www.youtube.com/paulwallis
www.5thkind.tv

Helfen Sie mit,
das Paradigma
zu ändern.

Steven M. Greer
OFFIZIELL GELEUGNET!
Das größte Geheimnis der Regierungen wird enthüllt: Wir sind nicht allein!
400 Seiten, gebunden, oranges Leseband
€ [D] 26,99 / € [A] 27,80 • ISBN 978-3-95447-363-2

UFOs sind real. Wir stehen in Kontakt mit Aliens. Freie Energie und Antischwerkraft-Technologie sind im Einsatz. Dr. Greer stellt Dokumente vor, die US-Präsidenten, CIA-Direktoren und Kongressabgeordneten vorgelegt wurden: Multinationale Konzerne machen dank Alien-Technologie Billionengeschäfte und demontieren die Welt. Mit Aussagen von Zeugen der Sicherheitsstufe »Cosmic Secret«, achtunddreißig Stufen höher als »Top Secret«.

Der New York Times Bestseller, der als Vorlage zur Netflix-Sensation »Unacknowledged« diente.

Gregg Braden
MENSCH : GEMACHT
Von der zufälligen Evolution zur bewussten Transformation
352 Seiten, gebunden, oranges Leseband
€ [D] 24,99 / € [A] 25,70 • ISBN 978-3-95447-337-3

Neueste Forschungen zeigen, dass der Mensch, so wie er heute existiert, vor Hunderttausenden von Jahren plötzlich entstand – aufgrund einer Verschmelzung von Genen, die bewusst herbeigeführt worden sein muss. Und von Anfang an zeichnen wir uns durch enorme Fähigkeiten aus, die uns auf Abruf zur Verfügung stehen. Bradens neues Buch überwindet die Grenzen zwischen Wissenschaft und Spiritualität und stellt sich der zeitlosen Frage: *Wer sind wir?*

DER SPIEGEL-Bestseller

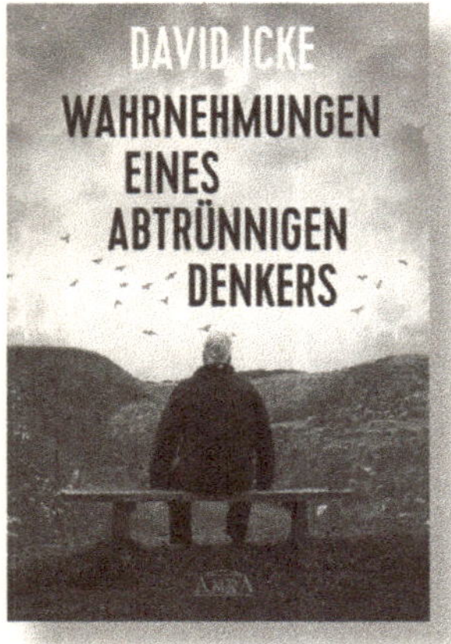

David Icke
WAHRNEHMUNGEN EINES ABTRÜNNIGEN DENKERS
Was genau geschieht hier eigentlich gerade?
480 Seiten im Großformat, gebunden, Leseband
€ [D] 26,99 / € [A] 27,80 € • ISBN 978-3-95447-591-9

In seinem hochaktuellen Buch legt der Bestsellerautor David Icke den Aufbau und die Methoden der globalen Elite offen, die in unserer Zeit grenzüberschreitend operiert, um eine lange geplante Agenda für die totale Kontrolle der Menschheit voranzutreiben. Den Kern des inneren Kreises könnte man in einem einzigen Raum unterbringen. So wenige diktieren die Richtung der vielen mit Blick auf ihre kriminellen und transhumanistischen Ziele.

Was bleibt von Corona übrig? »Wir wurden in einem unfassbaren Ausmaß getäuscht!«

Alle Bücher auch als eBooks. Leseproben auf www.AmraVerlag.de